言問《こと》ふ葦《とと》

私はなぜ反「左翼」なのか

吉田好克

À Fumihiko

et

à la mémoire de mon père

私はなぜ反「左翼」なのか——序に代へて

昨年（平成二十七年）の平和安全法制の決議をめぐる反対派（＝左翼）の馬鹿騒ぎにも拘はらず、さらにはマスコミの偏向報道にも拘はらず、本年七月の参議院選挙でも安倍自民党（と公明党）の与党は大勝し、所謂「改憲派」勢力は衆参で初めて三分の二を超えた。そして、野党が共闘して担ぎ出したリベラル左翼の典型のやうな鳥越俊太郎は都知事選で大敗した（『しんぶん赤旗』は「大健闘」と報じたが、茶番狂言の類であらう）。

このやうな結果になつたのはなぜか。要するに、昔から洋の東西を問はず、インテリ層は左翼進歩派、大多数の民衆は保守派といふ構図に基づいた結果となつたわけで、民衆の保守的で健全な思想を崩すだけの力が左翼進歩派の思想に無かつたといふことなのである。パスカルなら「民衆と識者が世間を動かしてゐる。中途半端な識者はさういふものを軽蔑し、却つて軽蔑される。彼らは全てにおいて間違つた判断をするが、世間の人々は正しく判断する」と言ふところかも知れない（『パンセ』）。

それはそれでめでたいが、それにしても、と私は思ふ。我が国のインテリ層やマスコミ人士たちの中になぜこれほど「左翼」が多いのだらうか。

「二十歳になつて自由主義的《リベラル》でなければ心《ハート》がない。四十歳になつて保守的《コンサーヴァティヴ》でなければ頭《ブレイン》がない」。一般的にはW・チャーチルの言葉とされるが、諸説あつて詳細は不明である。が、誰が言つたにせよ、なかなかに味はひ深い箴言ではなからうか。二十歳の頃、人は言葉の二重の意味でイノセント(純粋と無知)から免れるのは難しいであらうが、経験とそこから身に付けた知識や洞察力といふものがあるから、齢四十ともなれば夢想に走らず「保守的」となるといふのであらう。

であるとすれば、左翼政党に蝟集する年配の政治家や左翼リベラル系の評論家などの存在は不可思議と言ふほかないやうに思はれる。

おそらく一つには、戦後の占領軍の行つたＷＧＩＰ(戦争罪悪感刷り込みプログラム)に洗脳されてしまひ、遂に洗脳を解けずに老齢に達してしまつた人たちでなのであらう。無論、彼らから影響を受けた若い世代も無数にゐる。

私事に亙るけれども、私は昨年から今年にかけて「なぜ改憲が必要か」について、主に九条の問題点をめぐり二十回近い講演をした。勿論、そのためにはかなりの量の憲法関連の文献を——悪文の多さに辟易しながら——読んだ。さらにまた、今年の憲法記念日には宮崎市内で、所謂「護憲派」と「改憲派」の三対三の公開討論会にパネラーとして登壇し、日頃考へるところを述べた。

そのやうな経験を通じて感じたことは、彼ら「護憲左翼」の主張は極めて単純であり、実体が不在といふ意味で観念的であるといふことだ。その公開討論会の事前アンケートにおいて、護憲派の女性弁護士は「『相手は攻撃して来ないから、自分も攻撃しない』という信頼関係こそが、平和のためにはとても大切だと思います」と小学生のやうなことを書き、「みやざき九条の会」の代表(私の勤務先の元学長でもある!)も「日本国憲法は(中略)世界の宝である。日本は九条を高く掲げることにより軍縮を推進し、世界から戦争を廃絶する旗手になるべきである」と、私などは脱力感に見舞はれるやうなことを書いてゐた。

両者とも驚くほど「現実」が見えてゐない。それかあらぬか、「緊急事態法案」問題においては、自国の権力者の「悪意」に過剰なほどの敵意を持つ一方で、中国や北朝鮮の「悪意」にはおよそ鈍感で、全く言及しないのである。私が「我が国固有の島嶼の不法占拠や拉致問題がある以上、戦後日本は平和ではなかつた」と言ふと、元学長は「平和といふのは国内の問題だけではない」と反論しつつ、何と海外派兵の問題を持ち出したのである。現在進行中の他国による侵略、即ち「今そこにある危機」には全く関心が無いらしいのだ。私には全く理解不可能な話だ。

全国にゐるに違ひないかういふ「護憲左翼」の思考に大きな影響を与へてゐるのが、どうやら左翼系の憲法学者たちであるといふことが私にも徐々に分かつて来た。幾つか例を挙げよう。

先づ、次の文章を読んで頂きたい。東大法学部教授の石川健治の文章である。

「改憲を唱える人たちは、憲法を軽視するスタイルが身についている。加えて、本来まともだったはずの論者からも、いかにも〈軽い〉改憲発言が繰り出される傾向も目立つ。実際には全く論点にもなっていない、九条削除論を提唱してかきまわしてみたりするのは、その一例である。日本で憲法論の空間を生きるのは、もっと容易ならぬことだったはずである」(『朝日新聞デジタル』平成二十八年五月十日付け)。

憲法でも認められてゐる「改憲」を唱へると、どうして「憲法を軽視するスタイルが身についている」といふことになるのであらうか。そもそも「スタイル」とは何用あつての英語なのか。「まともだったはずの論者」とは誰のことか知りたいが、それはまあ良い。「九条削除論」が「実際には全く論点にもなっていない」とは、これまたどういふことなのか。自民党や保守系言論人などの言ふことは「論点」ではないといふことか。「かきまわして」の目的語は何なのだ。「憲法論の空間」とは何のことか。そして、それを「生きるのは、もっと容易ならぬことだったはず」とは何を言ひたいのか。それに「生きる」の主語は誰なのか。

僅か数行にこれだけの疑問符の付く文章は、私の卒論ゼミ生であれば、叱責付きで突き返されること必定であるが、正直に言つて、ここまでの悪文は見た記憶がない。

左翼の第一の特徴は、右の通り、文章が下手といふことである。単に下手ならまだしも、何を言ひたいのか不明であることが極めて多い。厳密に思考されたものなら、必ず明晰に語られるはずであると、パスカル学徒である私は考へる。パスカルは偉大なる「文章家」でもあつた。

次なる特徴は平気で嘘を吐くといふ点である。

関西大学法科大学院教授の木下智史は、「特別な権力を持つ国を、憲法で『縛る』という考え方を『立憲主義』といいます」と書いてゐる（高橋哲哉・斎藤貴男編著『憲法が変わっても戦争にならないと思っている人のための本』日本評論社）。

しかし、果たしてさうか。「立憲主義」といふ言葉は昨年あたりから何か有り難い言葉のやうに、特に左翼陣営が頻繁に使つてゐるけれども、英語では constitutionalism であつて、憲法 constitution に ism を付けただけの語、即ち「憲法主義」とも訳せる語である。要するに「憲法に背馳しないやうにしよう」といふだけのことであつて、「権力を縛る」なんぞといふ憲法に対する意味づけとは本来別な話である。専門の辞書にも「憲法に基づいて政治を行うという原理」と明確に定義されてゐるではないか（『法律学小辞典（第三版）』有斐閣）。どこかで、「立憲主義的憲法」といふ言葉も見かけたが、これは、「憲法主義的憲法」だと同語反復による無内容が露呈してしまふので、それを隠蔽しようとしてゐる表現なのではないかと、私は疑つてゐる。

そして三つ目の特徴は、責任を取らない、もしくは責任を取る気概無くしてものを言ふことである。

今から僅か二年前に「日本の危機なんて妄想ですよ。一体どこの国が攻めて来るんですか」とテレビ討論会で口走つた鳥越俊太郎のやうな能天気な輩はその代表であらう。鳥越はジャーナリストを自称しながら某企業のテレビコマーシャルに出て、それを批判されると「自分はジャーナリストではない」と嘯き、都知事選挙に立候補した際には再びジャーナリストの肩書きを使つた。が、都知事選での支離滅裂な言動で同じ左翼陣営からも見放された鳥越の命運はもはや尽きたと思はれるから、ここでは、もつと大物に言及することにする。樋口陽一である。東大と東北大の名誉教授で、『近代立憲主義と現代国家』といふ著書で日本学士院賞を受賞してゐる極めて著名な法学者である。

樋口は加藤周一との対談で「日本の政治結社だか暴力団が尖閣諸島に灯台を建てたというだけで、あれだけ中国が反発するわけだから、仮に日本が第九条を変えて正式の軍隊を持って、〈普通の国〉になろうとしたら、軍拡競争は目に見えています。中国の軍拡も天下晴れて大義名分を手にすることになります」と語つてゐる（『時代を読む』小学館）。

日本人が自国の領土に灯台を建てたことに対して「中国が反発する」ことの正否を問はず、まるで腫れ物に触るかのやうに国防問題を論ずることの空しさが、この「護憲派の泰斗」には分からないやうだ。それに、我が国が九条を保持してゐる間に、中国が凄まじい軍拡と侵略を行つてゐることも彼の視野には入らないらしい。平和そのものを守るのではなく、イデオロギーでしかない「平和主義」を守らうとするから、このやうな無責任な議論となるのである。「九条を保持しておとなしくしてゐれば日本は平和である」といふ妄想は樋口あたりが淵源かも知れない。

最後に、非論理といふ点も付け加へねばならない。非論理的な言論人といふことなら、憲法学者以外にも大勢ゐて、ここでは辻井喬を取り上げる。

西部流通グループやセゾングループの経営者、堤清二としても有名だつたこの詩人・小説家を、実は私は好きで、青春の一時期、彼の詩に励まされたことがあるし、愛唱もしてゐた。しかしながら、辻井へのインタビューを本にした『心をつなぐ左翼の言葉』（聞き手・浅尾大輔、かもがわ出版）を読むと、ガッカリさせられるのである。

辻井は言ふ、「大切なことは、われわれは護憲という一点で〔保守主主義者と〕一緒に行動ができればいいということなのです。その人の思想・信条は文字通り問わないということで護憲の活動ができないだろうか、と。それが出来ないならば、いわゆる統一戦線は成り立たないというふうに、ぼくは思っているんですね」と。

驚くのは私だけではあるまい。まさに「思想・信条」の違ひによつて憲法九条が争点になつてゐるのだから、それらを「問わない」といふのは意味をなさない。さすがに聞き手の浅尾も驚いて、「具体的ケースが思い浮かばないのですが……」と問ひ返す。すると辻井は、蒋介石の国民党と毛沢東の共産党が日本軍と戦つた「国共合作」や、フランスの「レジスタンス運動」を例に挙げた。後者では、カトリック信者も共産主義者も共にナチス・ドイツと戦つたといふわけだ。だが、これら二つの例は、国の外側に共通の「敵」があり、それに対抗するために国の内側で協力するといふ例だが、護憲派と改憲派にとつての共通の敵とは何なのか。憲法九条を変へると、「アメリカ帝国主義が、意のままに日本人を操る」ことになるから、「これだけは防がなきゃならない」のださうだ。

アメリカの占領政策に過ぎず、それゆゑの様々な欠陥を持つ憲法九条を変へることによつて、どうしてさういふことになるのか。憲法で戦力と交戦権を奪ふことによつて、アメリカは日本を「操る」ことに成功して来たのではなかつたのか。辻井の論証の言葉が無いので、右の言葉は左翼がしばしば言ふやうに、「アメリカの戦争に付き合はされる」といふことを言つてゐるのであらうと推測せざるを得ない。が、おそらく自信がないからだらうが、もしそのやうな考へが批判されたら、「われわれには真実がわかっているけれど、それはやっぱり、われわれには、まだ相手に納得してもらえるだけの『言葉の力』がないということでしょうね、きっと」と辻井は言つてゐる。

ここで「言葉の力」とは、いい気なものである。大事なのは論理であり理論ではないのか。別のところでも、「理論的には正しくても、相手の心に響かないというのでは意味がない」と強調してゐる。これは詩についての言葉ではあり得ても、政治や外交を語る言葉ではない。必要なのは「頭」に訴へる言葉なのではないか。デマゴーグは常に感情に訴へようとするものである。

他にも例を挙げられるけれども、もはや十分であらう。私が反「左翼」なのは、彼らが総じて文章が下手で、政治主義に盲ひて嘘を吐き、無責任で、非論理的だからである。

そのやうに考へる私は、しかし、反「左翼」を標榜したり保守主義を奉じたりして、本書の文章群を書いて来たわけではない。「保守とは何か――福田恆存に学ぶ」（本書二百六十二頁）にも書いたことだが、保守的思考の発生は、最初に進歩派や改革派が現実の中に「敵」を見つけて攻撃し、その攻撃を見て自分が初めて「保守派」であることを意識する、といふ順序を辿るからである。その意味で、私は確かに「保守派」である。

＊　＊　＊

本書に収めた文章には共通点が三つある。

第一部として収めた「パリ通信」と第十部の投書以外はすべて注文に応じて書いたものであり、発表の当てもないまま書き綴り、筐底深く眠つてゐたといふ類のものはない。注文があつて初めて腰を上げたわけで、怠け者の証拠であらう。

また、どれも短い評論とエッセイである。与へられた紙幅の関係もあるが、これも怠け者の証拠であらう、若年の頃より、長い文章や書物よりも、読後に瞑想に誘ふやうな短いエッセイやコラム、或いは詩や短編小説、もしくはラ・ロシュフーコー、パスカル、或いはニーチェ、カール・クラウスといつた寸鉄人を刺すやうな箴言的なものが好きであつた。「三つ子の魂百まで」といふことかも知れない。

そして、最後に、ほとんどの文章は「怒り」を内蔵してゐる。私がものを書く動機は、「それは違ふ！」といふ思ひであるらしい。そしてその相手は、右に述べたやうに、たいていは「左翼」或いは「左翼的思考」である。さういふ文章を単なる「言ひ掛かり」と取るか、「批評」と取るかは、読者に委ねたい。

共通点はもう一つあつた。それは、ほとんどの文章が歴史的仮名遣ひで発表され、ここでもそれを踏襲したことである。新仮名遣ひで書かれたものも、今回は歴史的仮名遣ひで統一した。これについては些か奇異の念を抱く向きもあらうから、一言説明しておきたい。

要するに、書きことばの歴史性と合理性といふ点から、私は歴史的仮名遣ひこそが我が国語の正当且つ正統の表記法だと信じてゐるのである。さう信ずるやうになつたのは、福田恆存の名著『増補版　私の國語教室』（昭和五十年、新潮文庫。同五十八年、中公文庫。昭和六十二年、文藝春秋『福田恆存全集』第四巻。平成十四年、文春文庫。平成二十一年、麗澤大学出版会『福田恆存評論集』第六巻、などを参照）に蒙を啓かれたからにほかならない。これを読めば、戦後の表記法の「改正」が如何に愚かで野蛮な「改悪」であつたかが分かるし、その愚行を無批判に受け入れてしまつたところに、何事も時世時節とて受け入れ、「正しさ」を不問に付すといふ今日の我々の宿痾が既に胚胎してゐたのではなかつたかと思はされるのである。

ともあれ、未読の方は、間違ひなく昭和を代表する思想家が、「私が書くほかのものは讀まなくてもいいから、これだけは讀んでいただきたい」とまで訴へたこの本を是非お読み下さるやう希望する。さうすれば、奇異の念なんぞ雲散霧消するであらうし、それどころか、自ら実践したくなる筈である。

書名の『言問ふ葦』は、勿論、パスカルの名句として人口に膾炙してゐる『パンセ』の一節「人間は自然のうちで最もひ弱なひと茎の葦に過ぎない。しかし、それは考へる葦である」を捩つたものである。

〔文中敬称略〕

目次——言問《こと と》ふ葦　私はなぜ反「左翼」なのか

第一部　『自由新報』

「パリ通信」

第二部　『月曜評論』（一）

第三部　『月曜評論』（二）

「『パンセ』を読む」

第四部　『宮崎日日新聞』

第五部　『國民新聞』

第七部 『日本の息吹』他

第一部　『自由新報』

一種の留学記であるこの文章は、自由民主党本部広報委員会発行の週刊新聞『自由新報』（現『自由民主』）に掲載されたものである。拙文は「パリ通信」と題され、在米のジャーナリスト関谷東吾氏の「ニューヨーク通信」と交互に、つまり隔週を原則として掲載され、平成五年五月二十五日号から翌年の四月五日号まで、特別紙面となり休載となつた時期もあつたが、合計二十一回を数へた。留学のための奨学金は、アムステルダムに本部を置く「キャノン・ヨーロッパ財団」から得た。

それまで数々の留学記を読んでゐた私は、本格的な留学に際して自分でも何か書き残したいと思ひ、職業上顔の広いさる友人に相談したところ、すぐに紹介してくれたのが『自由新報』で、担当の編集者は、現在テレビでも活躍中の政治アナリスト伊藤惇夫氏だつた。

尚、皇太子の御成婚報道についての文章だけは日の目を見なかつた。それを送稿したのが、丁度日本では内閣不信任決議案から総選挙にかけての時期であり、『自由新報』の文化欄は特別紙面のため休載となり、再開した時にはやや時季外れとなつたので編集部が掲載を見合はせたのである。だが、一度書いた文章には愛着がある。それゆゑ、ここでは「番外編」として収録した。

「パリ通信」

第一回　フランスの「文化」

（平成五年五月二十五日号）

四月のパリは曇りがちで、しかも寒い。既にポピーの花が咲き誇つてゐた宮崎からパリにやつて来た筆者は、当地の朝夕の冷え込みに先づ驚かされた。関東あたりと比べても、パリの春の到来は一カ月は遅いやうである。

筆者が今パリにゐるのは、フランス十七世紀が生んだ天才思想家ブレーズ・パスカルについて、さる財団の奨学金を得ながら、多少ともまとまつた論文を書くためである。

しかしそれにしても、筆者の職業ほど矛盾を内包したものは少ないのではないだらうか。日本の大学でフランス語やヨーロッパ文化論を教へてゐる間は、教師の知識量が学生より優つてゐる以上、職業上の破綻を来すことなく、一端のヨーロッパ通を気取つてゐられるのだが、いざ当の研究対象である国の文化の只中に身を置くや否や、自分がまるで巨象にたかつた一匹の蠅、いや蚤の如く思へてさへ来るのである。

ヨーロッパ文化のうち、目に見える部分に接する時でさへ、例へばノートル・ダム寺院の荘厳華麗な内陣を仰ぎ見る時、あるいはソルボンヌや国立図書館所蔵の膨大な図書の前に佇む時、敬意や感動とは別に、自分は何か途方もない勘違ひをしてゐるのではないかといふ不安に駆られるのは、決して筆者一人ではあるまい。しかも本来、文化とは目に見えぬ部分によつて支へられるものなのだから、思へば事態は深刻である。

他国の文化を理解することは一体可能なのか、そもそも文化を理解するとはどのやうなことなのか、等々。このやうな問ひは、しかし、一人大学教師のみの課題ではなく、しばしば「文化交流」をあまりに不用意に喋々する我々日本人が真剣に考へるべき事柄の一つではなからうか。

竹下首相時代、日本がさらなる文化交流を求めた時、「我が国にとつて最も関心を惹かぬ話である」とイギリスは取り付く島もなかつたらしいが、その種の認識の差は未だに縮まつてはゐないし、フランスとて同様ではないかと筆者は考へる。巨大な文化といふものは、他者による安易な理解など微塵も必要としない、との観察は悲観的に過ぎるだらうか。

だが、文化をあまりに抽象的に論ずることはここでは控へよう。「神は細部に宿る」とも言ふし、筆者としては敢へてこの国の細部に注目しながら、フランス文化の現実に関する幾つかの話題を、硬軟取り混ぜつつ提供していかうと思ふ。本欄が彼我の文化の差について考へる機会となれば幸ひである。

第二回　パリ人の冷淡

（六月八日号）

社会経済委員会といふ公的機関が外国人を対象に行つた「フランスのイメージ調査」に関する新聞記事を読んでゐると、フランス人が外国人から「感じが悪い」と思はれてゐるといふお馴染みの話題が載つてをり、色々なことを考へさせられた。

実際、パリを訪れた旅行客で、フランス人の冷淡な態度によつて気を悪くしたことのない人はおそらくゐないであらうし、滞在許可証取得の際に味はふ嫌な気分は、留学生の間で一つの伝説とさへなつてゐる。筆者とて、駅や銀行の窓口でのにべもない態度に腹を立てることは再三再四だが、その一方で、バスや地下鉄の車内で若者が老人に席を譲つたり、出入り口で、かなり離れた後続者のためにドアを押さへて待つてゐたりする光景にしばしば出くはすのもまた事実なのである。結局この種の話題は、「国民性」なんぞさう簡単に云々できないといふ結論に落ち着くほかないのかも知れない。

だが、少なくともパリに住む人々の冷淡ぶりに関して言へば、それは「国際都市」の宿命ではないかと思ふことがある。とにかく「外国人」が多い。しかもその「外国人」は、出自はともかく今はフランス語を完璧に操るフランス国籍の人間であることもあれば、フランスの旧植民地からの留学生もゐる。要するに、肌や髪の色が異なれば即ち「外国人」で、従つて日本語は不自由であらうと考へて、すぐに彼らを特別扱ひしてしまふ我々とは、「外国人」の意味が根本的に異なるのである。

筆者自身、聞き取れないくらゐ早口のフランス語で既に何度か道を尋ねられたし、ゼミの教授の話を書き漏らした学生にノートを覗かれたこともある。後で聞けばフランス人である。日本では考へられないことではなからうか。

一部のフランス人が神経を尖らせてゐる移民の問題は今は措くが、特にパリの場合、「外国人」の量が、旅行客などに対するパリ人の言動に微妙な影響を与へてゐるやうに筆者には思はれる。それが旅行客の目にはともすれば「冷淡」として映ずるのである。同じく人種の坩堝たるニューヨークの経験が筆者にはないのではつきりしたことは分からない。だが、冷淡そのものの窓口嬢が、会社からの帰途、地下鉄で外国人の老婆に明るく席を譲ることがないとは言へないやうに思はれるほど、実際に親切な人も多いのである。

(六月二十二日号)

第三回　伝統文化への関心

四月二十六日から五月三十日まで、パリのユネスコ本部を中心とした数カ所の会場で文化間の対話をテーマとした「日本文化祭」が催された。

丁度十年ぶり、二度目の開催で、一カ月以上に亙り、能、狂言、茶道や華道の実演、和太鼓演奏、現代舞踏、演劇、絵画、歌舞伎映画やドキュメンタリー映画などの鑑賞会、講演会、討論会、珍しいところでは連詩の試みなど、実に多彩なパフォーマンスが繰り広げられたことになる。様々な障害を越えてこの企画を実現された日仏関係者に、先づは敬意を表しておきたい。

だが、幾つかの催し物を見物した筆者の心中は些か複雑である。第一の感想は、相も変はらず「伝統文化」か、といふ落胆にも似たものである。現代芸術の催し物もあつたのは事実だが、量的にはやはり伝統文化に属するものが圧倒してゐたやうに思はれる。能や茶道などの伝統文化に日本を代表する資格がないと言ひたいのでは勿論ない。さうではなく、筆者の落胆は、現代日本のありのままの現実には注目しようとしないヨーロッパ人に対する苛立ちと、往時はいざ知らず、伝統文化だけを日本の文化と解される危険性をも考慮に入れなければならない時代に、我々は既に突入してゐるとの意識に起因してゐるのである。

もう一つは、だからと言つて、これが現代日本の文化だとて西欧に示すことのできるものを伝統文化以外に我々は持つてゐるのであらうかといふ一層深刻な疑念である。

精密機器や工業製品だけを並べて「文化祭」を開くわけには行くまい。無論、文化の名に値する真摯な試みもなされてゐようし、新たな文化が定着するためには長い年月を要するといふ事情もあらう。

だが、T・S・エリオットが言ふやうに、文化が「宗教」なしにあり得ぬものだとすれば、伝統文化はあつてもその精神的基盤である宗教が片隅に追ひやられ、文化の要諦であるフォルム（形）が済し崩し的に雲散霧消しつつある現在の日本に文化の創造は可能なのだらうか。と言つて言ひ過ぎならば、今なほ確かに存在する伝統文化と我々を結ぶ紐帯はどこかにあるのだらうか、仮にあるとして、我々はそれを握りしめてゐるのかゐないのか。

西欧人が現代日本に無人格・没個性を見てまともな関心を寄せず、伝統文化にのみ興味を示すこと自体、彼らにそのつもりは全くあるまいが、現代日本に対する逆説的な「批判」となつてゐるのではなからうか。

（六月十四日執筆）

番外編　御成婚報道

皇太子殿下と雅子様の御結婚の儀に関し、フランスのプレス（マスコミ、ジャーナリズム）がどのやうな取り上げ方をするのか筆者は興味を持つてゐたが、概ね客観的、少なくとも穏当な報道ぶりだつたので好感が持てた。筆者の知る限り、新聞で最も大きく取り上げたのは、パリで最古の歴史を誇る『ル・フィガロ』紙で、第一面と最終的に大きな写真を掲載、記事も穏やかな内容であつた。

それに対して、誠に失礼千万な記事も見かけた。それは、特にインテリ中道層に読まれてゐると言はれ、大抵の場合、「フランスを代表する」とか「良識的」とかの賛辞を伴つて紹介される『ル・モンド』紙に載つたフィリップ・ポンス東京特派員による記事である。見出しが「ロマンスなき儀式」、これに続くリードが「お祭り騒ぎと時代錯誤が目立つた日本の皇太子の結婚」と来れば、どのやうな取り上げ方かおよその見当が付かうといふものである。

フランスの新聞は、一般的に言つて、客観的に情報を伝達するといふより意見を主観的に述べるといふ態度を鮮明に打ち出してをり、それはそれで一つの見識であると筆者はかねてより考へてゐるが、それにしてもこの記事は、報道対象に対する敬意を欠き過ぎてゐた。

千年の伝統を有するとされてゐる結婚の儀が、実はここ一世紀来のものに過ぎないといふ指摘は、もう少し詳細な議論が必要と思ふが、まあいいだらう。雅子様の御決心を「降伏」だとか「現実主義的」だとか考へる若い女性たちがゐるといふ紹介も、意見は十人十色だから、それも認めよう。だが、さういふ浅薄な感想を、「離婚率の増加が原因で恋愛結婚を懐疑する日本人」といふ一般論に結び付け、あたかも離婚回避のための御決心であつたかのやうに思はせる書き方は、両殿下に対して極めて礼を失してゐる。

他にも、妃殿下の御内心についての恣意的な表現が散見されるが、神様と御本人にしか分からぬことについて公の場で喋々するのは慎むべきである。また、今回の御結婚に「ロマンチックなものの痕跡を探しても無駄であらう」と書き、徒に政略結婚じみた話に仕立て上げるのは如何なる魂胆あつてのことか。「為にする議論」とはこのことである。

他国の伝統や文化の深みに無理解で、これといつた理由もなく見下す人間はどこの国にもゐるだらうが、フランスの「高級紙」にしてこのお粗末な記事があるのは残念である。

この記事を読みながら、日本にも非常識な自称「高級紙」があることを思ひ出させられた次第である。

〔追記〕 その後、『ル・モンド』紙の東京支社が築地の朝日新聞東京本社の社屋内にあることを知つて、さもありなむと思つた次第。『ニューヨーク・タイムズ』の東京支局も同様だ。論調が似てゐるから仲良しなのだらう。私企業がどこに支社を構へようと自由であるが、このやうな事実も我々は知つておく必要があると思ふ。

第四回　パリ国際大学都市と日本館（一）

（七月六日号）

今回と次回は、筆者が現在寄宿してゐる「パリ国際大学都市」とその中にある「日本館」について書くことにする。

尤も、後者については、哲学者の森有正がかつて館長を務めたことや、その次の館長小林善彦氏（東大教授）が『パリ日本館だより』（中公新書）を著したことなどで御存じの向きもあるかも知れない。（以下は、『エスタップ』第二十五号所載の野島正興氏による関連記事と、現館長田辺裕東大教授から頂戴した資料を参照した。）

パリ国際大学都市は一種の人工学園都市であり、パリ市の南端、ジュールダン大通りに面し、城壁跡を利用した四十ヘクタール余りの敷地にある。「人工学園都市」と言つても、日本で筑波大学や宮崎大学などとその周辺施設について普通に言ふところの「学園都市」とは性格を異にしてゐて、簡単に言へば、留学生用の宿舎や交流施設を一定地域に集めたものである。

一九二〇年代、当時の文化大臣アンドレ・オノラが、恵まれた研究環境と文化交流の場とを外国人留学生に提供するべく各国に基金を募つて実現したもので、現在では日本館を含む四十カ国以上の館が立ち並び、百以上の国籍、六千名以上の学生・研究者が寄宿してゐると言はれてゐる。

「国際館」と称される言はば中央会館には、学生が僅か十二フラン（約二百四十円）で定食が食べられるレストラン、他にカフェテリア、図書館、劇場、或いはプールなどの施設があり、敷地内には球技場が二カ所、テニスコートが八面備へられてゐる。

また緑庭園としてもなかなか見事なもので、世に名高いフランスの文教政策の充実ぶりを示してゐると言へよう。

先述のオノラが各国に基金を募つた時、日本側からその呼びかけに応じたのは政府ではなく、バロン・サツマこと薩摩治郎八氏であつた。一九二七年、パリ大学と交はされた贈与証書によれば、当時の金額で三百八十五万フランを薩摩氏は寄贈してゐる（今なら、約八千万円といふ計算になるが、これが当時どのくらゐの金額を意味したか筆者には見当がつかない）。

開館は二年後の一九二九年春のことで、日本政府が援助を開始するのは一九三三年からである。要するに、当初、薩摩氏が日本館を建設寄贈するために私財をポンと擲つた格好だ。日本館が別名「薩摩館」とも呼ばれる所以である。次回は、この薩摩氏を御紹介する。

（八月十七日号）

第五回　パリ国際大学都市と日本館（二）

（承前）薩摩治郎八氏は明治三十四年、東京は神田に生まれ、祖父は「明治の綿業王」と呼ばれた薩摩治兵衛。父の二代目治兵衛からは芸術や学問の薫陶を受け、祖母から受け継いだ莫大な財産を基に十八歳で渡英、翌年からパリに移り住む。そして例へば、ラヴェル、マチス、藤田嗣治、コクトー、藤原義江など多数の芸術家たちと交流、時には若い芸術家を自ら後援したやうだ。最近しばしば耳にする「メセナ」の実践家、すなわち「メセーヌ」だつたわけである。そんな縁から、治郎八氏にはラヴェルから捧げられた曲もあり、日本館の正面玄関とサロンには壁画とも言ふべきフジタの巨大な油絵が掲げられてゐて、日本館の、いや大学都市全体の名所となつてゐる。

そして氏は、昭和二十六年に帰国するまで、一説には現在の金額にして三百億円とも五百億円とも言はれる財を「文化交流」のために使ひ果たし、異色の人物として日仏交流史にその名を残しながら、昭和五十一年に七十四歳で亡くなつてゐる。誠に興味の尽きない人物と言へよう。尚、氏の自伝が『せ・し・ぼん』といふ題名で山文社から出版されてゐる由である。

ところで、このやうな治郎八氏の形見とも言ふべき日本館の六十四年の歴史において、日本人はもとより外国人も含む数多くの俊英が巣立つたことは言ふまでもないが、建物や施設自体の寄る年波は隠せず、「大学都市の中では老朽化した、貧しい施設になつて来た」(田辺裕館長)。その結果、日本館の不人気といふ現象が生じたり、一方で「予算的な制約から、文化施設としての活動も影響を受け始めたり」してゐるさうである。

勿論、施設の老朽化と留学生活の充実とは必ずしも一致しない。だが、「フランスで唯一の、日本の大学人が選書し、一般に公開されてゐる研究図書室」を有する日本館の図書費がつい昨年度まで年間約五万円だつたとか、電気代の支払ひが何カ月も滞つたことがあるとかいふ話を聞いて驚くのは筆者だけではあるまい。

田辺館長の各方面への働きかけが効を奏し、今年になつて個人や財団の善意が相次いで寄せられてゐると聞くが、寮費が「大学都市でも高い部類」であるにも拘はらず、歴代館長の最大の悩みは慢性予算不足であるとのことだ。文化交流におけるこのやうな「国辱的状況」を読者諸兄はどのやうに思はれるであらうか。

（八月三日号）

第六回　革命記念日

七月十四日は、御存じのやうにフランスの革命記念日である。日本では「パリ祭」といふ呼び名が同名映画（邦題）の影響で一般的であるが、当地ではあくまでもフェット・ナシオナール（国家記念日）であつて、国を挙げての祝日である。

さて、今年もその日がやつて来た。十三日の前夜祭から十四日にかけてパリは文字通りお祭騒ぎでごつた返した。ダンス、音楽、花火、爆竹（これの量と音には参つた）、シャンゼリゼ大通りでの軍事パレード、等々。革命の歴史的意味付けとは無縁である筆者のやうな外国人見物客にとつては楽しい祭日である。

しかし、王党派或いは王政復古主義者とまでは言はないまでも、革命を肯定的に受け取つてゐない人たちも一方にゐることを、我々は知つておくべきだらう。革命記念日に不快感を示し、自分は「反革命」であるからあの馬鹿騒ぎには参加しないと筆者に語つた友人も何人かゐる。少なくとも日本では、かういふ一群の人たちの存在はあまり知られてゐないやうに思はれる。

従来、フランス革命は近代の幕明きを飾る人類史上のハイライトとして位置づけられ、最も意義ある華やかな祭典に祭り上げられて来た。ソルボンヌに革命史講座が開講されて以来、たぶんロシア革命との関連で、左翼進歩史観の学者が当該講座を代々担当してさういふ革命観を流布させたのである。我が国でも一部を除き、その影響下に多くの歴史学者たちが教科書を書き、研究書を物して来た。

だがここ数年、フランスの学界においてもこの革命の見直しや、これまでの革命観の再検討が行はれてゐる。やはり一連の東欧の動きやソ連の崩壊などと無縁ではなからうが、それはともかく、歴史事象をより客観的、総合的に検討する機運の到来は喜ばしい。革命は多くのものをもたらしたが、同時に多くのものを破壊したのである。その総合的な損得勘定を見積もつて、結果的にはマイナスの方が多かつたと結論した本が数年前に出て話題を呼んだことがある（ルネ・セディヨ著『フランス革命の代償』草思社）。門外漢ゆゑ筆者の判断は控へるが、しかしこれまでの革命観が一方的だつたことは否めまい。山本夏彦氏なら、「情報は必ず偏る」と言ふところであらう。

いづれにせよ、歴史の評価・裁断は何と難しいことかと、自由・平等・友愛の国の壮大で厳粛な軍事パレードを見ながら、改めて思つた次第である。

〔追記〕この文章は編集の都合で第五回目に掲載されたが、ここでは執筆順序に戻した。

第七回　舌、この保守的なるもの

（九月七日号）

それにしても、「保守的」なものだとつくづく思ふ。政治や国民性の話ではなく、人間の舌、つまりは味覚のことである。

外国生活で何が一番不便かと問はれれば、筆者は迷ふことなく食生活だと答へるだらう。「美食の国」フランスで、しかもパリでこのやうに言ふと驚かれる読者もゐるかも知れないが、現実であるから仕方がない。さう、「洋食」が毎日続くことに耐へられないのである、たとひどれほど美味であれ。

郷に入つては郷に従へと言ふ。一国の食べ物はその国の風土と歴史の産物であるとも言ふ。従つて、料理はその国の文化を体験、理解するには不可欠な要素だし、その国で通常食されてゐる料理が一番おいしい筈と考へてゐる筆者は、大学都市のレストランや街のレストランの料理を食べ続け、自炊についても当地で普通に入手できる材料で料理することを内心誓つてゐたのだが、その殊勝な心掛けは一体何日続いたであらうか。

ある日、遂にパンと肉の食事に音を上げて、鍋で白米を炊き、中華街で手に入るインスタント・ラーメンに手を出してしまつたのである。日本の学生たちが言ふところの「ラーメン・ライス」であつて、決して御馳走ではないのだが、禁断の味だけに、そのうまさと言つたらないのである。その日以来、件の決意はどこへやら、夕食はほとんど毎日米を炊く仕儀と相なつた。

因みに、当地ではタイ、イタリア、スペイン、アメリカなどから輸入された米が簡単に入手できるし、贅沢をしたければ、日本の銘柄米も日本食料品店などで買ふことができる。

パリには鮨屋やラーメン屋を始めとして、うどん・蕎麦屋、丼物専門店、和食レストランから居酒屋、カラオケ・スナックに至るまで、「日本の味」を提供する飲食店が七十軒以上あり、多くはオペラ座、シャンゼリゼ通り界隈に集中してゐる。

特にラーメン屋や丼物屋はいつ行つても、老若男女を問はず日本人で賑はつてゐる。が、何となく後ろめたさがあるためだらうか、そこでの日本人の行動は概して大人しく、客同士が顔を合はせても何となくよそよそしいから面白いものである。

それにしても、我々にとつて御飯やラーメン（既に日本食である）は麻薬のやうなものらしい。ある時ある店で禁断の味噌ラーメンを食べてゐると、日本人の旅行客らしい若い夫婦が入つて来た。そして席に着くなり御主人が奥さんに言つた言葉が言ひ得て妙だつたので御紹介する。一言、「また来てしまつたか！」と嘆息したのである。

自国の料理は言語と同様、代替不可能な、すなはち掛け替へのない文化なのである。

〔追記〕　ここでは、日本食の飲食店が「七十軒以上」となつてゐるが、今世紀になつてから爆発的に増え、現在では一千軒を超えるとのことである。ただし、日本人の経営による店は八十軒程度の由。

第八回　倹約精神とゆとり

（九月三十一日号）

既に五カ月以上経過したパリ生活であるが、これまで最も目につき、感心したことは何かと言へば、それはフランス人の倹約精神と自足ゆゑのゆとりである。

倹約精神が最も合理的に発揮されてゐるのが、廊下、手洗ひ、エレベーター等、人が常時ゐるわけではない場所での電気の節約である。昼間は勿論消えてゐるし、夜間も必要最低限の小さな照明で済ましてゐるのが特色である。

ただし、必要に応じてもつと明るくすることができるやうに、小さな案内ランプ付きのスイッチがそばに備へ付けられてゐるので不便はない。しかもこの場合、照明は使用後数十秒で自動的に消えるので、消し忘れの点け放しといふことにはならない。手洗ひは大便用のキャビネットの中にもスイッチがあり、これも一定の時間を経ると自動的に消える仕掛であることが多い。

この節約ぶりを見て、よほどエネルギーが不足してゐるのだらうと考へるのは早計である。原子力、火力、水力等によるエネルギーは、十分に自足してゐて、二割ほどは輸出してゐると聞いてゐる。日本と比較した場合の電気消費量の多寡は知らないが、いづれにせよ、無駄を極力避ける知恵には学ぶべきものがあると思はれる。

また、自足といふ点では、フランスの食糧自給率がほぼ百パーセントであることも指摘しておかねばならない。

国土の五十七パーセントが農地または牧草地で、ＥＣ（当時）きつての農業国であるといふ事実を把握してゐる日本人は意外に少ないかも知れない。例へば、小麦の生産高はヨーロッパで第一位、ＥＣ全体の収穫の約四十パーセントを占めてゐるのである。実際、パリから郊外に列車やバスで数十分行くと、信じ難いほどに広大な農地の連続となる。

この豊かな農業国といふ事実がなければ、グルメも何もあつたものではないであらう。エネルギー、食糧、ワイン等が自給自足してゐて、一方ではフランス流のしたたかな国防戦略もあるのだから怖いものはない筈だ。彼らの落ち着いた精神的ゆとりは、一面において、それらを背景としてゐるのに相違ない。

我々が世界有数の「経済大国」となつても、未だに身に着けることができないでゐるのがこの「ゆとり」である。だがそれは、経済力の程度が問題なのではなく、フランス人がある種の哲学によつて取捨選択を行ひ、知つてか知らずか老子の「足るを知る」を実践してゐるのに対して、我々がそれをしてゐないといふことに起因してゐるのではあるまいか。

実際、彼らは無駄な贅沢をしない。それでゐて、そこはかとない豊かさとゆとりを感じさせるのである。この点、実に見事であると筆者は思ふ。

第九回　文化の翻訳

（十月五日号）

パリには「日本贔屓」あるいは「親日派」とでも言ふべきフランス人がかなりゐて、旧知の友人にもその種の人たちが多い。彼らは人柄も温厚誠実、当然ながら我々日本人に対して好意的に接してくれるので、彼らと親交を結べることは、慣れない異国に生活する者にとつて非常に有り難いことである。だが、彼らと付き合つてゐると、驚いたり、考へさせられたりすることが実に多い。

例へば、アパルトマンに遊びに行くと、古びた仏壇が置物のやうに端然と置かれてゐるのだが、中を除くと肝心の位牌がない、と言ふより、何もない。南部鉄の急須でお茶を淹れてくれるのだが、漆塗りの汁椀で出て来る。和菓子がおしぼり皿に乗せられて出て来たりもする。余興に着物を着ても、帯が後ろ前。仏教の声明《しやうみやう》や能の音楽、雅楽などをCDで楽しんでゐるので守備範囲の広さに驚いてゐると、一方でヨーヨー・マが日本人チェリストだと思ひ込んでゐたりする。茶目気も多分にあるのだらうが、要するに、どこかが少しづつずれてゐるのである。

また、日本に関する彼らの発言を聞いてゐると、総じて現代日本には無関心で伝統文化にのみ関心を抱いてゐるが、その伝統文化についての知識も、日本人である筆者から見ると、どこか観念的、人工的な気がするのである、我々がその内部で無意識に生きてゐる文化といふものを外側から意識化し言語化すると、何か決定的に大事なものが抜け落ちるか、逆に、余計な夾雑物が混じつてしまふものなのだらうか。

尤も、これらはほんの一例に過ぎないので一般化する気は毛頭ないし、友人である彼らの「誤解」を嗤つてこれを書いてゐるのでは断じてない。さうではなく、これらは皆、鏡に映つた我々の自画像ではないかと思つてはつとするのである。

例へば、我々はフランス語の「クール」を「心」と訳し、「デュー」を「神」と訳して怪しまないが、果たして本当にそれでいいのだらうか（竹山道雄が神とは訳さずに常に「ゴッド」と表記してゐたことを筆者は思ひ出してゐる）。筆者もまた、彼らの質問に答へる時敢へて意識化し言語化することで、妙に観念的になつてしまふのをどうすることもできないし、例へば、茶道を「セレモニー・デュ・テ」と発音した途端に隔靴掻痒の気分になり、大事な何かが滑り落ちるのを感じてしまふ。「セレモニー」に「道」を含意させるのは無理だからである。

フランス人を相手に、己が属する文化体系を理解させることの難しさを痛感するうちに、究極的な意味で、「文化の翻訳」は果たして可能なのかといふ古くて新しい問題が脳裏にまとはりつき始めて来た今日この頃である。

（十月十九日号）

第十回　西洋理解の新たな問題

昭和十五年、日本の大学で教鞭を執つてゐたドイツ人哲学者K・レーヴィットは、日本人は二階建ての家に住んでゐて、二階にはプラトンからハイデッガーまでの西洋哲学が紐に通したやうに並べてあるが、いざ一階に降りると日本的に考へたり感じたりすると書いた。つまり、西洋学問を専ら知性で理解するのみで、「その研究から日本的な自我を肥やすべき何らの結果も引き出さない」、すなわち「即自的に他なるものを対自的に学ぶことをしない」日本人に痛烈な批判を浴びせたわけである（『ヨーロッパのニヒリズム』柴田治三郎訳、筑摩書房）。それから半世紀を経て、この批判に動じないでゐられる西洋学者やヨーロッパ通が一体何人ゐるであらうか。少なくとも筆者はたぢろがざるを得ない。

西欧に留学して哲学を学んだインド青年が、俄かに西欧化した自らのアイデンティティに帰国してから悩み、その深刻さはやがて肉体まで蝕んで若くして死んでしまつたといふ話をどこかで読んだことがあるが、このやうなことが我々日本人に無縁な話だとするならば、それは一体どういふことなのか。つまり、自我といふ人間の最も深奥のところで影響を受けないのなら、西洋学問の研究とは一体何なのか。

勿論、我々は単純な意味において自らを西洋化させたいわけではあるまいし、自らを知るためにこそ他を知るといふ目的意識もあり得よう。また、素朴な憧れが学問の動機のすべてであつても構はない。しかし、善かれ悪しかれ、西洋人の自我、これこそが西洋に文明をもたらし、科学、学問、芸術を創造したのであり、キリスト教さへこの自我と無縁ではあり得ない。であるとすれば、知性のみを以てする理解は、どこか宿命的な「誤解」と「ずれ」を内包してゐるのではないか。我々にできることは、だから、これらの誤差の程度を見極めつつ、それを常に意識し続けることなのかも知れない。

いづれにせよ、長い歴史を有するヨーロッパ文化の理解は、我が国のそれとて同様だが、異邦人にして異教徒にはさう簡単なことではない。それゆゑ、前回紹介したフランス人を我々は嗤ふことはできないし、誤差といふ点では、特に「目に見えぬもの」に対する彼我の哲学の差は埋めるべくもなく、「文化摩擦」と表現される事態となつてしばしば表面化してゐるやうに思はれる。その意味では、鷗外が「普請中」と呼び、漱石が「皮相上滑り」と形容した明治の日本と何ら異ならないのである。いや、生半可の知識が増大した分だけ、また、対峙させるべきこちらのアイデンティティが希薄になつてゐる分だけ、このずれが見えにくくなつてゐるのではないか。西洋理解の問題にも新たな困難が生じ始めてゐるやうに思はれる。

〔追記〕インド青年の話は、帰国後調べたところ、西尾幹二著「無心への飛躍」で読んだものであつた。『行為する思索』（中央公論社、昭和六十二年刊）所収。

第十一回　大道芸人の天国

（十一月二日号）

フランス、特にパリは大道芸人の天国である。ポンピドゥー・センターやトロカデロなどの広場では、連日様々な大道芸が繰り広げられてゐて多くの観客を集めてゐる。中には「興業」と呼びたくなるほどの大掛かりなマジック・ショーもあれば、ほとんどコンサートといつた趣向のものまであるし、街角や駅の構内に目を転ずれば、特に音楽畑の芸人による数々のパフォーマンスを楽しむことができる。フォーク・ソング風の歌とギターの演奏は言ふまでもなく、クラリネットとピアノによるジャズの演奏、南米のフォルクローレの演奏などもある。他にもパントマイムなどはよく見かける。有名なモンマルトルの似顔絵師も一種の大道芸と言へるかも知れないし、絵と言へば、歩道の上に大きな、しかもかなり細密な絵を描いては、傍らに空き缶を置いておくといふのもしばしば見かける。絵を評価してくれるなら小銭をくれといふわけである。

さらに、歩道に突き出したカフェ・テラスの客を前に、若い音楽家が歌や楽器の演奏をしては心付けをねだるのを見かけることも多い。ここで面白いのは、客は勿論カフェの給仕もそこでの演奏を少なくとも黙認してゐることである。かうした芸人に対する処遇は概して寛大であるやうに筆者には見える。これが日本であれば、騒音と見做されて即座に追ひ払はれるのが落ちであらう。この違ひは、善し悪しではなく、職業的吟遊詩人が中世から存在してゐる伝統と、「広場」といふものが持つ歴史的役割の違ひに帰せられるのではないかと思はれる。

ところで、最近では「大道」芸人ならぬ「メトロ」芸人の数が増えてゐるやうだ。つまり、一人ないし二人で地下鉄の車輌に乗り込み、例へばギターを弾きながら歌を唄つては小銭をねだるのである。芸の巧拙は様々で、思はず聞き惚れてしまふほどの技量の持ち主がゐるかと思ふと、楽器も持たずに単純な童謡らしきものを一曲、音程を無視して唄つては一フランをねだりに車内を回る芸人——と言へるかはともかく——もゐれば、訛の強いフランス語で福音書の一節を暗唱したり、もつと直接に、自分が如何に貧しく生活に困つてゐるかを大声で説明したりして金を乞ふたりする者もゐる。このタイプは子連れのアラブ系女性に多い。かうなるともはや乞食であるが、それはともかく、全体に金のせびり方はしつこくなく、与へる方もあつけらかんとしたもので、筆者はかういふところに、人間関係や文化伝統における彼我の違ひを強く印象づけられるのだが、いづれにせよ、長期滞在者に過ぎない筆者にとつては、今日はどんな芸人が乗り込んで来るのかと、パリ生活の楽しみの一つとなつてゐる。

だが、根からのパリ人たちは別の感想を持つてゐるのかも知れない。何と言つても、その種の芸人や乞食の増加は、移民や貧困などの社会問題とどこかで繋がつてゐることは争はれぬ事実だからである。

（十一月十六日号）

第十二回　移民・難民問題

ドイツではこの五月、戦後ずつと不可侵の感があつた憲法第十六条（亡命の権利）に制限を加へることで移民抑制政策に乗り出したが、フランスでもこの移民問題が重大な政治課題となつてゐる。今年になつて国籍取得に関する法律を改正したり、パスクワ内相が「移民ゼロ」の目標を掲げたりしてゐるのがその表れである。しかし「後悔先に立たず」、しかも相手は生身の人間であるから、「人権」など微妙な問題が山積してをり、フランスもドイツもまだしばらく苦戦を強ひられるのではなからうか。

筆者の活動範囲は決して広くはないので、極端な軋轢の現場を目撃したことはないが、移民への襲撃事件といつたニュースは時折り耳にする。また、移民第一世代の多くが失業中で、失業保険や家族手当で生活し、しかもさういつた失業中の親を見て育つた第二世代にはそもそも労働習慣が身に着いてゐないといふ深刻な事態も最近報告されてゐる。さう言へば、パリの街頭や駅で見かける乞食の多くは外見からそれと分かる「外国人」である。さらにはポリガミー（一夫多妻制）など宗教の違ひから生ずる生活習慣の差異がこのやうな問題に拍車をかける。移民が一定の数を超えると、暴力を伴ふ排斥運動が持ち上がるのは歴史が示すところであるが、幸ひ、フランスではドイツのネオ・ナチのやうな過激な運動はまだ見られないし、例へば日本人までが危険を感じるといつた事態はほとんどないと言つて良い。

フランス流の個人主義もあらうが、歴史的に地中海世界は人種間の交流が盛んだつたといふ事情もある。そもそもフランス人種といふ「人種」は存在しないのである。フランス的な文化文明をある程度受け入れさへすれば、「外国人」をさほど差別せずに受容して来た実績がフランスにはあるし、特に政治や文化の面で多くの外国人を評価し登用し続けてゐることは周知の如くである。それが様々な面でフランスを柔軟にし活性化してゐることは否めない。しかし外国人が人口の一割近くに達して来ると、折りからの経済不況もあり、問題は別次元に移行する。移民・難民問題では「量が問題の質を決定する」（西尾幹二氏）という洞察は正しいと筆者は考へる。

歴史的に好条件下のフランスやドイツでさへ移民受け入れ政策は失敗に帰した、だからその轍を踏まぬやうにするべきであるとの西尾氏のかねてからの主張を筆者は至極妥当だと思ふし、その意味で、平成二年六月から施行されてゐる我が国の入管法を適切だと考へてゐる。日本で移民受け入れ反対の論陣を張ると、すぐに反動とか非人道的であるとかのレッテルを貼られるが、反対派の指摘をきちんと論破せずに、儲け主義や「ヒューマニズム」に淫してものを言ふ論者は真に無責任である。フランスやドイツの例が示すやうに、そのツケは後の世代が払ふことになるからである。

昨今、日本では新政府の閣僚が恐るべき歴史認識の欠如を露呈させてゐるので、「歴史を学ぶ」だけでなく、「歴史に学ぶ」必要性を主張しておきたい。

第十三回　文化と祝日

（十一月三十日号）

フランスの法定祝祭日がどうなつてゐるのか、日本ではあまり知られてゐないと思ふので、今年の暦を例に御紹介しよう。一月一日が元日、四月十一日が復活祭、四月十二日が復活祭翌日の月曜日、五月一日が労働者祭（メー・デー）、五月八日が第二次大戦休戦記念日、五月二十日がキリスト昇天祭、五月三十日が聖霊降臨祭、五月三十一日が聖霊降臨祭翌日の月曜日、七月十四日が国家記念日（革命記念日）、八月十五日が聖母昇天祭、十一月一日が諸聖人の祝日、十一月十一日が第一次大戦戦勝記念日、十二月二十五日がノエル（クリスマス）、である。「今年の」と最初に断つたのは、キリスト教関連の祭日のうち四月と五月のものは移動祝祭日だからである。復活祭は、春分の日以降の満月の次に来る最初の日曜日であるから、年によつて三月二十二日から四月二十五日の間になり、その復活祭の日を基準として、キリスト昇天祭は四十日後（日本式に数へると三十九日後）の木曜日、聖霊降臨祭は七週目の日曜日といふふうに計算するのである。尚、振替休日といふものはない。

一見して分かることは、法定祝祭日が宗教的なものと政治的なものに限られてゐることで、日本のそれのやうに、みどりの日（当時）だとか文化の日だとかいつた何のための祝日であるのか分からない曖昧模糊としたものはない。この事情は他の西欧諸国でも同様であるが、我が国の祝祭日との違ひを一瞥して読者はどのやうな感想を持たれるであらうか。たかが暦の違ひに過ぎないと言はれるかも知れないが、ここに看取できる相違は極めて重要で、我々を自省に促すに足る幾つかの問題を含んでゐると思はれる。

紙幅の都合で一つだけ言及するなら、それは伝統を尊ぶ精神であつて、例へば復活祭は八世紀以来の伝統を有してをり、歴史の古い他の教会暦も今なほ生活の節目として機能してゐるのである。現行の祝祭日が法的に整備されたのは十九世紀から今世紀にかけてだが、革命後の共和暦当時にあつても、旧来の教会暦を取り入れてキリスト昇天祭、聖母昇天祭、諸聖人の祝日などの祭日が定められたことは注目に値しよう。また、例へば復活祭が長い冬から万物が目覚める生命の復活の時期と重なつてゐることで分かるやうに、暦が自然の営みとの有機的な関連を保つてゐるのである。

我が国では戦後、ＧＨＱの意向もあり、例へば紀元節は省かれ（昭和四十一年に建国記念の日として復活）、明治節を文化の日に、新嘗祭を勤労感謝の日にそれぞれ改めさせられたわけだが、改悪と言ふほかなからう。なぜなら、そこにはものの見事に伝統と季節感とが欠如してゐるからである。といふことは「文化」がないといふのと同義である。民族が長年に亙つて培つて来た生き方の総体が文化であつて、「生き方といふものはつねに歴史と習慣のうちにしかない」（福田恆存）からである。それらとの断絶が戦後日本に何をもたらしたか、もはや贅言を要すまい。

自国の文化伝統を断ち切られた民族の営みが不可避的に辿り着く皮相な脆弱さ、これをヨーロッパの暦は我々に教へてゐるのではなからうか。

第十四回 「現代日本論」を　（十二月四日号）

一九九〇年から現在までにフランスで出版された日本関連の書籍の展示会が、「日本を読む93」と題されて、先頃三週間に亙り東駅にほど近い「エスパス・ジャポン」で開かれた。スペースの都合で総てを網羅した展示会ではなかつたが、小冊子ながら三十八頁のパンフレットが用意されてゐて、それによれば、この三年余りの間に三百点近い書籍が出版されてゐるとのことである。フランス人が書いた著作は、例へば『日本文化への誘ひ』といふ書名に典型的に表れてゐるやうに日本文化の全体的紹介を目的としたものから、各論としては『日本と防衛』、『現代日本の政治思想』などの政治物や『世界を買ふ日本』、『日本の銀行制度』などの経済物まであり、少し変はつたところでは『やくざ』だの『日本を嫌ふ五十の立派な根拠』だのといふのもある。他は概ね、盆栽、料理、武道、禅、或いは日本語などの解説、紹介が多いやうに見受けられた。

これに対して日本人の著作の翻訳は、フランス人の嗜好を反映してか、文学作品が最も多い。とても全部を挙げることはできないが、谷崎、川端、三島の「御三家」はもとより、鷗外、漱石などの明治の二大作家、現代文学では少し遡って永井荷風、太宰治、堀辰雄、井伏鱒二など、現役では大江健三郎、井上靖、遠藤周作、丸谷才一、野坂昭如などが翻訳されてゐる。吉井由吉、石川淳などといつた玄人好みの作家や村上春樹、山田詠美などベスト・セラー作家のものもあり、横溝正史、松本清張、夏木静子、西村京太郎などの推理物も数多く出版されてゐる。そして古典はと言へば、近松、西鶴、子規、秋成などの名がリストに見える。日本へのフランス側の関心の幅広さに驚くと共に、汗牛充棟ぶりを想像して喜ぶ読者もゐるかも知れない。何しろ、三、四日に一冊は出版されてゐる勘定なのだから。

確かに、翻訳といふ地味だが着実な努力がフランス人の日本理解に大きく貢献してゐることは否めない。だから水を差すつもりは毛頭ないのだが、まだ決定的に欠けてゐるものがあると思はれる。それは、日本人による現代日本論である。特に、自ら西洋文化・文明の研究者でもあるだけに皮相な西洋化のもたらした悪弊を洞察し、日本の軽薄な物質文明と没精神性に鋭い切先を向けて、以て一個の「思想」たらしめてゐる一群の批評家たちの作品である。敢へて固有名詞を挙げるなら、田中美知太郎、小林秀雄、竹山道雄、福田恆存、松原正、西尾幹二、西部邁といつた人達である。所謂「保守系」知識人であるが、その所論を読めば、日本人の感受性と行動を禅や伝統文化に還元して納得するか、さもなくば「経済国家」や「ハイテク国家」ぶりだけを強調する傾向なしとしないフランス人も、もつと多元的な宿命を背負つた日本人の苦渋に満ちた、けれども真摯な人間の「顔」をそこに発見して日本理解を深めるであらう。E・M・シオランの如き恐るべき思想家の本が版を重ねる国である。これらの批評家たちの「正論」を彼らは理解するに違ひない。だから、「オーエ」の名を知るフランス人が彼らの名さへ知らないことを極めて残念に思ふのである。〔文中敬称略〕

第十五回　言葉への信頼

（十二月二十八日）

サービス至上主義とも言ふべき日本からフランスに来ると、様々なところで驚かされる。例へば、営業時間にも拘はらず両替窓口が閉まつてゐるので理由を尋ねれば、「係りが休んだからです」と、全く悪びれずに答へる銀行の窓口嬢。席に着く客を見てゐたのになかなか注文を取りに来ないので催促すると、「そのテーブルは自分の担当ではない」と答へるカフェの給仕。尤も、これは日本でも既に有名な話であらう。客が求める品物が切れてゐても、日本の店員のやうに謝ることは先づない。「次に来た時には入荷してゐるかも知れません」と言はれたら、その客は相当運が良い方である。この国では、ただ売る人と買ふ人がゐるのみで、「お客様」などといふ観念は存在しない。勿論、他の事柄と同様で、「個人差」はあるけれども。

多くの銀行、郵便局の窓口は分厚い強化ガラスで仕切られてゐる。勿論、防犯のためだが、そのために担当者の声が聞き取りにくくて、筆者は今でも銀行や郵便局へ行くのが億劫である。また、少し大き目のスーパーなどでは、万引き予防のため、入口にガードマンが「用心棒」といつた風情で待機してゐて、客の持つ口の開いた袋などはステープラーで綴ぢることがあるし、帰りは帰りで有無を言はせずバッグを検査することもある。尤も、筆者は「品行方正」な日本人と分かるからか、一度も検査されたことはない。

防犯設備と言へば、大抵のアパルトマンは部屋に入るまで三つの鍵を使ふ。一回目は通りに面した扉で、これはカードか暗証番号を使つて開ける。次に、廊下或いはエレヴェーターに着くまでの間にドアがあり、最後に部屋のドアとなる。しかも大抵の場合、部屋の内側には三カ所に錠前が掛かるやうになつてゐるのである。日常生活でこれらのために使ふ費用とエネルギーは相当なものであらう。自己の生命安全を確保するために、彼らが「平和を愛する諸国民の公正と信義に信頼して」ゐないことは確かである。

また、愛想の悪さには目を瞑るとしても、最も困るのは、役所、大学、警察、郵便局など、つまり公共機関の窓口業務において、担当者によつて言ふことがしばしば異なることである。「個人主義」と言つてしまへばそれまでだが、上意下達の構造が日本とは違ふやうだ。だから予想せぬ反応に困惑させられることが多いのだが、さういふ場合、資料や伝聞を根拠に食ひ下がり交渉すると思ひ掛けず道が拓けることがかなりある。フランスが「ゴネドク」社会と言はれる所以である。だが、その本当の意味は、一瞬一瞬の「言葉」を仲立ちとして人間関係や社会が成り立つてゐて、その結果、言葉、会話、討論、議論が重要な役割を担ふ社会だといふことではないか。断定は控へるが、「言葉への信頼」がまだ生きてゐると感じさせられることがある。実際、取り付く島もなささうな人物が、ふとした機会に言葉を交はすと、急に親切な人柄を発揮するといつた経験を筆者は何度もしてゐる。いづれにせよ確かなことは、フランスで楽しく暮らすためには意志を表現する努力が不可欠だといふことである。

第十六回　「日本人は十二歳」

（平成六年一月十八日・二十五日号併号）

パリでは幾つかの日本語新聞・情報誌が発行されてゐて、そのほとんどは無料で入手でき、新聞記事の要約や様々な生活情報を提供してくれるので非常に重宝である。

『フランス・ニュース・ダイジェスト』もその一つで、タブロイド判十二頁で発行されてゐる週刊新聞であるが、先頃この新聞紙上で海渡均なる筆者が「公正とは何か？」と題して、テレビ朝日の椿貞良前報道局長の発言について書いてゐた。要約すれば、椿の発言は「報道の公平性」に一石を投ずるものであり、報道における「公平」は各メディアが考へる「公平」に過ぎないのだから、支持政党などを明確にして「公平」など標榜しない方が良い、といふものである。

海渡は、放送認可の際に政治的公平を放送法により義務づけられてゐる電波報道と、そのやうな義務を負はない新聞報道とを区別せずに論じてをり、また、「天皇を称える歌である君が代を、日の丸と共に」放送終了時に流すＮＨＫは「明らかに天皇制擁護だ」などと見当はずれのことも書いてゐるのであまり説得力はないが、「報道の公平性」を再考する機会であるといふ指摘には筆者も賛成である。

周知のやうに、フランスのプレス（マスコミ）が客観、中立、公正などを標榜することはない。

ＮＨＫの萩野弘巳によれば、中学校の教科書にさへ、「客観的報道といふものはあり得ない」旨が書かれてゐるさうだ。しかしこれは、神ならぬ人間が果たして「客観的」たり得るか真剣に考へてみれば自づと了解されることではないか。それでゐて、フランスのテレビ・キャスターが個人的な見解を恣にするといふやうなことはない。そこには抑制がある。人間は遂に客観的たり得ぬといふ苦い認識があるからで、その認識こそが多少なりとも客観性を保証するといふ逆説が、報道する側にも視聴者の側にも成立してゐるやうに思はれる。それゆゑ、報道と意見の峻別がなされるのだ。要するに、大人なのである。無差別思考は子供の特徴なのだから。

その意味で、テレビ朝日の報道姿勢に対して、「公正を欠く」といふ常識的な批判が今さら効果的とは思へない。無論、椿は指弾されて然るべきである。だが、例の報道ショーやキャスターの久米宏が受けるのは、まさか、客観、公正のゆゑではあるまい。彼らなりの信念もしくは目的があるのだからその種の批判は柳に風であらう。真の問題はそこにはない。政治家と同様、人気番組も国民の程度を映す鏡なのだから、あのやうな低俗かつ無責任な言論が人気を博すことそのものが問題なのである。しかし、所詮テレビではないか。心ある人はチャンネルを変へるかスイッチを切れば良い。

それにしても、フランスで抑制の効いた「大人の」報道番組に接してゐると、全部とは言はぬが、日本のそれが如何に子供染みてゐるかを痛感させられる。さう言へば久米がかつて担当ニュース番組のターゲットはと尋ねられて、「中学生」と答へてゐたのを思ひ出す。やはり、マッカーサーは正しかった。「日本人は十二歳」なのである。〔文中敬称略〕

〔追記〕「椿貞良発言」の概要は以下の通り。平成五年九月、当時テレビ朝日の取締役兼報道局長であつた椿が、民放連の会合で、自社が総選挙中に非自民政権樹立を促す報道姿勢であつた旨の発言をし、翌月に解任された。その後、この発言問題で衆議院での証人喚問を受け、社内での具体的指示については否定するも、偏向報道を行つた事実は認めた。当時の郵政省はテレビ朝日の免許取り消しも検討したが、最終的に行政処分とした。（以上はウィキペディア「椿貞良」の項を参照した。）

第十七回　国際理解と信仰

（二月二十八日）

フランス語に「師走」に相当する言葉はないが、十二月のパリは我が国と同様やはり忙しさうである。商店街は大小の電球を街路樹に飾り付け、ショー・ウインドウにはアルブル・ド・ノエル（クリスマス・ツリー）が飾られ、エトレンヌ（クリスマス・プレゼント）やレストランでのレヴェイヨン（クリスマスの夕食と大晦日の夜食のことで、フランス人にとつて一年で最も重要な食事）の広告が街に一層の彩りを加へてゐる。ギャルリー・ラファイエットやオー・プランタンなど大きな百貨店が軒を連ねる地区の年末風景は、日本のデパート街のそれと何ら異なるところはなく、ペール・ノエル（サンタクロース）が宣伝ビラを配り、大きな買い物袋を抱へた人達でごつた返してゐる。

だが、日本の年末年始とは異なり、当地では何と言つてもノエル（クリスマス）が精神的に重要な意味を持つてゐる。宗教上の種々の義務を遵守する「プラティカン」と言はれる人々の数が時代と共に減少してゐることはしばしば指摘されてゐるが、それでもクリスマスだけは別格なのだらう、すべての教会が二十四日の深夜にミサを行ひ、広大な身廊や側廊が膨大な数の信徒によつて埋め尽くされる。今なほ六十四パーセントのフランス人がキリストを神の子であると信じてゐるといふ統計がある。筆者は今回サクレ・クール寺院とノートル・ダム大聖堂で行はれたミサを見学して、その厳かな雰囲気と参列者の数に、キリスト教の力、伝統の力を改めて感じたものである。

我々は「国際社会」の一員なのだから、他国の宗教や文化を理解し尊重しなければならない。だが、表面的な理解は却つて本質を見失はせる。ヨーロッパ人にとつてクリスマスは救世主の誕生日ゆゑに祝はねばならないが、同時に「聖なるもの」すなわち「目に見えぬもの」のことを考へて粛然とせねばならない日でもある。日本人の「キリスト教なきクリスマス」の無意味な馬鹿騒ぎを今さら批判するのが大人気ないのは分かつてゐる。しかし、この本質に対する無理解とそれゆゑの子供染みた軽薄な反応は、一事が万事、現代日本の宿痾ではなからうか。

我々は年賀状に、「御多幸をお祈り致します」などと書くが、一体全体誰に、何に向かつて祈つてゐるのか。聞き届けてくれる至高の存在を前提としない「祈り」が真剣なものである道理はない。おそらく人間は、その前に跪く対象を持たずして精神的な存在となることはできない。信ずる何ものかがなければ、根本的な懐疑も断固とした決意もなし得ないであらう。

フランス語や英語では「信仰」と「信念」は同じ単語である。日本人にとつてさういふ対象はあるのかないのか、あるとすればそれは何なのか、ないとすればそのままでいいのか、我々はそこをとくと考へる必要がある。ヨーロッパに学ぶことがあるとすれば、さういふことなのだ。宗教色豊かなパリでクリスマスを過ごしながら、そんなことを考へた。

（二月二十日号）

第十八回　映画は劇場で

今回はテレビ事情について報告する。ＣＡＴＶと衛星放送を除くと、フランスのテレビ・チャンネルは全部で六つあり、内訳は、公共チャンネルが二つ、民放が三つ、そしてもう一つは「カナル・プリュス」と言つて、映画が主な番組で、有料の解読キーを買はないと見られない放送局である。放送時間は局によつて異なるが、概ね朝の六時から翌朝の四時台まで、ただし第五チャンネルの「アルテ」だけは夜七時から深夜一時台までとなつてゐる。以下、気づいた特徴を挙げる。

公共放送が二つあるのは日本と同じだが、ＮＨＫの第一と第二のように番組構成上の明確な差異はなく、それぞれ様々な番組を放送してゐる。これはフランス２《ドゥー》とフランス３《トロワ》とが別の組織体によつて運営されてゐるところから来るのであらう。また、公共放送といつてもピュブリシテ（コマーシャル）が入るところが日本とは大きく異なる。

それから、映画の放映が非常に盛んである。ほとんど毎日、ほぼ同じ時間に（夜八時四十五分から）各局とも映画或いはテレビ映画を放映してゐる。十一時頃からもう一本放送するといふ「二本立て」も珍しいことではない。尚、深夜放送ではソフト・ポルノが、「カナル・プリュス」ではハード・コアが、無修正で放映されてゐる。スポーツはサッカーが断然多く、次いでテニスが多いやうだ。所謂「テレフォン・ショッピング」の番組も料理番組もある。

フランス人の議論好きを反映して、討論番組は「朝まで」どころか朝昼晩深夜とやつてゐるし、数も多い。子供向けアニメ番組もあり、日本のアニメ（劇画）の進出振りには驚いた。昼食時にはひと頃の日本と同様、スタジオ収録のクイズ番組が花盛りである。連続ドラマはあるが、フランスで作られたものはさう多くはなく、これもひと頃の日本と同様アメリカの番組が多い。現在は「逃亡者」、「スパイ大作戦」、「奥様は魔女」など、年配の日本人には大変懐かしい番組が放映されてゐる。日本ではほとんど消滅してしまつた歌番組はまだ健在である。

全体的な印象としては、ニュースと映画と特別取材番組に力を入れてゐるやうに思はれるが、パリの人々の生活にとつてテレビの占める位置はそれほど大きくはなささうである。知人宅のテレビも小さいものが多いし、大画面・高品質テレビ受像器が宣伝され始めたのはつい最近のことである。ある資料によれば、週十四時間から十七時間といふのが平均視聴時間らしい。コンサート、オペラ、芝居、映画を楽しむ習慣がまだ廃れてゐないからだらう。オペラなど、良い席は勿論高額だが、安い席（千円程度）も必ず用意してゐるところがこの国のいいところだ。

映画がテレビやビデオに押されて往年の影響力がなくなつてゐるのは我が国と同じであるが、街角の映画ポスターの量は日本の比ではない。おまけに上質なポスターが多いので、「サブリミナル効果」だらうか、パリに住んでゐると、映画を劇場で見たいといふ欲求が強まるやうである。

第十九回　歴史としての戦争

（三月八日号）

周知の如く、ルイ十四世は全ヨーロッパ支配を目指して大きな戦争を四度も行つた上、在位期間のほとんどは戦争に明け暮れてゐた国王であり、ナポレオンもまたヨーロッパ諸国にとつては稀代の「侵略者」であつたのだが、アンヴァリッド（廃兵院）や凱旋門などを初めとして、そのやうな二人に縁の文化財が国家によつて管理、保存され、今なほ観光客で賑はつてゐることの意味を我々は一度考へてみても良いのではないか。

「過ちは繰り返しませぬ」と誓ふのではない。戦争を「犯罪」とする習慣法は今なほ世界に存在しないし、戦争は「絶対悪」ではないからである。また、例へばナポレオンや大革命に対する評価の変遷でも分かるやうに、「歴史」（イストワール）は不動の「事実」ではなく、必要に応じて何度も書き改められる「物語」（イストワール）だからである。それにまた、国家や歴史といふものは、現に生きてゐる我々だけのものなのではなく、先祖や子孫のものでもある。だからフランスは、といふよりどこの国でも、自国の歴史を無闇に否定しないし、国益に殉じた死者に最大限の敬意を表し続けてゐるのである。フランスでは、教会はもとより、ソルボンヌの図書館の壁にさへ関係戦没者の氏名が刻印されてゐる。

こんなことを言ふのも、細川護熙首相の例の「侵略戦争」発言や韓国での偽善に満ちた「謝罪」に筆者は激しい怒りを覚え、今なほ憤懣遣る方ないからである。あの戦争を「侵略」の一語で形容し得るのは、全くの無知か、狂人か、イデオロギーに盲ひた人間だけである。首相もキリスト教徒なら「目に見えぬもの」が少しは見える筈だ。韓国の仏教寺院で合掌する前に、祖国の英霊に頭を垂れて、小林秀雄が戦後言つたやうな「歴史の必然性」といふものの「恐ろしさ」に思ひを致したらどうか。

そもそも「戦後処理」は既に済んでゐるのである。小堀桂一郎東大教授（当時）によれば、極東国際軍事裁判の発令責任者たるマッカーサーでさへ、昭和二十六年、米国上院の聴聞委員会において、日本が遂行した戦争は「自国の安全保障のため」であつたことを証言してゐるのだが、その問題は今は措くとして、その裁判の結果、九百二十名以上の日本人が各種「戦犯」として処刑されたことを、また、アジア各国に対して支払ひの終了した戦後賠償とその後の経済支援を細川首相は忘れたのか。さらに、所謂「韓国人慰安婦問題」にしても、事実の究明は曖昧なままだし、当時は「日本人」だつたことも考へる必要があるであらう。それに何より、昭和四十年の日韓基本条約はどうなるのか。法的な処理を済ませたものは堂々と「済んだ」ことと見做すのが法治国家の条理といふものである。昨年二月、ヴェトナムを訪れたミッテラン大統領は謝罪などしなかつた。彼我の政治哲学の差を改めて痛感せざるを得ない。

我々は現在の視点から過去の歴史を裁断してはならない。西洋の中世を「暗黒時代」と決めつけた時代があつたが、今それを言へば嗤はれるのが落ちなのである。

第二十回　猿真似も大事

（三月二十日号）

フランス、特にパリを訪れる日本人は多い。フランスへは年間約六十万人の日本人観光客が訪れてゐるさうだが、そのうちパリを見物しない日本人はゐないだらうし、実際、「日本人通り」との異名を持つオペラ座通り界隈を歩いて同胞を見かけない日はない。また、パリに住む日本人も非常に多い。「住む」と言つても期間や形態などが様々で、滞在許可証を取得しなかつたり、在仏日本大使館への在留届を怠る人もかなりゐるので、正確な数字は分からないらしいが、一説には一万人を優に超えるといふ。活動範囲がさして広くはない筆者も、この一年に何と多くの日本人に出会つたことだらう。語学、文学、哲学、音楽、美術などの留学生はもとより、ホテルマンや美容師を目指すなど、実に様々な目的を持つて多くの人達がパリに住んでゐることに、今さらながら驚いた次第である。

ところで、自らフランス留学の経験を持つ遠藤周作は、パリを主な舞台とした小説『爾も、また』の中で、この国にやつて来る日本人の類型について登場人物の一人に次のやうに言はせてゐる。「この石畳の重さを無視する奴とその重みを小器用に猿真似する者と、それから、そんな器用さがないために、ぼくみたいに轟沈してしまう人間と……」。「轟沈」とは、この場合、留学半ばにして結核に罹り、所期の目的を遂げずに帰国することになつたといふ意味だが、この人物は別のところで、「病気は結局、この国との闘いに敗れた憐れな結末」だと自嘲気味に語つてゐる。

「闘い」という表現にはこれが書かれた時代（昭和三十九年頃）までに洋行した日本人の留学観が

滲み出てゐるやうに思はれる。それは、丁度この頃留学中だつた筆者の恩師が、御母堂を亡くされてもそのために帰国することはなかつたといふ話を想起させる。だが、三十年を経た現在、このやうに悲壮な決意でパリにやつて来る日本人がゐるだらうか。今は親戚の慶事でも簡単に一時帰国する時代である。その意味で、確かに日欧の物理的な距離は縮まつたかに見えるが、異文化経験が簡単になつた分だけ、経験それ自体の意味は薄れ、文化の基底にある精神は見逃される傾向にあるのかも知れない。

しかしそれにしても、高級ブティックに群がる日本人の傍若無人ぶりはどうにかならないか。筆者に言はせれば、多少金があるからといふ理由だけで、免税で買へるからといふ理由だけで、出入りする場所ではないのである。免税だから買ふといふのは富豪ではない証拠だし、ノブレス・オブリージュ（位高ければ徳高かるべし）といふ彼らの精神文化の一面に抵触するのである。日本人客に向けられた店員の辛辣で皮肉な表情は、自分たちの文化を土足で踏み荒らされてゐることへのせめてもの抵抗ではないのか。

他国の文化を無視するのは失礼なことである。この国の文化を尊重し、必死で理解しようとして来た先達のお蔭で、我々日本人の評判は非常に良いのに極めて残念である。文化の重みを理解してゐるかのやうな「猿真似」も、案外大事なのではないだらうか。

第二十一回　日本は病んでゐないか

（四月五日号）

昨年の五月二十五日号から始まつた本欄の連載も今回が最終回である。筆者には短く感じられた一年だつたが、日本にとつては様々なことが出来した長い一年だつたかも知れない。第一の出来事は、言ふまでもなく、宮沢内閣不信任案の可決とその後の総選挙で自民党が下野したことである。また、その後、連立内閣が登場し、まつたうな歴史観の欠如を露呈させた。そして冷夏が「天明の大飢饉」以来と言はれるほどの凶作をもたらし、泣き面に蜂の日本に台風も襲ひかかつた。経済不況も一層深刻化した……。

当然のことながら、筆者には日本に関する情報が不足してゐた。だが、それだけに距離を置いて日本を眺めることができたのではないかと思ふ。その結果、ヨーロッパから遠望する日本が、残念ながら、外交戦略に疎く、長期的展望を欠き、従つて視野が狭く、他国の悪意に無防備な、要するに、子供染みた国、とてつもなく危なかしい国に映るのをどうしやうもなかつた。経済だけが突出して目立つことは決して幸福なことではない。フランス人が現在の日本にではなく、伝統文化にのみ興味或いは憧れを示す理由が分かるやうな気がしたものである。

ヨーロッパは大人の国の集まりである。もとより天使の集まりではない。だが、人間が「天使でも獣でもない」（パスカル）といふ、ある意味で簡単な真理を理解してゐると言つたら良いだらうか。その上での内政であり外交なのだ。

また、祖国について筆者がある意味で最も情けない思ひをしたのは、秋口だつただらうか、使ひ古しの下着が自動販売機で売られてかなりの売上を示してゐるといふ新聞報道を読んだ時だつた。誤解なきやう断つておくが、筆者は聖人君子ぶるつもりはないし、石部金吉でもないつもりである。だが、自動販売機と言へば大きな駅の切符売り場でしか見かけないパリで読んだせいか、自動販売機で売られてゐるといふところが、妙に印象に残つた。パリにもエロはある。日本よりも数段強烈なエロがある。だが、一般にそれらは隠されてゐるし、ポルノ・ショップでは対人販売が通常である。そこには善くも悪くも「人間」がゐるのである。儲かれば何でもする業者、人に見られることを避けて快楽に沈む一部の日本人。この忌まはしいイメージは、折りからの細川首相の不用意な発言の記憶と相俟つて、筆者に「精神の畸形」といふ言葉を連想させた。ああ、病んでゐる、日本は本当に病んでゐるのだと。これが、外国にゐるために生じた筆者の考へ過ぎであれば幸ひである。

本欄は「パリ通信」と題されてゐるゆゑ、毎回必ずパリ或いはフランスを話題としたのだが、フランス或いはヨーロッパについて考へることは、結果的に日本について考へることになつた。憂国の士を気取るつもりは全くないが、筆者にとつて、ヨーロッパより祖国日本の方が大事だからである。諒とせられたい。

最後になりましたが、一年近くの御愛読に御礼を申し上げます。

〔追記〕「細川首相の不用意な発言」とは、前年の八月に行はれた首相就任の記者会見やその後の国会での所信表明の中で、「パリ不戦条約」を無視して、「先の戦争は侵略戦争であつた」と繰り返し表明し、そのために、各国から「それなら賠償せよ」といふ声を招き寄せたことを意味してゐる。

第二部　『月曜評論』（一）

『月曜評論』は二十四、五歳ぐらゐから定期購読してゐた。誰かに勧められたといふことはないので、おそらくその頃愛読してゐた松原正早稲田大学教授（平成二十八年六月逝去）がしばしばこのミニコミ紙のことに触れてをられたので講読するやうになつたのではないかと思ふ。歯に衣着せぬ言論や、遠慮会釈のない執筆者同士の応酬もあつて、非常に面白かつた。修士課程、博士課程、そして留学中も読んでゐた。左翼リベラル的な知友の多いフランス文学・哲学系の中で、自分なりに孤塁を守るには必要だつたやうな気がする。そして、平成七年、社会党や新進党が中心になつて「戦後五十年謝罪・不戦決議」とやらを画策し始めたことに対して、確か、中村粲獨協大学教授（平成二十二年六月逝去）が紙上で「保守派の総反撃の必要性」（大意）を訴へる文章をお書きになり、その呼びかけに対して、何を思つたのか、「私にもその用意がある」といふやうな内容の葉書を編集部宛に出したのである。すると、中澤茂和編集長から電話があり、「何か書いてみませんか、政治的なことでなくてもいいので」といふお誘ひを受け、そこから『月曜評論』との縁が始まつた。尚、『月曜評論』は長らくタブロイド判四頁で発行されてゐたが、平成十二年一月号よりB五判の月刊誌となつた。旧号の整理がしやすく、一読者として喜んでゐたが、平成十六年八月号を以て休刊となつた。

ノーベル文学賞受賞とは言ふが

『月曜評論』第一二二八号（平成六年十一月二十五日）に掲載。折から文壇は大江健三郎氏のノーベル賞受賞で空騒ぎをしてをり、それを苦々しく思つてゐたので書いた大江批判である。私にとつて初めての評論の文章であつたので思ひ出深いものがある。けれども、それ以上に思ひ出深いのは、初めて歴史的仮名遣ひで書いたこの拙文が世に出る五日前に、私淑してゐた福田恆存氏が鬼籍に入られたことであつた。私が歴史的仮名遣ひを実践するやうになつたのは福田氏によつて啓蒙された結果であるから、これも一つの「縁」であると思ひ、心の中で、拙文を福田恆存氏に捧げたものである。尚、引用した「パリ通信」については本書五十頁を参照。

私はしばらく前から暗然たる気分の日々を過ごしてゐる。なぜなら、大江健三郎が今年度のノーベル文学賞を受賞し、浅薄なマスコミが鬼の首を取ったやうに大燥ぎを続けてゐるからである。他国のアカデミーが誰に賞を授けようと当方の与り知らぬことゆゑ、取り立てて腹は立たぬ。また大江が文化勲章を辞退したことにもさして腹は立たない。勿論、「戦後民主主義」云々といふ辞退の弁は例によつて支離滅裂で少しは立腹してゐるが、ノーベル賞を受賞すると慌てて叙勲対象とする（確か、利根川進の場合もさうだつた）文化庁の見識もどうかと思ふからである。要するに、どちらも不見識といふ点では似たやうなものである。

だが、相変はらず海外の評価に弱い大方の日本人が、所詮翻訳を通じての評価であることも忘れて、この受賞作家に「権威」を認め、その結果、「国際的作家」とやらの発言力が一層強まるのではないかといふ点は危惧してゐる。大江が言はずと知れた政治観、人間観の人物だけに、例の「戦争責任謝罪決議」などへの微妙な影響といふ点でも、憂慮せずにはゐられない。

私事だが、筆者は昨年四月から今年の三月まで、アムステルダムに本部のある「ヨーロッパ・キャノン財団」から奨学金を得て、パリ第四大学（ソルボンヌ）に席を置き、専門のフランス十七世紀の文学と哲学の研究に従事してゐたのだが、その間、友人の紹介で『自由新報』の文化欄に「パリ通信」と題された隔週の連載記事を寄稿してゐた。内容は主に日仏の比較文化論で、第十四回目の記事では、ある書籍展示会をパリで見学したのを機に、フランスで翻訳されてゐる日本人の作家などを紹介した。そして翻訳がフランス人の日本理解に貢献してゐることを評価しながらも、「日本人による現代日本論」の翻訳が決定的に欠けてゐると指摘して最後にかう書いた。拙文で恐縮だが引用する。

特に、（中略）日本の軽薄な物質文明と没精神性に鋭い切先を向けて、以て一個の「思想」たらしめてゐる一群の批評家たちの作品である。敢へて固有名詞を挙げるなら、田中美知太郎、小林秀雄、竹山道雄、福田恆存、松原正、西尾幹二、西部邁といつた人達である。（中略）その所論を読めば、日本人の感受性と行動を禅や伝統文化に還元して納得するか、さもなくば「経済国家」や「ハイテク国家」ぶりだけを強調する傾向なしとしないフランス人も、もっと多元的な宿命を背負つた日本人の苦渋に満ちた、けれども真摯な人間の「顔」をそこに発見して日本理解を深めるであらう。E・M・シオランの如き恐るべき思想家の本が版を重ねる国である。これらの批評家たちの「正論」を彼らは理解するに違ひない。だから、「オーエ」を知るフランス人が彼らの名さへ知らないことを極めて残念に思ふのである。〔文中敬称略〕

ここでの「オーエ」が大江健三郎のことであるのは言ふまでもない。フランスでは、従来、谷崎、川端、三島が言はば「日本文学御三家」といつた扱ひだつたが、現在では村上春樹や山田詠美あたりまで翻訳紹介されてゐて、大江などは現代日本文学を代表する作家と目されてゐるやうである。私が先の拙文の最後に同じく著名な井上靖や遠藤周作の名前ではなく大江の名を挙げたのは偶然では勿論ない。私なりの皮肉を籠めたのである。

『月曜評論』の読者が大江の政治的発言に賛同することはあり得まいが、小説或いは文学となると、専門外とて及び腰になるか、或いは専門家が下す評価の高さを見て、ひよつとすると本業の文学は本物なのかと早合点する向きもあるやも知れぬ。何しろ『週刊文春』(十月二十七日号)でさへ、「大江健三郎文学への徹底ガイド」と称して各界の著名士十六人の大江評を紹介してゐて、そのほとんど全てが称賛の言葉なのだから。大江作品に共通の何とも薄ぺらな人間観とふやけた小説の構成を完膚なきまでに批判して見事な成果を収めた松原正『文學と政治主義』(地球社)や大江文学のぺてんを徹底的に暴いて間然とするところがない谷沢永一『雉子も鳴かずば』(集英社)がかやうな時マスコミで紹介されることは間違つてもない。それゆゑ、大江作品に同調出来ない、或いは読了出来ぬ読者は、このノーベル賞作家を自分は理解出来ないのだと、文学を見る目がないのだと、自信を喪失するのかも知れぬ。

だが、専門家とて実は同じやうなものなのだ。例へば、受賞を報ずる『朝日新聞』（十月十四日）に寄稿した蓮實重彦は大江の文学を論じて、「特異な想像力と個性的な文体との結合が文学なのではなく、それを超えたより厳しい試練に耐えることでしか文学が実現されえないことを、身をもって学んだ」と書き、また「『万延元年のフットボール』は、個人的な創意だけでは統御しがたい歴史に触れてしまった作家が、必然的に受け入れざるをえない個性を超えた言葉との、困難ではあっても絶望的とまではいえない出あいの実践として書かれたものだ」などと持ち上げてゐるが、本気で書いたとはとても思へぬ。蓮實の文章がそれを物語つてゐるではないか。「それを超えたより厳しい試練」云々などは、劇画の台詞ではあるまいし、何も言つてゐないに等しい。また、「必然的に受け入れざるをえない個性を超えた言葉」との「出あい」を「実践」だなどと評するのはお門違ひではないか。「出あい」のやうな消極的概念に、積極的な意味を持つ「実践」を繋げる必然性などありはせぬ。

さらに、『朝日新聞』に題名通り毎回「妄語」を書き連ねてゐる加藤周一は今回（十月二十日）大江について、「文学的空間を普遍的な地平線へ向かって解放した」などと書いてゐるが、これは文学作品を褒める時に対象が何であれ使へる便利な、そして実にいい加減な比喩ではないか。大江文学を称賛する文章には大抵この種の意味不明な言葉遣ひが頻出するが、それは批評する側に「大江褒むべし」といふ当為が先にあり、作品をよく理解せずして、或いはきちんと読まずして褒めようとするからではなからうか。蓮實は、先の文章の別の箇所で、「過去十年来、大江氏の文学の貴重さを世間に納得せしめるにたる言葉が文壇から発せられたためしはない」と書いてゐる。自ら『大江健三郎論』の著書を持つ蓮實は、おそらく自らは「文壇」の外に位置してゐると考へてこのやうに言ふのだらうが、しかし「大江文学の貴重さ」など本当にあるのかどうか、蓮實のこの文章を見る限り頗る疑はしいと思ふ。

かうした杜撰な文章ばかり読まされると、極めて高度の鑑識眼を持つてゐた故百目鬼恭三郎が言つたやうに、皆、新しい文学が解らないと思はれたくないばかりに、大江文学を称賛してゐるのではないかと疑ひたくもなるのである（『現代作家一〇一人』新潮社）。詳細な論証をする紙幅はないし（関心のある向きは松原、谷沢の前記二著に就いて見られよ）、大江の全作品に忠実に付き合ふほど私はマゾヒストではないから読んだ限りで言ふのだが、大江文学は「思はせぶりで虚仮脅しの文体」、「荒唐無稽な筋立て」、「得て勝手な想像力」と形容すれば足りるのである。

ここでこれ以上大江文学の批判はしない。問題は、なぜあれほどの戯言を飽きもせず書き散らす大江がかくも高く評価されるのか、といふことである。今は作曲家として有名になつた障碍者の子供を持つてゐること、そして若い頃からの「反体制」的言辞と活動がその理由であらう。それにあの訥弁と一見誠実さうに見える容姿も付け加へるべきかも知れない。ともあれ、この大江人気には、主に岩波書店と新潮社といふ著名出版社が関係してゐることも含めて、考察に値する問題が幾つかあると思はれる。今、その全てを考察吟味出来ないのが残念だが、一つだけ言へば、それは大江の奉ずる「戦後民主主義」といふ虚妄と関係があるやうに思ふ。この虚妄によつて、思想と実生活の区別も出来ぬ、つまり思想表現者としての誠実と生活者のそれとの区別も出来ぬ知的怠惰と、周りの者の意見に動じないではゐられない附和雷同の根性が、戦後一層日本人に植ゑ付けられてしまひ、既に病膏肓に入つたのではあるまいか。

政治家が国民の程度を映す鏡であるのと同様、売れる文学も鏡なのである。例によつてチェスタトンが卓抜なことを書いてゐるので紹介する。「よい文学は、一人の人間の精神を教えてくれるが、悪い文学は、大勢の人間の精神を教えてくれる。よい小説はその主人公の真実を語るが、悪い小説はその作家の真実を語る。いやそれどころか、その読者の真実を語る。しかもおかしなことに、作られた動機がシニカルで不道徳であればあるほど、この真実をますます多く語るのである。本が本として不正直なものであればあるほど、公の文章としてはますます正直なものになる。まじめな小説は、一人の特定の人間の単純さをあらわにする。不まじめな小説は人類の単純さをあらわにする」(『異端者の群れ』別宮貞徳訳、春秋社)。従つて、チェスタトンに倣つて考へれば、大江文学によつて、日本人のみならず「人類の単純さ」までが露になつたと言へるのかも知れない。

一方、フランス十七世紀後半に活躍した思想家ピエール・ベールはある文章で、真理を弁別出来るのはいつの世でも十万人中三人ゐるかゐないかだと嘆いてゐるが、だとすれば、「衆寡敵せず」と覚悟しつつ、こちらはせめてその三人に入らうと努力するしかないであらう。そんなことを考へさせるところなんぞ、大江も案外隅に置けぬ。少なくとも、「反面教師」の役割は演じてゐるといふことにはなるのだから。〔文中敬称略〕〈了〉

〔追記〕文中、「この大江人気には、主に岩波書店と新潮社といふ著名出版社が関係してゐることも含めて、考察に値する問題が幾つかあると思はれる」とあるが、それはノーベル賞受賞の裏工作があつたといふ意味ではなく（現実にはありさうに思ふが）、大江作品を一流出版社が出し続けてゐることの不思議――あくまでも国内事情として――を言つたまでであつた。しかし、拙文を読まれた評論家の武田龍夫氏（元外交官で東海大教授、北欧文化協会理事など歴任）は、自著『福祉国家の闘い――スウェーデンからの教訓』（中公新書、平成十三年）にかう書いてをられる。「（大江氏受賞への批判の幾つかの）中で受賞理由を大江氏の〈反核平和言論活動〉と、大出版社岩波が氏を内外に売り込んだ結果であると指摘した吉田好克宮崎大学助教授（ヨーロッパ文化論）の立論を、私は最も的を射ているものとみた」と。折角言及して頂いたのであるが、私はそこまで言つてはゐない。武田氏が少々誤読されたやうである。

フランスのモラリスト　ラ・ブリュイエールを読む

『月曜評論』第一三三一・三三二合併号（平成七年一月十五日）に掲載。中澤茂和編集長より、フランス文学の作品か作家を紹介して欲しいといふ依頼で書いた文章。

「ありのままの人間」についての関心と考察

読者は「フランス文学」と聞くとどんな文学を想起するのであらうか。恋愛小説や姦通小説であらうか。それとも、詩人たちの優美な、そして時に難解な詩の数々であらうか。勿論各々に妥当な観察ではある。

だが、これなくしてはフランス文学は成立しないと言はれてゐるものがあつて、それは、大雑把な議論であることを承知で言へば、「ありのままの人間」についての関心と考察である。このことをドイツのフランス学者Ｅ・Ｒ・クルツィウスが次のやうに書いてゐる。「フランス文学の偉大な点は、人間の心情というものを知っていて、その悲劇的なあるいは滑稽な不思議さを明るみに出す技術を持っている点である。（中略）このような心理分析は幻想なきリアリズムを特徴とする」（『フランス文化論』大野俊一訳、みすず書房）。また、哲学者Ｆ・ストロウスキーはフランス精神の抜き難い性向として「心理観察の習慣、道徳に対する関心、人間を知ろうとする性癖」（『フランスの智慧』森・土居訳、岩波現代叢書）を挙げてゐる。

このやうな傾向の作家は何もフランス文学にのみ存在してゐるわけでは勿論ないであらう。だが、ありのままの人間性分析に主眼を置き、それに明快簡潔な表現を与へて一つの文学的伝統にまで発達させたのはフランス文学だけであると言つて良いのである。

明快簡潔な表現とは、具体的に言へば、詩や小説とは異なる文学形式のことで、特にエセー（試論）、パンセ（随想）、マクシム（箴言）、ポルトレ（肖像）、メモワール（回想）などと呼ばれる表現形式のことであり、このやうな形式で書いた作家はフランス文学では「モラリスト」と呼ばれる。日本で「モラリスト」と言ふと、英語を経由してゐるために、「道徳家」、「徳育家」などといつた響きがあるけれども、フランス文学で言ふのは「人間観察者」ないし「人間性批評家」に近い。フランスの辞書の定義によれば、「風俗習慣及び人間の本性や条件について考察する作家」といふことになる。

さういふ狭義のモラリストの代表者をフランス文学史に求めれば、十六世紀のモンテーニュ、十七世紀のパスカル、ラ・ロシュフーコー、今回紹介するラ・ブリュイエール、十八世紀ではヴォーヴナルグ、シャンフォール、ジュベールなどが立ち所に挙げられるし、現代でもルーマニア出身のシオランがゐる。もう少し広義に解釈すれば、哲学者のデカルトや『寓話詩』のラ・フォンテーヌ以下、カミュやサン＝テグジュペリ、アンドレ・マルローなどに至るまで、多くの思想家や作家をモラリストに含めることが出来るのだが、今回は狭義のモラリストの大立者ラ・ブリュイエールを紹介しようと思ふ。

味はひ深い人間観察と分析

ジャン・ド・ラ・ブリュイエール（一六四五—九六）は年金監察官の子としてパリに生まれ、オラトワール修道会の学校でギリシャ語を習ひ、やがて法律を勉強してパリの高等法院の代言人となつた後、カーンの収税官の職に就く。その後ブルボン王朝から出た名門コンデ家の師傅《しふ》となり、任を解かれて後も侍従待遇でコンデ家に留まり、市井人や宮廷人の生態を観察しながら読書と思索を続け、一六九三年にはアカデミー・フランセーズの会員となつた文士である。

彼の主著『カラクテール』（「様々な性格」の意で「人は様々」といつた含み）は、自ら仏訳した古代ギリシャの哲学者テオフラストスの『様々な性格』に自作の「当世風俗史」を付録として付けたのが始まりで、初版での成功に意を強くした著者は改版の度に自作の文章を増補して行き、結果的にこの方が有名になつたのである。やや冗漫のきらいがあり、ラ・ロシュフーコーの犀利やパスカルの深遠には多少及ばないといふのが一般的な評価であり、私もさう思ふけれども、人間観察と分析を宗としたその文章はどうしてどうしてなかなか味はひ深いものがある。

箇潔な箴言から幾つか例を挙げれば、「女について」の章では「女にとつて心にもないことを言ふのは造作ないことだ。男にとつて思つてゐることを言ふのはもつと造作ない。」とか、「人間について」の章では「黨派心は、最も偉大な人物でさへも庶民の卑小にまで引き摺り下ろす。」とか、「判断について」の章では「エスプリの凡庸さを示す印の一つは、始終喋ることである。」とか書いてゐる。他の章でも面白いことをたくさん書いてゐるのだが、本紙の読者層を考へて、ここでは第十章「至尊について或は国家について」からの二つの文章を関根秀雄の訳文で紹介する（漢字、仮名いづれも原文のまま）。

認知能力の限界を深く意識

一　誰でも自分の國のことを別にして、あらゆる政治形態を一わたり調べて見ると、さてその何れを採るべきかに迷ふ。最も理窟にかなひ且つ最も安全なのは、自分の生まれた國の政體を最良のものと考へて之に服することである。

呆気ないくらゐ「保守的」だが、「革新」だの「改革」だのと安易に叫ぶ愚者が跋扈してゐる現在、かういふ言葉は味読するべきだと思ふ。それに、ラ・ブリュイエールがここで述べてゐることとほとんど同じことを「合理主義の祖」たるデカルトが『方法序説』の第三部に書いてゐることは誠に興味深いと言はねばならぬ。それはデカルトの「暫定道徳」として哲学の世界ではよく知られてゐるものであつて、その第一の規則は、「幼少時に教へ育てられた宗教を尊守し、一般に受け入れられてゐる最も穏健妥当な意見に従つて自己を律し、自国の法律と習慣に服して行くこと」（大意）といふものである。

二人ともなぜかくも「保守的」なのか。思ふに、先祖や伝統にある種の信頼を置いてゐたといふこともあらうが、選択に「迷ふ」自分から目を逸らさなかつたからである。彼らは人間の認識能力の限界といふものを深く意識してゐたに違ひなく、それは却つて知性の高さを物語る。先日残念ながら鬼籍に入つてしまつた福田恆存が「私の保守主義観」に書いたやうに、「人類の目的や歴史の方向に見とほしのもてぬことが、ある種の人々を保守派にする」のは今も昔も本当のことなのである。

「平和主義者」が理解出来ぬこと

それからまた、ラ・ブリュイエールは国家の悪についても考察してゐる。少々長いが引用する。

七　國家と言はれるものの裡には、それがより大きな惡を豫防するといふので我慢せられる幾つかの惡がある。さうかと思ふと或種の惡は、唯それらの抑〻の始まり方のために惡と見られるだけであつて、その根源においてこそ惡弊乃至惡い習はしであつたとは言へ、その結果と實際について見れば、より正當なる法律やより理窟にかなつた習はしよりも却て遙かに弊害が少ない。又もう一種の惡を見ると、それらは變更乃至革新によつて矯正することが出來るけれども、その革新なるものが亦一つの惡であつて、なかなか危險なものである。中には掃き溜の中の汚物のやうに押し隠された惡もある。つまりそれは恥辱や祕密や暗闇などの底に埋もれかくれた惡のことであつて、かういふのになると、ほぢくつたり掻きまはしたりすればする程、毒と穢れとを發散させずにはすまない。最も賢明なる仁も、時々、それらの惡を知ることは果たしてそれらを知らずにゐるのよりまさつてゐるかどうかと、疑つてゐる。或る國においてはかなり大きな惡が大目に見られるが、それは百萬の小さな惡乃至不幸をそらせるからで、このやうな小さな惡は、凡そ此世では避けることも癒やすことも出來ないのである。（後略）

ここにある思想こそ、小児病的、近視眼的な「平和主義者」が理解出来ない最たるものであらう。パスカルも言ふごとく、人間は天使でも獣でもないが、「不幸なことに天使であらうとして獣になる」といふ頗る厄介な生き物である。だとすれば、人間の行為に、延いては国家の行為に悪は付き物といふことになるし、従つてこの世にユートピアは存在しないといふことになる（尤も、どこにも存在しないからこそユートピアと言ふのだが）。

現実の人間世界を直視すれば誰しも認めざるを得ないさういふ苦い真理を肝に銘じた人間は、決して単純に悪を「避けることも癒すことも」考へない。人間の内なる悪とどのやうに付き合ふかに腐心するだけである。なぜなら、悪は単一の理由から生まれるものではなく、また、悪に対抗出来るのは必ずしも善なのではなく、場合によつてはさらに大きな悪であることを知悉してゐるからである。

幻想なきリアリズム

時の試練に耐へた古典を読むことの意義について贅言を弄する必要はないと思ふが、とりわけモラリストの文章を読むことの現代的意味について少しだけ言及すれば、一つには、彼らがキリスト教徒の立場を堅持してゐるにせよゐないにせよ、信仰といふ「目に見えぬもの」のことを真剣に考察してゐるといふこと、二つには、彼らがいづれも空想家ではないといふことが挙げられよう。

パスカルは『パンセ』に「現象の諸理由」といふ一章を設けてゐるが、それが象徴するやうに、モラリストたちは人間の置かれてゐる諸条件を先づはありのままに認識、分析し、そこから様々な「理由」を探求する。つまり、「幻想なきリアリズム」である。その結果、ある種のペシミズムが不可避となるが、空想家ではないから、「普遍的人間性をめざしたわれわれの祈念」（大江健三郎「ノーベル賞受賞講演」）などといふおよそ偽善的且つ見え透いた嘘を吐くことは決してない。

この「空想家ではない」といふことは頗る大事な点であつて、徒に空想に耽ることは知性の欠如の証なのである。十九世紀の空想社会主義者フーリエはモラリストたちについて、「口舌の徒であり社会的に無力である」旨の批判をしたと伝へられるが、所詮組合的な理想郷しか頭になかつたフーリエに対して、モラリストたちは「ありのままの人間」を観察、分析、考察、記述したのであつて、その文言は現実を凝視することで普遍に通じてゐるからこそ決して古びることはないし、読者は人間性といふものが如何に変らぬものであるかを学ぶことになるのである。

尚、関根秀雄訳による岩波文庫版『カラクテール——当世風俗誌』（全三冊、初版昭和二十八年）は長らく品切れだつたが、幸ひなことに平成二年九月に復刊された。今ならまだ在庫があるのではなからうか。一読を勧めたい。〈了〉

ここにもゐた「無国籍の化け物」ども
——所謂「花形」に見る文章の拙劣と思考の杜撰

『月曜評論』第一二六八・六九合併号（平成八年一月五日）に掲載。文中に登場する阿部筲人（一九〇〇—一九六八）は、本名亨、東京外語大フランス語科を経て京都帝大経済学部卒。長らく三省堂に勤務しながら俳句の創作や批評活動を行つた俳人で、初心者の俳句に共通するステレオタイプを剔抉した『俳句——四合目からの出発』（講談社学術文庫、昭和五十九年）は彼の傑作である。その書の中で、「独善的で自分勝手な言ひ回し」の代表として「うわ言俳句」といふ類型を提示してゐる。

読者は次の人名を知つてゐるだらうか。私の属する世界では所謂「花形」のもの書きと言つて良い人たちであるが、参考までに、学歴や肩書きと共に紹介する（いづれも当時）。西谷修（昭和二十五年生まれ、東大法学部卒、都立大仏文修士課程修了。明治学院大学文学部教授、フランス文学・思想）、加藤典洋（昭和二十三年生まれ、東大仏文科卒。明治学院大学国際学部教授、文芸評論家）、高橋哲哉（昭和三十一年生まれ、東大教養学部フランス科卒、同大学院哲学博士課程修了。東大助教授、哲学）。いづれも、岩波書店の『思想』『世界』『へるめす』、或いは青土社の『現代思想』といつたところに登場することが多く、専門の関係で、フランスの文学や思想或いは哲学に言及することが多いのを特徴とする。

私はこの三人との面識はないが、同年生まれの高橋の場合、哲学の「脱構築」についての彼の文章を専門論文で援用したことがある。その意味で、高橋にだけは「義理」があると言ふべきかも知れない。高橋は専門の現代哲学ではそれなりの評価を受けてゐるのである。だがその高橋も、専門以外の「評論活動」においては、以下に見るやうに、実にいい加減な言論を展開してゐる。いづれじつくりと、三者三様のデタラメについて個別的に吟味したいと思つてゐるが、今回は手始めに、「花形」にあるまじき彼らの文章の拙劣と思考の杜撰を掻い摘まんで読者に示しておきたい。

フランス語ではあるまいし

彼らが専門領域を超えて私の視界に入つて来たのはさう古いことではなく、西谷が岩波書店から『戦争論』(平成四年)を出した頃からである(彼は昨年、東大出版社から『夜の鼓動に触れる—戦争論講義』も出してゐる)。それなりに学識のある戦後世代が「戦争」を扱つてゐることに興味をそそられたのであつた。しかし、『戦争論』の巻頭論文「世界戦争」は、戦争が「世界性」を持つに至つた歴史的意味にばかり拘泥して、何ら新しい知見を授けてくれるものではなく、何よりも、抽象的に過ぎて私には全く面白くなかつた。それに、例へば、「戦争を語るとき、そのつどそこで何が語られているのかという歴史的地層や、現在の知の劈開面《へきかいめん》を考慮に入れるならば、戦争が人間世界を形づくる他の多くの要因のうちの一つというにとどまらない、存在の全体的な現象であることが、現在的な存在状況とそれが生み出す現在的な知との関連のなかで明らかになる」だの、「やはり二〇世紀に大文字で書き込まれるべき一項は『世界戦争』になるだろう」だのといつた雑誌『現代思想』風の文章が頻出することに、私は辟易した。かういふ文章はよほど刺激的なことが書かれてゐないと読み続ける気にならない。何も「哲学的」文章が苦手だといふことではない。一つ目の引用文の後半は、「現在的な」から「関連のなかで」までが不要であるし、二つ目の引用文にある「大文字で」云々は、フランス語ではあるまいし、意味をなさない、といふのが私の文章観なのである。

「譫言《うわごと》散文」

さうかうするうち、昨年の『世界』八月号で、この西谷と加藤典洋が「世界戦争のトラウマと『日本人』」といふ表題のもとに対談してゐることを知つた。対談なら少しは読み易からうと思ひ、一読したのであるが、しかし、これも西谷の「『戦後』的な視点を宙づりにしながら」だとか、「『主体』を立ち上げるという要請」だとか、分かつたやうで分からない表現が出て来るので、論旨を追ふのにかなり疲れる代物であつた。が、これは対談なので、表現の巧拙を論ふことはこれ以上しない。

この対談は、加藤が『群像』の昨年一月号に発表した長編評論「敗戦後論」に対して、同誌三月号に高橋哲哉が「汚辱の記憶をめぐって」といふ加藤批判の文章を書いたので、その批判に触れつつ、「戦後」と「日本人」を考へるといふ趣向になつてゐる。そこで私は、話題に上がつてゐる加藤の論文と高橋の論文を各々読んでみた。加藤が「敗戦後論」に、「日本の三百万の死者を悼むことを先に置いて、その哀悼を通じてアジアの二千万人の死者の追悼、死者への謝罪にいたる道は可能か」と書いたことを高橋が咎めてゐるのだといふことは分かつたのだが、高橋の文章も頗る悪文で、冒頭から、「あの戦争と日本という国家、そして日本国民との関係についていえば、現在わたしたちが生きつつある時間が、ヴァルター・ベンヤミンならば、『今という時』Jetztzeit と呼んだかもしれないある特異な時のしるしを色濃く帯びはじめていることは、ほぼ確かだと言えるだろう」（傍点は吉田）などと、呂律の回らぬ表現が出て来るので苦笑を禁じ得なかつた。かういふ文章が、阿部筲人ならば、「諂言俳句」ならぬ「諂言散文」と呼んだかも知れない特徴を備へてゐることは、ほぼ確かだと言へるだらう、とても茶化したくなるほど、一人合点のつまらぬ文章である。

拙劣な加藤の文章

一方、加藤の文章もひどいもので、既に評論集を何冊も出してゐる文芸評論家とはとても信じられない。「そこで彼（太宰治）は彼の目の前に得体の知れない象の巨大さで表れている時代のねじれを、なんとか構造的にとらえようと、彼に似合わない企てを行っている」と彼は書いているのだが、いくら大きからうと、「象」であることが分かつてゐるのなら「得体」は知れてゐるであらう。重箱の隅を穿るやうな指摘だと読者は思ふか。それなら「西ドイツのテオ・ゾマーは、自分達を滅ぼした作戦の四十周年を、自分達が心から祝う、そのひとすじの『ねじれ』たみちに、戦争に敗れた者である自分たちの未来につながるただ一つの可能性があると考える」といふ文章はどうか。語彙の選択から読点の打ち方、そして平仮名の表記に至るまで、下手糞としか言ひやうのない作文ではないか。これに、無意味な改行の多さといつたことも付け加へておく。

このやうな拙劣な文章で書かれたものにロクなものはないと、私は信じてゐる。だから、通常なら無視するところであるが、彼らの言ひ分そのものが看過できぬ。先づ、対談から拾つて紹介すれば、「日本が日本以外のアジアに対して行った侵略戦争、その帰趨、その責任が、どのような形でいま自分たちの前に置かれているのか」（加藤）といふ発言や、「靖国を持ち出す連中は、植民地支配や侵略を認めたら、祖国の為に死んだ英霊たちや遺族に不名誉を負わせることになると言う」（西谷）といふ発言が出て来るのである。

加藤の「敗戦後論」について、先の引用文「三百万の死者を悼む」云々を読んだだけの読者は「保守派」の文章かと思はず早とちりするかも知れぬが、全体を読めば、全く違ふことが分かる。「日本における先の戦争、第二次大戦も、『義』のない戦争、侵略戦争だった」、「日本が他国にたいして行ったさまざまな侵略的行為の責任を、とらず、そのことをめぐり謝罪を行っていない」（読点は原文のまま）、「たとえば朝鮮・韓国人慰安婦として動員された女性への謝罪、賠償一つすませていないばかりか、それへの迅速な対応すら、放置している」などいふ文章が頻出するのである。

いとも簡単に「侵略戦争」と

最もひどいのは高橋で、例へば、「朝鮮半島出身者だけでも数万は下らないという被害者を出したこの戦争犯罪は、驚くべきことに、戦後半世紀近くにわたって『公的』歴史から消し去られていた」だの、「南京の虐殺者たち、七三一部隊たち、従軍慰安婦を性の奴隷とした兵士たち」だの、「この汚辱の記憶、恥ずべき記憶（中略）を保持し、それに恥入り続けることが、この国とこの国の市民としてのわたしたちに、決定的に重要なある倫理的可能性を、さらには政治的可能性をも開くのではないか」（傍点は原文のまま）だのと書いてゐるのである。

細かな対立はあるが、彼らは大東亜戦争をいとも簡単に「侵略戦争」と言つて憚らない点で大差ない。今回言及した対談、論文のどこを探しても、あれが「侵略戦争」であるか否かの議論もしてゐないし、自問さへしてゐない。それに、意識的か否かは分からぬが、彼らの歴史観とは真向から対立する歴史観の存在なぞ思ひもよらぬふうである。せいぜい、「靖国問題などにいつも登場する遺族会とか、日本の右派勢力」（西谷発言）だとか、或いは、「靖国神社に参拝する政府官僚、靖国神社の神官、また、『無垢』な英霊を祀るべく先の戦争を『正しい戦争』に偽造する人々」（加藤発言）だとかのやうに、批判対象として十把一絡げに言及する程度であつて、そもそも議論の対象としてゐないのである。

さらに、ハンナ・アーレント、エマニュエル・レヴィナス、或いはクロード・ランズマン監督の映画『ショアー』といつた固有名詞を出すことで、ナチスの非道と日本の戦争行為を比較可能なものであるかのやうな雰囲気も醸成してゐる。日独の比較論なんぞ全く無意味であると、西尾幹二が疾くに論証してゐるではないか（『異なる悲劇――日本とドイツ』文藝春秋）。高橋に至つては、「（ドイツの歴史修正主義と）『南京虐殺はなかった』という日本版歴史修正主義との厳密な突き合わせが必要だろう」などと書いてゐる。何が「必要だろう」だ。どうせ書くなら、「必要である」と言ひ切つた上で、自分でやつたらどうか。そんな気もなく、できもしないくせに、かういふことを書く人物に限つて、日本人の「倫理的可能性」とやらを説くのである。笑止と言ふほかはない。

大江健三郎以外にもゐた

それにしても、どうして岩波書店や青土社から声のかかる「知識人」の多くはかうも愚鈍で偽善的なのか。社長や編集者の見識次第といふことなのであらうが、いづれにせよ、かういふ「花形」たちの言論は黙過できぬので、今後も注意深く見守つてゆきたいと思つてゐる。紙幅が尽きたので、最後に、彼らの精神の倒錯ぶりを示す言葉として、極めて印象的、かつ象徴的な言葉を引く。「自分が日本人であつて、日本にいることで何らかのおかげを蒙っている、僕はそういうことでの貸し借りを無しにしたいんですよ」(加藤発言)。嗚呼、「無国籍の化物」(松原正)は大江健三郎以外にもゐたのである。〈了〉〔文中敬称略〕

『月刊正論』大島編集長への手紙

『月曜評論』第一三二五号(平成九年八月五日)に掲載。私の「正論への抗議文」は本書三百八十九頁以下を参照。文中、「Z氏」としたのは、迂闊にも編集部員のうちの誰かだと思つてゐたからであるが、実は大島編集長その人であつたといふ驚愕の事実が後に判明してゐる。佐藤雅喜編著『正論誌讀者欄に於る國語國字論争の記録』(平成十二年五月十四日、荒魂の會)の中の「附記・Z氏の正體」(七十五頁)参照。尚、佐藤氏についても本書三百八十九頁参照。

「旧かな」の書き直しをめぐつて

問題の発端は、『月刊正論』昨年九月号の「編集者へ・編集者から」である。この欄の担当と思しき編集者が、東京都の小室衛氏(二十四歳)の投書の後に、「小室さん、ごめんなさい。(旧かなを)勝手にこちらで直しました。編集者としては二十代の方々の旧かなはほんと、悩んでしまうのです」と書いたのであつた。

この驚くべき不見識に対して、翌十月号に二つの反論が掲載されたが、編集者はまたしても、「一部の方々からのお叱りは承知のうえで、これからも書き直す場合があります。あしからず」と、木で鼻を括つたやうな言葉を記したのだつた。激怒した私は相当に強い調子で、けれどもある程度丁寧な文体で抗議をした。書き直しだけは何としても思ひ留まつて欲しかつたからである。かなりの長文であつたが、この抗議文は十一月号に全文が掲載された。だがこれにも、「やはり排除の論理といふのは、風当たりが強いものですね」といふ人を舐めたとしか形容出来ぬコメントが付けられてゐて、私は怒りを感ずるよりもむしろ絶望感を味はふ羽目になつた。だが、十二月号で新たに三人の「旧かな派」が私への強烈な掩護射撃をしてくれて、編集者もさすがに非を悟つたのか、お詫びとも反省とも取れる文言が載り、一旦決着したかに見えたのだつた。

しかし、何を思つたのか、この懲りない編集者は今年六月号の「読者の指定席」の「投稿を読み終えて」において（即ち、場所を変へて）、またぞろ「旧かな」を書き直すやうなことを言ひ始めたのである。しかも極めて幼稚にして狡猾な文言を以て。私の怒りはいよいよ頂点に達した。そこで私は、以下のやうな手紙を「親展」と脇付けして大島編集長宛てに投函したのである。紙幅が足りないので、改行も最小限に止め、所々省略しながらその手紙を公開する。

拝啓　大島信三編集長殿

『正論』を読んでこれほど不愉快な思ひをさせられるとは想像だにしませんでした。貴誌六月号「読者の指定席」の「投稿を読み終えて」を書いた自称「編集者」（姓名不詳のため、以下Z氏とする）のことです。何たる傲慢、何たる恥知らずなのでせうか。その言ひ分があまりに常軌を逸してゐるので、あれこれ考へるうちに、このやうな破廉恥漢を一人前の「編集者」として扱ひ、巻末に文章を書かせてをられる編集長の見識を私は遂に疑はざるを得なくなつて来たのです。本人に宛てて投書するべきかとも思ひましたが、後に述べるやうに、予め一切の批判を封じ込めるやうな狡猾な発言を今回Z氏はしてゐるので、もはや本人に語りかけても無駄であると考へ、編集長宛てに手紙を書くことにした次第です。他意はありません。以下、「投書を読み終えて」のうち、特に看過出来ない箇所を逐一批判して、私がZ氏を「破廉恥漢」呼ばはりする理由を説明致します。

一、「（読者の旧かなを直すと宣言したことで）ずいぶんお叱りを受けたのですが、その気持ちはいまも変わっていません」（丸括弧内は吉田の補足、以下同様）。読者を愚弄するにも程がある、と言はざるを得ません。昨年の十二月号にZ氏が何と書いてゐるか御存じでせうか。Z氏自身が重い健忘症を患つてゐるらしいので、氏の言を引用します。「ご叱責、しかと受けとめたいと思います。（吉原氏に）送っていただいた矢野氏の文章はとても参考になりました。（中略）斎藤さんの『編集者は勉強不足のくせに……』はまったくその通りで、赤面のいたりです」。Z氏は今回、この時の反省の弁が真赤な嘘だつたと公に告白したことになります。しかも、何の説明も弁明もなく、前回言つたことを自ら否定してゐるのです。かういふ没道徳的な文章を読まされると、嘘をごまかすために嘘を重ねるといふ例へば『朝日新聞』がよくやる手の方が、まだしも人間的であるとさへ私には思はれて来るのですが、氏の二つの文章を読み比べて、編集長はどのやうな感想をお持ちになるでせうか。

二、「こういう（字がきれいで、原稿用紙に見事に収まってゐる）原稿を赤字で汚してはいけない、というのは冗談ですが、二十一歳の大学生がなぜ旧かなを使うのだろう、という興味にかられたのです」。何を今更Z氏は思案顔をしてゐるのでせうか。昨年の十月号で多摩市の上田博和氏と東京都の山本直人氏が、十一月号では拙文が、それぞれ福田恆存著『私の国語教室』を紹介してゐるのです。上田氏は、『『私の国語教室』の第一章「『現代かなづかい』の不合理」を讀めば、『二十代の旧かな』にとまどつたり悩んだりすることは無くなると思ふ」と明快かつ適切な指摘をしてをられますし、拙文も「(この本を読めば)『旧かな』使用が世代とは何の関係もないこと、また尊敬すべき右の両教授(中村粲氏と小堀桂一郎氏)がどうして今なほ『旧かな』を実践されるのか、理解を深められることと思ひます」と書いてゐるのです。本当に「興味にかられた」のであれば、この書を読めば良いではないですか。Z氏の文章には読んだ形跡が見られません。

Z氏には分からないであらうが、編集長にはお分かり戴けると思ふ。ある青年が、例へば小林秀雄や福田恆存や三島由紀夫、或いは現役の中村粲氏や小堀桂一郎氏や松原正氏の文章を読んで感動したとする。すると、新かなで育つた彼はいづれ考へ込むやうになるはずだ、なぜこれらの文士たちは今なほ「旧かな」を墨守してゐるのだらうか、と。さうかうするうちに、福田の『私の国語教室』のことを耳にする。読んでみる。そして説得される。試しに実践してみる。そして益々その正しさを実感する。もはや「新かな」には戻れぬ自分を感ずる……。年齢や世代なんぞとは何の関係もない「文化の伝承」の風景なのです。Z氏は、この「文化の伝承」といふものがまるで分かつてゐない。分からないから了見が狭くて、怠惰だから分からうとしないのでせう。

三、「かなしいかな、一体、稲員さんの表記が完璧なのかどうか、その判断がつかない」。何が、「かなしいかな」だ、大の男がよくかういふ情けないことを公に出来るなと、私は唖然としました。無論、仕事に忙しく、この半年間に『私の国語教室』を読む暇が無かつたのかも知れませんが、複数の読者がこの本に就いて勉強するやうに懇切に勧めてゐるのだから、それを読むまでは「旧かな」について書くことを控へるぐらゐの謙虚さもなければ、礼儀も知らないのかと、私はただただ腹が立つのみです。

四、「旧かな派のみなさん、原文のまま載せるかどうかは、気まぐれな編集者のそのときの気分次第。今回は例外と考えて下さい」。嗚呼、かうして書き写すだけでも、反吐が出さうになる程のおぞましい文章です。「気まぐれ」だの、「そのときの気分次第」だのと言ふことによつて、如何なる批判も予め禁じておかうといふわけであらうが、かくも子供染みた表現に多少なりとも説得力があるとZ氏は思つてゐるのでせうか。『正論』の読者も舐められたものだとつくづく思ふ。ここに至つて、私はZ氏の知性のみか、人間としての品性も疑はざるを得ない。十一月号掲載の拙稿でも強調したやうに、「皆さんのご意見はいかがでしょう」と、仮名表記の議論を喚起したのはZ氏なのですよ、編集長！

投稿者が皆、雑誌の公共性といふものを顧慮して、丁寧に誠実に自説を展開してゐるのに対して、このZ氏は『正論』を言はば「私物化」する挙に出たのです。度し難い人物と言ふほかはない。さう思ひませんか。Z氏には『朝日新聞』などの欺瞞的勢力を批判する資格はないと、私は思ひます。

もはや十分でせう。私の怒りとその理由は御理解戴けたと思ひます。私はZ氏の思考と文章を心から軽蔑しますが、Ｚ氏個人に興味はありません。だから、氏を更迭せよとか、氏に文章を書かせるなとか言ひたいのでは決してありません。私はただ編集長御自身のお考へを伺ひたいと思ふのです。何卒、『正論』誌上で、Ｚ氏の妄言についてのお考へをお示し下さるやうにお願ひ申し上げるものです。（平成九年五月十五日付け）

ＮＨＫや朝日批判の資格ありや

これに対する大島氏の回答は七月号でも八月号でもなされてゐない。七月号の「編集者へ・編集者から」に「投稿者の表記は尊重すべし」といふ鳥取県の熊坂雄一郎氏の反論が載り、その後ろに例のＺ氏がコメントを付けて、「四十代の大学教授から痛烈に批判されました。さすがの編集者も、この投稿は掲載する勇気がありませんでした」と書いてゐる。これは私のことに違ひない（ただし、私は幸か不幸か助教授だけれども）。だとすれば、私の詰問に大島氏は自ら回答することを回避し、問題の処理をＺ氏に任せたのかも知れぬ。もしもＺ氏が何らかの考へをきちんと表明してゐるのなら、それはそれで良い。だが、Ｚ氏は熊坂氏の意見に対しても右の引用以外に何も書いてゐないし、八月号でも仮名遣ひについては一言も触れてゐないのである。といふことは、「編集者の気分次第」といふ例の戯言は今も訂正の必要はないと考へてゐるといふことになる。

大島氏はＺ氏に対して何の「指導」もしなかつたのか。それとも一蓮託生なのか。おまけにＺ氏はＺ氏で、七月号の「投稿を読み終えて」において、六月号のある論文をめぐる一部の投稿者に対して、「文章は常にクールでありたい。『正論』読者は、文章においても風格をもちたいものです」

などと説教を垂れてゐるのである。自分の文章を批判されて反論出来ぬ輩が他人の文章を論ふ滑稽と欺瞞を、大島氏はせめて諭してやるべきではなかつたか。それとも、『正論』の編集長といふのは「君臨すれども統治せず」といつた役職なのだらうか。

『正論』には、自らが非難された時に見せる『朝日新聞』やＮＨＫの不誠実且つ不遜な態度を批判する文章が毎月のやうに載る。例へば中村粲氏はさういふ批判者の急先鋒であらう。しかし、中村氏は自説への批判に対しても極めて誠実な対応をしてをられるではないか。編集に携はる人間といふものは、さういふ真摯な常連執筆者の言動を側で見てゐても、そこから何も学ばうとしないものなのか。何度でも言ふが、大島氏やＺ氏に朝日やＮＨＫを批判する資格はない。

もはや「信用出来ない」

最後に一言だけ書いておきたい。大塚英志といふ物書きが『THIS IS 読売』六月号で、「教科書問題をぶち上げたある論壇誌」の暴露話を書いてゐる。文脈から判断すれば『正論』以外には思ひつかないけれど、Ｚ氏は嫌疑を晴らさうとして、「百％、『正論』ではありません」と七月号に書いてゐる。私は大塚氏を評価してゐないし、あのやうな無責任な文章を鵜呑みにする気はないが、さりとてＺ氏の言ひ分もさう簡単に信ずることが出来ない。Ｚ氏は大塚氏について「この人、信用出来ないなあ」と書いてゐるが、私もまた『正論』編集部をもはや「信用出来ない」からである。〈了〉

日本及び日本人の責任と威信が問はれる
――日本人拉致事件が突きつけるもの

『月曜評論』第一三五七号（平成十年六月二十五日）に掲載。

日本人を救出する宮崎の集ひ

五月三十日（土）、私どもは宮崎市内の神宮会館で「北朝鮮に拉致された日本人を救出する宮崎の集ひ」を開催した。九州では熊本、福岡に続いての集会であつた。「集ひ」では、横田めぐみさんの御両親、市川修一さんの御令兄夫妻、増元るみ子さんの御両親と御令姉にそれぞれ御登壇戴き、拉致された前後の状況や肉親としての悲痛な胸の内を語つて戴いた。

御家族の訴への間、大勢の参加者が目頭を押さへ、七十五歳の増元正一さんが「娘が帰つて来るまでは死ねません」と一際大きな声を張り上げると、会場は大きな激励の拍手に包まれた。引き続き、現代コリア研究所の西岡力編集長（当時）に「北朝鮮による恐るべき拉致事件の実態と日本人救出の方途」といふ演題で講演をして戴いた。氏は、数々の論拠を示しつつ、世論を盛り上げることの必要性を力説された。二時間十五分に亙る集会の後、実行委員会は、御家族や西岡氏の参加を得て、市内の目抜き通りで街頭署名活動を行つたのであつた。

今回の集会では私が実行委員長となり、副実行委員長には「宮崎・祖国と青年の会」代表（当時）の永野雅康氏、事務局長には同会の黒木雅裕氏といふ布陣で臨んだ。他の実行委員の顔ぶれは、神社庁、仏所護念会教団、財団法人モラロジー研究所、神道青年会、青年自由党などの関係者有志と宮崎大学学生数名で、合計二十五名程度であつた。また、福岡、佐賀からも四名の同志・学生が応援に駆けつけてくれた。

一般参加者は約三百五十名を数へたし、二時間の街頭署名活動で千二百筆の署名を集めることができたのであるから、大成功だつたと言へるであらう。また、署名用紙は前もつて各方面に配布しておいたが、当日持ち帰つた人々も多く、当日用に用意した七百枚は全て捌けてしまつた。署名は、六月七日現在で、四千名分を超えてをり、今後も続々と事務局に届くものと思はれる。予め寄せられた支援金と、会場と街頭で集まつた支援金も、今後の活動を維持してゆくのに十分な金額となつた。御協力戴いた方々に、この場を籍りてお礼を申し上げる。

同胞のため、立ち上がらう

一般参加者の多寡を殊更に論ふつもりはないが、四月十八日の「全国集会」が約三百名だつたことを考へると、私どもが少し自慢気に語つてもお赦し頂けるのではなからうか。やはり、「天孫降臨の地」ゆゑの強み、天候に恵まれたことも含めて、「神風」が吹いたのであらう。

また、『國民新聞』五月二十五日号「國論」欄の青木英實中村学園大学教授の文章によれば、福岡では「総会も署名活動も（警察の）厳重な警備の下に行はれた」とのことであるが、宮崎ではさうした緊張感は全くなく、街頭署名活動の届け出を出してゐたにも拘はらず、警察からは何の連絡もなかつた。従つて、青木氏のやうに、警察の警護が付くといふ「得難い扱ひ」を私は経験できなかつたわけだが、集会当日の朝四時五十分に謎の電話が拙宅にあつて、私が一日中睡魔と戦ふ羽目に陥つたといふことはあつた。けれども、それも単なる間違ひ電話だつたかも知れない。

全国各地に、集会を開きたいけれども、実行委員（長）として名が出ることを以て躊躇してをられる方もあらうと想像するが、何しろ北朝鮮は青息吐息なのだし、国内シンパによる嫌がらせ程度のことは覚悟しなくてはならぬにせよ、それほど心配することはないのではないかと、今回の経験から私は感じてゐる。ただし、電話は思はぬ凶器になるので、連絡先には工夫が必要かも知れぬ。私どもは、宮崎神宮と神宮会館の格段の御配慮によつて、会館を連絡先とさせて戴いたのであつた。しかし、幸ひに嫌がらせの電話は一件もなかつたとの由である。

全国の同志には、どうか勇気と叡知とを以て立ち上がつて戴きたいと思ふ。地元で被害者が出たか否かはどうでも良いことであつて、この場合、同胞が囚はれてゐるといふことだけで立ち上がるのに十分ではなからうか。

マスコミ各社の報道ぶり

さて、「集ひ」前日の二十九日には、県庁記者クラブで記者会見を実施し、期待通り、宮崎の全てのプレスとテレビ局（民放の二社とＮＨＫ）が出席した。民放二社は予め用意した映像も交へて、午後六時半のニュース枠で放送してくれたが、ＮＨＫは、午後八時四十五分のニュース枠で会見の模様を伝へただけで、予想通り、あまり熱の入つた報道ではなかつた。しかし、熊本集会は完全に無視されたさうなので、宮崎はまだしもだつたといふことになる。

私どもの用意した配布資料の中に、「集ひに寄せられた各界識者のメッセージ」といふのがあり、そこには「ＮＨＫに対する訴訟を準備中」云々といふ中村粲獨協大学教授から頂戴した文章があつたから、それを読んだ記者が怖れを為したのかもしれない。

新聞はと言へば、『宮崎日日』『朝日』『讀賣』『毎日』『日経』『南日本』が、当日の朝刊にそれぞれ好意的な事前紹介記事を書いてくれた。このうち、『朝日』は集会翌日の朝刊にはもう記事を載せなかつた。『西日本』は紹介記事は載せず、翌日に報告記事だけを載せた。隣県の『鹿児島新報』も大きく報道したやうだ。また、『毎日』は、記者会見の記事の中で、「早期帰国」だとか「行方不明者」だとか、私どもが一度も使はない用語を用ゐて記事を書いた。語るに落ちるとはこのことであらう。勿論、私は抗議しておいた。

政府の弱腰の責任は我々にも

この拉致問題は、国家の責任と威信といふ問題を提起してゐる。といふことは、我々日本人の責任と威信が問はれてゐるといふことである。今更『朝日』なんぞに言はれずとも、「日本の態度がきわめて大きな意味をもつ」（六月七日社説）のは余りに当然のことである。被害者を奪還したレバノンの例もある。政府が「あらゆる手段を講じる」といふ断固たる態度を取れるやうに、我々国民が強力に後押しをするべきではなからうか。

政治家の程度は国民の程度の反映なのだから、政府が弱腰なのは、実は我々が弱腰だからである。だとすれば、責任の一端は我々にもあるといふことになる。「同情」といふやうな素朴な感情を別にすれば、私どもの運動はさういふ自覚を動機としてゐる。今後は、「北朝鮮に拉致された日本人を救出する宮崎の会」とでも名称を変へて、この運動を継続的に推進してゆく覚悟である。

歴史教科書刷新運動の推進者に対して「学者なのか運動家なのか」と揚げ足を取る保守派の言論人が出て来る御時世だが、この運動に参加するには、囚はれの同胞と御家族の苦悩に思ひを致しつつ、国家の責任といふことについてしばし沈思黙考すれば良いのであつて、身分の規定なんぞ一切不要である。読者諸賢もできることから始めて戴きたいと切に願ふものである。

戦後日本の全ての問題が凝縮

私が柄にもなく今回のやうな集会を行はうと決意したのは三月二十八日に行はれた「北朝鮮拉致被害者を救おう熊本の集い」に参加してのことだつた。事件の実態を広く知らしめて、世論を喚起するといふ集ひや署名活動に意義を見出し、この種の集会なら宮崎でもやれると確信したのである。それ以前から私はこの問題に関心は持つてゐた。本紙は勿論、『産経新聞』や『諸君!』や『月刊正論』などを読んでゐたから、このやうな事件が起きてゐることはかなり早い時期から知つてゐたのである。

しかし、例の金賢姫の証言で明らかになつた田口八重子さん（朝鮮名李恩恵）の件で、当時、御家族が本人の身の安全を考慮して匿名にして欲しいと希望してゐるといふ報道を読んで、袋小路に入つてしまつた気分であつた。第三者が簡単に行動を起すことはできないと。しかし、昨年、韓国に亡命した北朝鮮元工作員安明進の証言により、昭和五十二年に当時十三歳の横田めぐみさんが拉致されてゐたことが分り、御両親が熟慮の末、実名公表に踏切つたことで、この問題は新しい段階を迎へた。「被害者家族連絡会」が出来、八家族が足並を揃へて救出に向けて歩み出したのである。

かういふ報道に接して、私は何か出来ることはないかと自問した。我が国は他にも様々な問題を抱へてゐる。領土、憲法、教育、歴史教科書、慰安婦補償、夫婦別姓、等々、いづれも戦つてゆかねばならぬ問題ばかりである。しかし、一人静かにこれらの問題に思ひを巡らせた時、それこそ居ても立つてもゐられないやうな気持ちにさせられるのは、私の場合、特にこの拉致問題なのであつた。二十年間も塗炭の苦しみを嘗め続けてゐる同胞とその御家族が現実にゐるといふ点が、私の感情を強く波立たせるのだ。

そしてさらに、戦後日本の抱へる全ての問題が、この事件と政府の対応に凝縮されてゐるやうに私には思はれたのであつた。国家（国民）意識の欠如とそれに由来する国防意識の欠如、物事の本質を考究する労苦を厭ふ小児病、怯懦とエゴイズム、そして何より、平和を絶対善とする平和主義……。

「沈黙は最大の迫害」

私は「決議文」に「政府は不退転の覚悟で、真相究明と被拉致者の救出のために全力を傾けるべきである」と書いた。「不退転の覚悟」とは、言ふまでもなく、最後には武力行使もしくは戦争を覚悟するといふことである。さうした覚悟がなければ、あのやうなテロ国家に太刀打ち出来るわけはない。

平和ボケした政治家と多くの国民は、「戦争」と聞いたとたんに思考停止に陥るであらうが、かういふ場合に武力を行使出来る、或いはその覚悟を持つことの出来る国家だけが「独立国家」の名に値するのだといふことを、私は私の責任において叫ばうと思ふ。パスカルの言ふ通り、「沈黙は最大の迫害」なのだから。〈了〉

アイヴァン・ホール著『知の鎖国』批判（一）

『月曜評論』第一三七九号（平成十一年二月五日）に掲載。どのやうな経緯でこれを書いたのか正確には思ひ出せないが、「修正主義者」たちの書いてゐる日本人論について何か書いてくれ、といふやうな注文だつたと思はれる。

今なほ続く「思想戦」

平成二年に出版された『日本／権力構造の謎』以来、カレル・ヴァン・ウォルフレン氏に代表されるやうな所謂「修正主義者」たち、即ち、日本に対する肯定的評価を修正しようとする論者たちの本や論文が相次いで書かれ、私に言はせれば、少々「自虐的な」読者を刺激し続けてゐるやうである。そして、去年、従来の政治経済論とは別の角度から具体的に日本を批判する書物が現れた。元学習院大学教授アイヴァン・ホール氏の『知の鎖国——外国人を排除する日本の知識産業』（鈴木主税訳、毎日新聞社、平成十年年三月）がそれである。

日本への「異議申し立て」

私がこの本を読んだのは、「日弁連」や「記者クラブ」が論じられてゐたのに加へて、国立大学における外国人教官の問題が詳細に扱はれてゐることを知つたからである。私もまた国立大学に席を置く教員である以上、その批判は他人事では済まされないやうに思はれたのだ。

一読した感想は、真面目な動機で書かれた日本への「異議申し立て」であり、我々も謙虚に耳を傾けるべき点が多々あるのは確かであるが、やはり、一面的な部分が少なくない、また、「自由」と「公正」の好きなアメリカ人の言ひさうなことである、といふものであつた。しかし、同時に、同書巻末の「本書に寄せて」に入江昭ハーバード大学教授が書いてゐる、「これだけの資料と実例を前にして、本書の論点を無視することは誰にもできないであろう」といふ一節には同感であつた。が、管見の限りであるが、『知の鎖国』は論壇であまり取り上げられなかつたやうに思はれる。『諸君！』の九月号で「激突対談」と銘打たれて、「日本流でいいじゃないか」とする多摩大学長グレゴリー・クラーク氏と、「断固ノー」とするホール氏の論争が載つてゐたのが目立つくらゐである。

この対談は、「日本通」と言はれる外国人同士でも、かうも感想が違ふものかと、また、その相違は国籍の違ひと関係があるのではないかとか、様々なことを考へさせられて興味深いものがあるけれども、やはり批判されてゐる当の日本人からの反論も必要ではないかと私は思つた。因みに言へば、右の対談の中で、ホール氏は「どこの新聞でも取り上げられることがなく、黙殺されました」と嘆いてゐる。法曹界も新聞協会も、反論があるならきちんと反論するべきであらう。「黙殺」もまた批評のうちかも知れぬが、この種の批判に対しては、沈黙は敗北だと知るべきである。

外国人を排斥する「制度」

本稿の目的は、しかし、このホール氏の著作への反論だけではなく、このやうな批判を浴びせられた時、日本人はどのやうに対応したら良いかといふ「覚悟」の問題について考へることである。だが、話の順序として、先づは反論から始めたい。

日本では、政府から民間まで挙つて「国際化」の錦の御旗を掲げてゐるのに、エリートの集まりたる法曹界、新聞協会、大学などでは、外国人を排斥しようとする「制度」が出来上がつてゐて、全くの矛盾を呈してゐる、第一、不公平ではないか、といふのがこの本の主旨である。

私自身は「日弁連」の政治的偏向について常々苦々しく思つてゐたし、日本の大方のジャーナリズムについても日頃から批判的に見てゐるから、第一章「法律家の上陸——弁護士がとりつく狭い橋頭堡」での、「人権」の好きな「日弁連」が外国人弁護士に日本での開業を認めようとしない話とか、第二章「隔離される報道陣——外国人特派員」における、特派員を記者クラブから締め出してゐるといふ批判については、同感しながら読んだのだが、さりとて、氏の主張を全面的に肯んずることはやはりできぬのである。

私にとつて無縁ではない第三章「学問の府のアパルトヘイト——外面だけの大学教授」を読むと、鋭い指摘と杜撰な記述が混在してゐることが分かつて、翻つて、法曹界や記者クラブの問題も、事情通が読めば、私と同じやうに反論したい点があるのではないかと思はざるを得ないのである。それはともかく、「餅は餅屋」、私としては大学のことについてだけ反論しておきたい。

「被害者」の立場からのみ記述

大学事情にあまり詳しくない読者がこの第三章を読めば、おそらく、日本の大学の「鎖国」ぶりは何と酷いのかと驚倒するであらうと思ふ。特に、氏が固有名詞を挙げて指弾する筑波大学は、極悪非道の大学であるかのやうに読者の目に映ずるのではなからうか。氏の擁護する姜東鎭博士（韓国出身の歴史学者で、筑波大学によつて不法解雇されたといふことになつてゐる）が、「学生時代には日雇い労働をしラーメンをすすりながら学費を稼いだそうである」（同書百五十七頁）などと、不必要なまでに情緒的に描写されてゐるからで、さらには大学との問題が完全には片付かないうちに病歿するといふ不運に見舞はれたこともあり、いよいよ読者の感情に訴へる擁護論となつてゐるからである。

しかし、と私は思ふのである。私もホール氏と同様、姜氏との面識はないから何の私怨もないし、問題となつてゐるこの時期（昭和六十年からの数年間）に偶々筑波大学に在籍・在職してゐたからとて、大学側を庇ふわけでは決してないが、ホール氏の記述は言はば「被害者」の側の主張にのみ基づいてゐて、「加害者」とされる教官の主張を十分に取材してゐないといふことを指摘せざるを得ないのである。注において様々な文献が紹介されてゐるが、それらは全て「被害者」を擁護する立場のものなので客観性に欠けるのだ。姜氏たちの言ひ分を疑ふ材料を持つてゐてかう言ふのではない。大学当局との遣り取りを読むと、むしろ、さもありなむといふ気さへしないではないのだが、これほど重要な事柄を「被害者」の立場からのみ記述するのは、読者に対してフェアではないと言ひたいに過ぎない。

勿論、氏が指摘するやうに、「筑波大学スタッフの見ざる聞かざる言わざるという態度」（百六十六頁）も問題ではある。しかし、「自由主義的左派の傾向をもつ『朝日新聞』」が「筑波大学に右寄りの国家主義と官僚的な頭の固さがあるとして、何年も前から見守っていた」（百六十三頁）といふやうな雰囲気の中では、関係者が口を閉ざしても当然であらうと私は思ふ。当時、『朝日』の記者が一部の学生を煽動し、大学の「分断工作」をしてゐるといふ噂もあつたくらゐである。ウォルフレン氏にせよ、ホール氏にせよ、リヴィジョニストたちが、『朝日』の愛読者であるやに見受けられるのは、残念なことである。いづれにせよ、筑波大学のこの件について全五十九頁を割いてゐるものの、これでは事件の真相は「藪の中」であると言はざるを得ないのではなからうか。

我が国の大学事情

もう少し一般的な話をしよう。氏は、日本の大学には終身雇用を保証されてゐる外国人があまりに少ないと憤つて、かう述べてゐる。「重要な科目（語学以外）を教えることができ、日本語で講義できる能力を備え、大学行政にも参加できる外国人学者を統合しようとする試みがほとんどないのは残念である」（百三十六頁）と。要求と断罪とは異なり、「残念である」との表現は少なくとも断罪ではないから好感を持てるし、実を言へば、私とて同感なのだが、しかし、さういふ能力を兼ね備へた一流の人物――ホール氏はその一人なのであらう――がそんなに大勢ゐるとは思へないし、仮にゐたとしても、彼らが現今の日本の大学に職を求め、そこでやつてゆけるとは私には到底思へないのである。

第一に、専門の経済や歴史や科学などを日本語で教へることができる能力と、「大学行政」に参加できる能力とは異なるからである。大学行政に用ゐられる用語が、文章でも口頭でも日本人にさへよく分からない「特殊言語」であるから、外国人には分からないだらうといふ意味ではない。大学といふものの機能、役割、社会的条件が日本と欧米ではあまりに異なつてをり、その差異を受入れて、自分を適応させながら生きてゆける能力のことを私は問題にしてゐるのである。

往時の旧帝大の教官ならいざ知らず、今日の日本の大学教官は「学者でございい」といふ顔をして呑気に構へてなんぞゐられないのである。先づ、「学内自治」といふ鉄則もしくは美辞麗句が掲げられてをり、そのために、教官は学内あるいは学部内の各種委員会の委員(長)を分担せねばならない。分担して、途轍もない労力を費やさねばならないのだ。

私の勤務先の例を示さう。例へば、「交通対策委員」になれば、昼休みなどを返上して、学内の無許可駐車を見つけ出し、「学内規定違反」である旨を記した紙を車体の窓ガラスに糊付けしたり(間違つて糊付けされて激怒した学生が教務課に怒鳴り込んで来た場合には、それへの対応もしなければならない)、「就職委員」ともなれば、学生の就職率の向上のために、県内の大中小企業に一人当たり何社も「挨拶回り」に赴かねばならない。しかも全くの手弁当で、会社訪問に要するガソリン代も出なければ、超過勤務手当も出ないのである。或いは、どこの大学でもさうだと思ふが、「教務委員会」に入れば、その在任中は多忙を極め、研究は勿論、教育さへ十分に出来ないほど、様々な雑務に「滅私奉公」を強ひられるのである。

また、これは私が実際に経験したことであるが、私がある小さな専攻の代表を務めてゐた時、どういふわけか学生の交通事故が頻発したことがあり、「厳重注意」を受けるために、教務課の係長と一緒に警察に呼び出され大破した事故車を見せられて、説教までされたのである。その後、その事故で入院中の学生の見舞ひと事情聴取に行き、大学に戻つて、事情説明書を書いて提出する……そんなことで貴重な一日が終はつてしまつたのだつた。

研究生活を阻害するこのやうな学内雑務に奔走することを、欧米の一流の学者が果して潔しとするであらうか。必ずや、「契約条項」にないと言つて拒否するに違ひない。そして、もし「契約」の有無を四角四面に議論し始めたら、日本の大学は——一般企業や他の公共機関もこの点同様であらうが——大混乱に陥ること必定で、円滑な運営など不可能となるのは火を見るより明らかである。

アイヴァン・ホール著『知の鎖国』批判（二）

普遍でない欧米流「契約社会」

「契約」と言へば、我々は辞令を受け取る際、授業の時間数などについてはもとより、さういふ学内の雑務に関する如何なる「契約条項」も示されない。そして、契約条項が示されないといふことは、「何でもあり」といふことであつて、通例、そこでは学内の「慣例」が罷り通ることになる。従つて、授業負担数や所属委員会の数などに多少の不公平が生じても、大方の日本人教官は、仕方がないといふ諦念を自らに意識的に植ゑ付けるといふ多分に日本人的な人の良さを發揮する道を選ぶ。慣例を覆すよりも、その方が労力の消耗が少ないからである。

一方、さういふ慣例に背を向けて孤立の道を歩む教官も中にはゐる。尤も、さういふ教官は投票で決る昇任人事においては極めて不利であり、助教授（今では准教授）のまま定年を迎へる教員もゐる。途中、学部長などから勧告や注意を受けることはあつても、割り当てられた授業をさぼりさへしなければ、馘首されることだけは事実上ないのである――「契約違反」ではないのだから。

原理原則を欠いたとも言へるこのやうな雇用形態を欧米人が批判するのは自由である。しかし、欧米流の「契約社会」も、決して普遍ではない一つの文化的形態に過ぎない。であるなら、我々の如く「契約」に束縛されず、慣習や常識――他国では通用しなくとも――を重んじ、千四百年の歴史と伝統を有する「和の精神」を大いに発揮するといふやうな形態も、煎じ詰めれば日本の文化なのであつて、優劣を論ずるのはさして建設的とは思はれない。勿論、さういう日本の最大の長所が、時に最大の欠点ともなることは、私も否定しないけれども……。

大多数の日本人教官は、だから、学内での慣行に大筋において従ひ、「制度」の不備や不条理を訝りながらも、また、「教育公務員特例法」の第十九条「教育公務員は、その職責を遂行するために、絶えず研究と修養に努めなければならない」といふ条文は何のためにあるのかと首を傾げながらも、何よりも研究時間が欲しいといふ研究者としての自分とどこかで折り合ひをつけてゐる。それが、日本の大学で生きてゆく知恵なのであり、また私の言ふ「能力」なのである。

外国人教官の必要性がないだけ

聞くところによれば、ドイツの大学教官は自分で講義の時間割を決めるらしいが、我々の場合、必修の授業が同じ時間帯に来ないやうに、次年度の時間割計画については、事務方と共同で入念な点検を行ひ、そのための会議を開いて「談合」もやれば「根回し」も行つてゐる。決して、勝手な真似はできないのである。

また、留学して知つたことだが、ソルボンヌの教官は日本で言ふ「研究室」——私はこれを「雑務室」と自嘲気味に呼んでゐるが——を持たない。大学行政にはほとんど参画せず、授業のためにだけ大学に来るので必要がないのである。ただし、ソルボンヌの教官ともなれば、高度な授業を維持しなければならず——私が指導を受けた教授たちのゼミには、何人もの大学教授が聴講に来てゐた——、国家博士論文の審査なども年に幾つも舞込むから、それはそれで大変な能力と労力を要するであらう。しかし、言ふまでもなく、それは正真正銘「学者」としての仕事であつて、駐車違反の紙を張付けて歩くどこぞの「学者」の仕事とは、比較するも愚かである。

このやうに、一口に「大学教授」と言つても、国によつて条件が大きく異なるのだから、「一九九五年現在、日本のすべての大学における一三万七四六四人の常勤スタッフのなかで外国人は三八五八人しかゐない。たつた一・八パーセント」（百二十七頁）であり、一方、「一九九五年と一九九六年の学年度のジョージ・ワシントン大学の教員名簿には、さうした〔終身在職の職階の〕外国人六八人（中略）が、教授、准教授、研究教授として掲載されてゐる——日本のすべての国立大学の終身在職外国人スタッフより二人も多い」（百三十八頁）ので、「アメリカと日本では巨象と鼠ほどの差がある」（同）といふ数字上の比較に立つた批判はあまり意味をなさないのではなからうか。

それに何より、研究者市場も自由市場なのだから、需要と供給の相関がある筈で、アメリカが外国人を教授として雇ふのは、まさか人道的見地による慈善事業ではあるまいし、諸々の事情の下、何らかの必要性ないし意義を認めてゐる結果であつて、日本でさほど多くの外国人教官の雇用がないのは、その必要性がない、もしくはアメリカに比べて必要度が低いといふ単純な理由によるのではないか。さう考へれば、氏の言ひ分は、アメリカ人がカリフォルニア米でなくササニシキを食べてゐる以上、日本人も北海道の馬鈴薯ばかり食べないで、アイダホ産のポテトを食べろと言ふやうな議論に聞こえるのである。これではまるで日米の貿易摩擦の議論ではないか。

教授昇任の「資格なし」

次に、期限付き採用――しかし、再雇用（更新）の可能性は残されてゐる――といふ点に関してだが、これは現状では否定する必要のない制度であると私は思つてゐる。ホール氏が具体的事例を挙げて論じてゐるので、私もよく知つてゐる実例を挙げよう。

私の勤務先に平成九年三月まで任期三年の助教授として勤めてゐたフランス人は、赴任後一年を過ぎた頃、教授への昇任申請を学部に提出した。このこと自体は、何ら咎められるべきことではない。昇任申請は自薦でも他薦でも良いといふ学部規程があるのだから。しかし、彼の「世話役」でもあつた私は反対の意を告げ、申請を取り下げるやうに説得を試みた。教授になると様々な委員会の委員（場合によつては委員長）を助教授よりも多く引き受ける責任が生じ、雑務が増える。それでなくとも、日本語のできない貴方は、至る所で私を含む回りの者に迷惑をかけてゐるのだし、赴任以来、教授会に全く出席してゐないのだから、大学の行政や管理運営に携はるのは無理であり、業績審査の点でも承認されることはあり得ない、お互ひに気まづい思ひをするだけだからやめなさいと私は忠告した。だが、そんな忠告に耳を貸すやうな男ではなかつた。この後、ここには書けないくらゐ低次元の口論となり、私と彼との同僚としての協力関係は終はり、これ以降は、互ひの言ひ分は全て文書で遣り取りをするやうになつた。

学部規程により、昇任人事委員会が構成された。委員長はドイツ語の教授であつたが、専門との関連で私が主査となつた。彼の人格がどのやうなものであるかは、その頃ある程度知られてゐたが、委員会ではあくまでも正規の手続きで審査を行ふことが確認され、先づ最初に彼の研究業績が審査に付された。これが最も重要なことだからである。彼が赴任後、大学紀要に論文を発表してゐたのは事実だつたが、その全てが未刊行の博士論文――と言つても、それは韓国のフランス語教育の現状についての大部なレポートといつた体のものだつた――からの転載でしかなく、これは「教授昇任規程」にある「赴任後の新しい業績」とは見なされないと判断された。従つて、人物や日本語運用能力、或いは教授会の出席状況などが話題に上る前に、委員会は教授昇任の「資格なし」と結論した。この結論は、後日、報告書と共に、「審査会」といふ名の正教授会（教授だけで構成）でも認められ、その後の教授会（全教員で構成）でも正式に認められた。彼の翌年度からの教授昇任は学部から正式に否決されたことになり、本人には学部長名義の文書で通知された。

非常識、噴飯もののフランス人助教授

しかし、このフランス人には途方もない「レジスタンス魂」があつた。この決定から程なく、学部長と学部教授会に対して、「教授申請却下に対する異議申し立て」を文章で提出したのである。だが、六項目からなるこの抗議文は、全く以て噴飯ものであつた。要点だけを列挙すると、曰く、審査委員会の決定は「法的効力」を持たない。なぜなら、学部の内規は「教育基本法」より大きな効力を持ち得ないからである（意味不明）。曰く、フランスには日本人教授が二十数人ゐるが、日本の国立大学ではフランス人教授は皆無であり、これは「差別」である。曰く、講座によつては、自分より年少の、しかも、博士号を持たない日本人教授がゐる、これは昇任人事における「差別」である。曰く、市内にある私立大学が自分を非常勤講師として採用しないのは「差別」である。曰く、市内のNHKカルチャーセンターでフランス語講師として採用されなかつたのは「差別」である、云々。最後の二点、アルバイトの件を学部長が朗読した時には、さすがに多くの教官から憫笑が洩れた。教授会がこの「申し立て」をも正式に却下したのは言ふまでもない。私自身もまた、これらの申し立てが如何に非常識で噴飯ものであるか、文章で逐条的に批判しておいた。

だが、彼はこれで引き下がるやうな男ではなかつた。任期切れで退官することになる翌々年三月までの一年半といふもの、この男は様々な手段を用ゐて、大学当局と学部長、それに私に対する攻撃と中傷と恫喝を行つた。弁護士を立てて訴へるだの、世界中のマスコミに訴へるだのと喚き、実際、さういふことをしようとしたらしい。日本人弁護士と新聞記者が一人づつ、学部長に事情を聴

きに来たけれども、この二人には常識があつたのであらう、幸ひそれきりになつた。

他にも様々なこと――春休みに一時帰国したものの、私に罵られて精神的ダメージを受けたとて、その後三か月間病休を取つて休講したことなど――があつたが、そのうちに想像通り、任期の三年では辞めないと主張し始めたのである。勿論、彼が応募して来た時の「公募要項」には「任期三年」と明記されてゐたし、内定した際にも私は手紙でそのことを念押ししておいた。また、赴任時に手渡された辞令にも「任期付き任用」である旨が特記されてゐて、通訳として同席してゐた私はその時も本人に説明してゐたのである。従つて、学部の都合によつて途中変更したのでも騙したのでも決してない。

だがその男は一連のゴタゴタの中で、突然「任期など教へられてゐない」と主張し始めたのだつた。それで、学部長が保存してある辞令のコピーを見せて説明したのだが、読者は彼が一体何と言つて抗議したと思はれるか、ここで一度御想像願ひたい。

アイヴァン・ホール著『知の鎖国』批判（三）

『月曜評論』第一三八五号（平成十一年四月五日）に掲載。

泥棒がゐるから鍵をかける

彼は、「辞令など受け取つてゐないし、そこにあるのはコピーであるから法的効力はない。任期付きの契約書に署名した覚えもない。辞令など無効だ」と言ふのであつた。この厚顔無恥、鉄面皮、破廉恥は、我々日本人には決して真似のできない芸当ではなからうか。勿論、原本は本人に渡したのだから、学部長の手許にあるわけがない。私は怒り心頭に発したので、「もし、日本式の『辞令』に法的根拠がないと言ふなら、貴殿はこの三年近く、どうして本学に在籍し俸給を受け取つて来たのか、その理由を明らかにせよ」といふ旨の文章を書いて抗議した。

それ以後、辞令のことで何かを主張することはさすがにしなくなつたが、いよいよ任期満了の三月が近づいた頃、「イタチの最後屁」よろしく、三月で辞めてやるが、退職金などを（通例の七月ではなく）「帰国する前に現金で」寄越すことが「唯一絶対的条件」であると学長に要求したのであつた。勿論、我々は不当な要求には一切応じないといふ原則を貫いたので、最後にはしぶしぶ帰国したやうで、一件落着となつたのである。

このあまりに卑劣かつ狡猾なフランス人はほんの一例であつて、このことを外国人一般に当て嵌めようとするのは厳に慎まなければならない。けれども、程度の差はあれ、これが唯一の例といふわけではないことは、ここでやはり強調しておかねばならない。

これも私の知つてゐる事例であるが、あるアメリカ人教師は、契約の切れる最後の学期の前の冬休みに故国に帰り、新学期が始まつても戻らず、そのうちに病気療養中である旨の連絡が来た。職員が外国人用の宿舎を検分に行くと、中は蛻の殻だつた。アメリカとカナダの国籍を持つ教師は、株の売買に熱心で、證券会社への連絡に大学事務所のファックスを使ひ、所属先の事務長は何度も抗議をしなければならなかつた。母国で大学教授資格を持つほどのフランス人女性教師は、他大学に転出する際、宿舎を「原状に復す」といふ決まりを無視して、掃除もしなければ、破損部の修復すら敢へて行はうとせず、修繕費用を請求されると、係官に悪態をつき学長に抗議の手紙を出すといふ挙に出た、等々。

それにまた、件のフランス人助教授との「鬪ひ」の中で知つたことであるが、在日外国人の間では、例へばインターネットなどを利用して、日本の大学当局とのトラブルを有利に展開するためのノウハウが入手できる仕組みもあるのだ。かうすれば、勝てる式の……。

だから、外国人に対して任期を設けるといふのは、我々の知恵である。私の勤務先では、右のフランス人に懲りて、次に外国人を採用する時からは、任期の確認のために一筆を取ることにした。かういふ言ひ方は心ある外国人には真に失礼だと思ふが、鍵をかけるから泥棒が増えるのではない、泥棒がゐるから鍵をかけざるを得ないのである。ともあれ、この種の問題において、我々日本人が一方的に悪いとは言へないであらう。

終身雇用の中国人教授の授業

外国人教員の身分をより保障するために昭和五十七年に制定された「国立又は公立大学における外国人教員の任用等に関する特別措置法」が、任期或いは終身在職の問題を各大学の任意としたことにより骨抜きになつたと、否定的な面のみをホール氏は論ふが、日頃は文部省（当時）の指示を煙たがる教官の中に、この時の文部省の判断だけは支持してゐる教官がどのくらゐゐるかには、氏は全く関心がないやうに見える。

この「特別措置法」を「骨抜き」にせず、ホール氏の期待するやうな意味において適用し、何と中国人教官を教授として終身雇用した比較的新設の公立大学があるのを私は知つてゐる。その教授は「中国語」や「中国文化論」の授業で、「南京大虐殺」や「従軍慰安婦」の問題を題材とし、日本人の大学生たちに反日・侮日の教育を施してをり、それに気付いた心ある日本人教官たちが何とかさうした授業を止めさせようと、或いは辞職に追込まうとしてゐるのだが、何せ日本人教授と全く同じ身分であるから、さう簡単に事は運ばず、切歯扼腕してゐるらしい。そのやうな人物を終身雇用した経緯は知らぬが、新設大学ゆゑの甘さ、もしくは経験不足といふほかはない。任期を設けておけば最小の被害で済んだものをと、他大学のことながら、暗然たる思ひに私は捉はれてゐる。

勿論、ホール氏は、それなら日本人教官も同様に任期制にせよと言ひたいのであらうが、外国人に制限を与へてゐるからといつて、同じ制限を自国民にも与へる必要なんぞある筈はないし、日本人に与へられてゐる権利を外国人にも与へなければならない理由もこれまたありはしない。日本人教官に任期を設けるとすれば、今議論されてゐるやうに競争原理の導入など学問的な生産性の観点からでなくてはならないのである。尤も、誰がその「生産性」を点検し得るのかといふ厳密な議論がなされてゐないので、現行の議論に私は納得してゐないのであるが、これは本稿とは別の問題である。

外国人排斥を唱へるのではない

誤解しないで頂きたいのだが、私は外国人の排斥を唱へてゐるのではない。外国人教師が要るのか要らないのか、要るとすれば、どのくらゐの数がどのやうな専門分野において要るのか、等々の問題は、日本の国内事情によつて我々が決めることであり、その決定についての責任は我々にのみ存すると言つてゐるに過ぎない。

ホール氏の言説が日本への悪意に満ちてゐるとは言はないが、氏もやはり、「学年度を同じにすること、学位を同等にすること、日本人が英語をもっと話せるようにすること、大学カリキュラムに外国の地域研究を増やすこと」（百六十八頁）などと書いてゐる。これに逐一反論する紙幅はないが、かういつた一見尤もらしい言ひ分の中にある「我欲」に我々は気づかなければならない。気づいて、用心しなければならないと思ふのである。

漫画家小林よしのり氏の『戦争論』における指摘を俟つまでもなく、日本の内外で「情報戦」、「宣伝戦」と言ふ名の戦争は今なほ続いてゐる。そして、大方の日本人は残念ながらそのことについて多くを知らない。政府や外務省は知つてゐながら、黙つてゐる――これが我が国の現状である。

やはり、長年の「鎖国」の後遺症であらうか、或いはレイプさながら強引に開国させられ、そして欧米諸国の文明・文化を急速に取り入れることである種の近代化を果たしてしまつた我が国の特殊事情かは分からないが、我々は未だに他者との付き合ひに不慣れである。不慣れであることは、しかし、技術的問題であつて、技術なのだから向上は努力次第で可能である。そして、その努力の要諦は、言質を取られぬためにも、「国際化」なんぞといふ出自不明の空疎な言葉を排し、日本人として、是々非々主義を正々堂々と貫くことだけである。さうした上で、それに対する他者の評価を甘んじて受けようではないか。このやうに言ふと、ホール氏など外国の人士は、あまりに「愛国的」或いは「民族主義的」な言説だと思ふのかも知れぬが、それは必然的な見解の相違である。彼らにとつて日本は「知」や「学問」の対象であるかも知れないが、私にとつては「愛」の対象なのだ。

今なほ続く「思想戦」

最後に一言。まだあまり目立たないが、「学問の府」における外国人教官の影響力は決して侮ることはできない。教育の世界でも論壇でも、彼らはいよいよその勢力地図を拡大して来てゐる。勿論、或る種の日本人の支持を得て。御関心をお持ちの向きは、例へば小森陽一・高橋哲哉篇『ナショナル・ヒストリーを超えて』といふ書物を御覧になるが良い。数名の在日韓国（朝鮮）人と覚しき執筆者たちが「新たな日本ナショナリズムの攻勢に対する批判」を書いてゐて、とりわけイ・ヨンスクといふ学者は読むに堪へない文章を綴つてゐるが、彼女は歴とした一橋大学助教授であり、『「国語」といふ思想』（岩波書店）でサントリー学芸賞を受賞してゐるし、右の本も大月書店ではなく東大出版会から出てゐるのである。

高橋哲哉東大助教授については、本紙平成八年一月五日・十五日合併号（本書八十三頁）で批判したことがあるが、この本も気が滅入る程いい加減な駄本であり、時間があれば、いづれ徹底的に批判しようと思つてゐる。事程左様に、今なほ「思想戦」といふ名の戦争が続いてゐるのであつて、今度こそ「敗戦」の憂き目には遭はぬやうにしなければならない。〈了〉

〈追記〉文中、「中国人教官」とあるのは、宮崎公立大学の王智新教授のことである。王氏は、後に『宮崎日日新聞』での対談をめぐつて私が抗議することになる人物である（「詐術もデタラメもいい加減にせよ！」本書二百二十七頁参照）。尚、氏は私の抗議後も大学の内外で反日的言辞を撒き散らし続けた。しかし、さるテレビ番組の討論会で馬脚を露し、大学のホームページに批判が殺到するなどして、さすがに居づらくなつたのか、その後、退職して別の大学に転出した由である。

戦争と正義と道徳と

『月曜評論』平成十六年三月号に掲載。中澤茂和編集長から自衛隊のイラク派遣問題について何か書いてくれといふことで書いた文章。最初は八枚、『時事評論石川』用に書いたのだが、送稿後に、『月曜評論』の方に載せたいから十六枚に書き直してくれと言はれて、急いで書き直したのを覚えてゐる。平成十二年一月号からB五判の月刊誌となつた新版『月曜評論』に載つた最初で最後の論考である。この年の八月号を以て休刊となつたからである。

二月三日、創立以来初めて自衛隊が「戦地」へと――人道復興支援といふ名目であるが――向かつた。あくまでも「戦地」であるし、自衛隊も外国人にとつては通常の軍隊であるから、テロの対象になる可能性は決して低いとは言へぬであらう。本稿が活字になる頃、どのやうな事態になつてゐるか分からぬが、我が自衛隊の武運長久を祈りながら、以下、自衛隊のイラク派遣について所見を述べることにする。

飛び交ふ政治的言説

先日、『宮崎日日新聞』の記者が「イラク派遣・私の主張」といふ企画のため、私の所にも取材に来た。「賛成派の急先鋒と見込んで」といふやうな話だつたので、私はむしろ名誉なことと思ひ、派遣を支持する旨の意見を縷々述べた。例へば、憲法改正の必要性、一国平和主義批判、安全保障条約の意義、同盟国としての役割、石油などの利権問題、アラブの安定の必要性、拉致問題との関連、所謂「平和憲法」批判、「アメリカの言ひなり」といふ批判は当たらない、等々、ここを先途と捲し立てたので、記者氏は七百字程度に纏めるのにかなり苦労したらしかつた。が、それはともかく、その中で私が最も強調したかつたことは、今回の自衛隊派遣問題の中にある最も普遍的な事柄、即ち、悪や不正義を目の前にした時どのやうな行動を取るかによつて、人間の場合も国家の場合もその品性や地金といつたものが露呈する、そしてその行動は他者からの評価に直結し、他者との関係において生きて行く以上、人も国家もその評価は決して軽んずることは出来ない、といふ本来は単純な話であつた。

なぜさういふことを言ひたかつたかと言へば、国内で行はれてゐる議論を見聞きするにつけ、大義があるとかないとかの為にする議論やネオコンがどうの安全区域がどうのといつた枝葉末節の政治主義的言説が飛び交つてゐるのに加へて、論者自身が恰も世の善悪、正義不正義と無関係に生きてゐるが如くの議論、或いは、今なほ禽獣世界の世にあつて我が身我が国だけは霞を食つて生きてゐるかのやうな議論があまりに多く、もう少し当事者としての自覚と覚悟を持つた議論をするべきだと日頃から思つてゐたからである。

右の『宮日』の企画でも、宮崎の「識者」たちの派遣反対論はさういつた議論ばかりであつた。今や、全国の地方都市は駅前の景観から旧商店街がシャッター街となる現象に至るまで何処も彼処も似たやうなもので、「天孫降臨の地」宮崎と雖も例外ではなく、同様に、宮崎に特徴的な言論といふものもありはしない。けれども、地方でも都会でも愚者はやはり愚者なのだといふことを再確認するのもまた一興かと思ひ、以下、宮崎での反対派の主張に少しく触れておく。

先づ、執筆者は反対派が四名（大学教授二名、女性弁護士、ミニコミ誌編集者）、賛成派も四名（登場順に私、自民党衆議院議員、元海将、元自衛隊父兄会婦人部長）であつた。賛成論と反対論を交互に同数掲載したのは新聞社の見識であると言へるが、それにしても反対論は低級過ぎ、議論は全く噛み合はなかつた。

宮崎市の私大法学部の教授は「国際貢献とは軍事力による貢献だけだらうか」と思案顔をした後、何と「民間企業」を派遣せよ、それがダメなら「国営企業・経済協力隊」を派遣せよと宣ふのである。面識はないが「山門から喧嘩見る」の諺を地で行くやうな御仁と見た。相手はテロ組織であり、「経済協力隊」とやらなら攻撃して来ないといふ保証は全くない。テロが要するに秩序破壊を狙つてゐるのだといふことが分かつてゐないか、分からぬ振りをしてゐるのだらう。また、この教授によればば「いま国際政治では、人間の尊厳、命を守る『人間の安全保障』の理念が主張されてゐる」のださうである。「国際政治」とは一体何処と何処の国のどのやうな政治を指すのかなどと真面目に問ふ必要はない。でたらめもここまで来れば嗤ふほかはないであらう。さすがは来歴からして「朝日新聞論説委員政治担当などを経て現職」といふ人物だけのことはある。

次は、やはり宮崎にある公立大学の教授。「イラク戦争は国連決議なしに行はれた不当な戦争だ」とし、従つて、それに荷担する自衛隊派遣は「不当行為」だと主張する。誰から見て、或いは何から見てどの程度「不当」なのか判然としないが、ともあれ、この教授によれば「そもそも自衛隊は人道支援を行ふプロ集団ではない」から「人道支援」といふ「派遣目的」も怪しいといふことになるらしいが、その前に、「人道支援を行ふプロ集団」がそもそも日本にあるのかといふ誰にでも浮かぶ疑問はこの先生にはどうでも良いらしい。また、派遣は北朝鮮の核問題や拉致問題を抱へる我が国の安全保障上の戦略だといふ考へに触れて、「だが、北朝鮮には核兵器を除き軍事的な脅威はないと言つていい」と断じてゐる。この論理の滑稽は説明するまでもないからしないが、唖然とするほかはないではないか。これでよくも「国際関係論」の教授が務まるものだと思ふ。今回は登場しなかつたが、我が宮崎大学に少なしとしない左翼教師たちが、このやうな知的水準で授業をしてゐるのでないことを祈るのみである。

最後に、「イラク派兵に反対する宮崎女性の会」なる組織の代表で弁護士。「ピースウォーク」なる街頭行進などを組織してゐるらしいこの女史も「復興を支援するなら医師や技術者を派遣すべきだ」と主張し、「一人でも殺したり、殺されたりしてはいけないといふ危機感」を表明してゐる。談話だから表現の巧拙をあまり論ひたくはないが、それにしても、「殺すな」といふのはまだしも、「殺されてはいけない」といふのは論理的に無意味だ。要するに空想的平和主義者なのであらう(もう一人、ミニコミ誌編集者がゐるが、何度読んでも論旨不明なのでここでは省略する)。

助太刀は当然のこと

さて、そろそろ反論に移ることにするが、どうしてかうも揃ひも揃つて太平楽なのか。彼らは無い物ねだりをしながら十年一日の如く単調な反戦歌を唄つてゐるだけで、その言ひ分は建設的な内容には程遠く、現実的な効力を全く持たない。なぜか。勿論、平和主義に盲ひて政治的現実が見えてゐないのと、欲もあればエゴイズムもある自己といふものが見えてゐないからである。

古森義久氏は田久保忠衛氏との対談の中で、アメリカのイラク攻撃について考へる際に必要な「指針」を四つ挙げてゐる。私なりに纏めれば、一、事実の全体的・立体的な把握。二、日本との利害関係の勘案。三、国際基準や規範の考量。四、道義や倫理といふ観点、とでもならう（『反米論を撃つ』恒文社21、十二頁―十八頁）。一はおよそ物を考へる際にどんな場合でも必要なものだが、全体に首肯し得よう。ここで私が強調したいのは二の「利害関係」である。

古森氏の言ふ利害関係とは所謂「国益」のことだが、それを経済的利益のやうなものに限定して考へる必要はなく、国家の威信、尊厳、名誉、矜持などといつた不可視の精神的価値の発露といつたこともそこには含まれよう。また、それらは個人としての人間にも必要なものだ。それらを獲得しようとか保持しようとかすることによつて初めて、国家も人間も自己の欲やエゴイズムを抑制したり矯めたりする契機が生まれるからである。

ところが、彼ら反対派はさういふことが分からない。利害とは経済のことだとしか考へが及ばないから、何とかの一つ覚えで「経済援助」といふやうなことしか言はない。経済援助だけでは「感謝」の表明さへなされないといふことは湾岸戦争で経験済みであらうに（手嶋龍一『一九九一年　日本の敗北』新潮文庫を参照されたい）。だが、あゝいふことはまつたうな人間、矜持のある人間には耐へられぬことである。

そして国家も人間もまつたうであれば、いや、まつたうであらうとすれば考へざるを得ない問題があつて、それは正義の問題なのだ。古森氏は先の四番目の指針、「道義や倫理」に触れる際、「少々ナイーブに響くかもしれないけれども」と断つてゐるが、私の耳には決してナイーブに響きはしない。尤も、氏の言ふのはアメリカの行為を道義や倫理の観点から考へるといふ意味である。だが、他者の行為を道義とか倫理に照らして見るといふことは己の側に道義や倫理の観念があることが前提条件なのであつて、そして道義や倫理とはこの場合、「正義」と言ひ換へることが可能であらう。

イラク戦争もその前のアフガン戦争もその前の湾岸戦争も、およそ正義を抜きにして語ることは出来ない。湾岸戦争時のブッシュも今のブッシュも正義を力説してゐるし、一方のフセインも頻りに「アラブの正義」「聖戦」を口にしてゐたではないか。無論、私とてアメリカに常に正義があると思つてゐるわけではないし、ビン・ラディンにもフセインにも言ひ分はあるに違ひないと思つてゐる。しかし、何より問はれてゐることは、既に勃発してしまつたイスラム原理主義（或いはそれと結び付いたスターリン型独裁体制）対欧米型自由民主主義といふ戦ひの基本構図の中で、日本はどちら側に付くのか、或いは、どちらをより正義とするのかといふ態度表明ではないのか。我が国が割つて入つて仲裁するのでない限り（そんな力も権威もないのは残念ながら明らかだ）、また、拱手傍観は赦されないのだから、どちらかに付くより他に手はないのだ。そしてこの場合、テロを不正義と見做すならば、アメリカによる首謀者探しとそれに伴ふ報復やテロ撲滅のための攻撃を正義と見做すのは理の当然で、ましてアメリカは、過去の歴史的経緯はさて措き、「日本が攻撃されれば自国への攻撃と見做す」と公言してくれてゐる唯一の国である。助太刀はこれまた当然のことではないか。正義とは「不正の処罰であるといふ考へ方にほかならない」からである（長谷川三千子『正義の喪失』ＰＨＰ研究所、五十頁）。

「力なき正義は無力」

無論、正義は相対的なものである。「ピレネー山脈のこちらでは真理だが、あちら側では誤謬である」のが正義といふものだ（パスカル『パンセ』断章二百九十四）。そして相対的であるからこそ、人間世界の宿命と言ふべきか、正義と正義が激しく衝突することがある。その時、勝負の帰趨はどうなるか。パスカルによれば、軍配は常に「強い者」に上がるのである。「力なき正義は無力であり、正義なき力は圧政である。／力なき正義は反抗に遭ふ。なぜなら、常に悪人は絶えないからである。正義なき力は弾劾される。それゆゑ、正義と力を一緒にしなければならない。そのためには、正しい者を強くするか、強い者を正しくしなければならない。／正義は論議の対象となる。力は承認されやすく、論議は無用である。それゆゑ、人は正義に力を与へることが出来なかつた。と言ふのも、力は正義に反抗し、お前は不正義で、俺こそが正義であると主張したからである。／かくて、正しい者を強くさせることが出来なかつたので、人は強い者を正しいとしたのである」（同、二百九十八）。正義と力をめぐる間然する所のない現実的考察である。が、ここで重要なのは、パスカルの主眼はあくまでも「正義と力を一緒にしなければならない」といふ一点にあることだ。人間世界の不条理を痛切に自覚することで、「かくあるべし」といふ熾烈な欲求が生まれるのである。

さういふ意味において、アメリカは「正義と力を一緒にしなければならない」と考へてゐる国であると言ふことが出来よう。勿論、正義は相対的なのだから、進歩派も保守派も反米の立場から様々な批判が可能だらう。しかし、私は哲学史家J＝F・ルヴェルの最近の本――義憤を覚えるほどの俗悪で焦点のずれた邦題で損をしてゐるが――の次の文章に深く同意する。「超大国アメリカの台頭は、言うまでもなく、他の国が自ら犯した失策を原因とする、弱体化や崩壊、発展の欠落がもたらした結果である。しかし、それらの国はこの事実を認めようとしない」（『インチキな反米主義者、マヌケな親米主義者』薛善子訳、アスキー・コミュニケーションズ、三頁。因みに原題は『反米といふ妄想――その作用、原因、矛盾』である）。アメリカにだけ責めを負はせるのは間違ひだと言ふわけだ。

アメリカとは常に一線を画すことで自国の存在感を示さうとしてゐる国においてさへ、このやうな自己批判の言論がなされてゐるのに対して、アメリカの「核の傘下」で、それあればこそ経済的に成功したに過ぎない我が国では、夜郎自大の言説が罷り通り、感情的な反米論はあつても、自己批判はあまりに少ない。アメリカをエゴイスティックだとか一国決定主義だとか押し付けがましいだとか批判する人々は多いが、さう批判する時、彼らは自分のエゴイズムの存在に気づいてゐるのだらうか。また、一国決定主義や押し付けがましさを撥ね除けられない己が脆弱さには何の責任もないのだらうか。その種の自己批判がないから、一方で同胞の拉致問題を一向に解決出来ないといふ情けない事態に陥つても、「力なき正義は無力」であるといふ苦い真実を痛感することもないのであらう。

正義を重んずる「正しい者」として

しかし、さういふ情けない事態を目にし、金正日への怒りや、己や己の国の無力について遣る方なき無念や内心忸怩たるものを感ずるやうであれば、その人間は内部に何かしらの正義の観念を有してゐることになり、それゆゑ、道徳的たり得てゐると言へる。けれども、正義などといふものがあるから戦争が起きるのだとて、正義について深く考へることを端から拒否する人々がゐて、さういふ連中に限つて、同胞の拉致問題やフセイン政権によるクルド人虐殺や中国によるチベット弾圧は他人事であり、一方でイラクやアフガンの人々の人権は大事なのである。政治的無知と言へばそれまでだが、難問に背を向ける怠惰な手合ひに、この種の日和見的思考や思想的錯乱はお似合ひと言ふべきかも知れぬ。

哲学者アンドレ・コント＝スポンヴィルは言つてゐる。「自分自身や人類の幸福のために正義を欠けば〔＝蔑ろにするなら〕、それは不正以外の何ものでもなく、その幸福は利己主義か安逸でしかない」（『ささやかながら、徳について』中村昇他訳、紀伊国屋書店）。

かやうな「利己主義」や「安逸」を今の日本で探すのに手間暇は要らぬが、正義の観念なくして道徳の観念もあり得ないといふことを我々は銘記するべきである。勿論、道徳と政治は直には繋がらない。実際、敵兵の生命を奪ふことに道徳的煩悶を繰り返してゐたら、軍隊を動かすことは出来ないだらうし、外交にしても相手のゐることだから、様々な利害関係の下、各種の駆け引きを必要とする。だから、道徳的問題を一時棚上げするとか、所謂「政治的賢明」に基づいた選択をするとかといふことはあり得よう。しかし、正義だの道徳だのといつたものと全く無縁な政治もあり得ないであらう。

「正義は他の徳〔思慮や節度や勇気〕と同列にある一つの徳ではない。それはあらゆる徳の地平であり、諸々の徳を共存させる法」であり、「どんな価値も正義を前提にしてをり、あらゆる人間性は正義を必要としている」（同）。ブッシュ大統領は間違ひなくこの文言に賛同するであらうし、もしさうであるなら、彼は単なる「狂気の戦争屋」ではないことになる。そして、我々もまた、パスカルやコント＝スポンヴィルに同意するのなら、正義を重んずる「正しい者」として「強く」ならなければならない。さうならなければ、我々はいつまでもアメリカの「五十一番目の州」の地位に甘んじざるを得ず、成金の無思想国家といふ汚名の中で生きてゆくしかないであらう。（了）

第三部　『月曜評論』（二）

『月曜評論』に二回ほど書いた頃、中澤茂和編集長から、「渡部昇一氏が以前『諸君！』に連載してゐた「読中独語」（のち、同名タイトルで文藝春秋より単行本として刊行）のやうな、人文系のエッセイを書いてくれないか」といふ依頼を受けた。そのエッセイは、欧米の学者や思想家などの言葉を枕にして、渡部氏が様々な所感を述べるといふ内容だつたので、それならと、パスカルを専攻していた私なりの特徴を生かして、「『パンセ』を読む」という題の下に書き始めたのが月一度のこの連載である。生きた時代も文化も宗教も異なるパスカルと私との対話、もしくはパスカルに学ぶ、といふぐらゐの趣向で始めたものである。全二十九回、番外編二回の合計三十一回の連載となつた。正式に終了したわけではなかつたが、この後、さる事情から身辺多忙となり、擱筆した。

『パンセ』を読む

第一回　第一級の人間洞察家

（第一二三六号、平成七年二月一五日）

我が国では「人間は考へる葦である」といふ言葉がおそらく最も有名なブレーズ・パスカルは、一六二三年にフランス中部のクレルモン（現クレルモン＝フェラン）で生まれ、一六六二年パリに没した数学者・科学者であり、同時に鋭敏な感受性と洞察力を持つた思想家でもあつた。定理や原理や気圧の単位などにその名を留めてゐる彼の数学や物理学での功績はさて措き、ここで私が紹介したいと思ふのは、彼が後世に残した『パンセ』といふ一冊の書物である。ただし、一冊の書物と言つても実は完結した作品ではなく、パスカルが一定の構想の下に書き溜めてゐた言はば「準備ノート」である。没後、その筐底深く眠つてゐた遺稿が近親者によつて発見され、断片的メモ類ではありながらほぼ完全に文意が読み取れるものも多いといふことから、近親者や友人たちが一冊の書物として編み、刊行したものなのである。

従つて『パンセ』（「考へる」といふ動詞の過去分詞から作られた複数名詞であり、考へられたことども、即ち、思想を意味してゐる）といふ題名もパスカル自身の与り知らぬものなのだが、通常この名で呼ばれてゐる。当時の無神論者やイエズス会士たちに対して真のキリスト教を弁護するといつた目的で書かれたものと考へられてゐて、それゆゑ、フランス語で「アポロジー」（弁証論）と呼ばれることがある。何だ、布教の書か、と言ふ勿れ。フランスはもとよりヨーロッパで、キリスト教をキリスト教徒の立場から論じた書物は数多く存在するが、聖アウグスティヌスや聖トマスのものを別にすれば、『パンセ』ほど今なほ盛んに読まれ、研究書が書かれ続けてゐるものは他にないし、我が国に至つては、数学・物理学論文も収めた人文書院の『全集』（全三巻）、教文館の『著作集』（と銘打たれてゐるが全七巻、別巻二といふ大部なもの）に続いて、白水社から戦後三つ目の『パスカル全集』（フランスでの新たな編集本に拠つたもの）が一昨年から刊行されてゐるほどである。

キリスト教圏の国々はともかく、宗教風土を異にする日本でも読まれてゐる最大の理由はパスカルの人間論にあらう。即ち、本紙新年合併号で紹介した「モラリスト」（人間性批評家）としての側面をパスカルが持つてゐるからである（本書七十六頁参照）。

無論、厳格なキリスト教徒であつたパスカルの人間論はその宗教観と綿密な関係を持つてゐるけれども、作品自体が未完で断章形式の文章が残されたこともあつて、宗教から独立した解釈を施すことが可能だし、また実際にそれだけの奥行きと広さを持つてゐると思はれる。だからこそ、読まれるのだとも言へよう。

ところで、『月曜評論』紙上でこのやうなパスカルを論じる気になつたのは、編集発行人たる中澤氏の勧めがあつたからだが、それだけではなく、三年ほど前からフランス本国で「パスカルと政治」を主題とした研究書が相継いで出版されたり、同じ主題でシンポジウムが開かれたりしてゐて、さういふ最近の研究成果を踏まへつつ、カトリック作家ジュリアン・グリーンの言ふ「フランス人の中で最も偉大な人物」の言葉を注解付きで紹介出来るならば、それはそれで幾許かの意味を持ち得ると判断したからでもある。

それに何より、「政治主義は我々の宿痾」（松原正氏）であるとすれば、いづれ触れることになるが、政治力学の働く問題に挺身しながらも「政治主義」の弊風に陥ることのなかつた異国の天才の思想に耳を傾けることは、我々自身の思想を鍛へることに繋がるのである。共感するにせよ反論を唱へるにせよ、パスカルは第一級の人間洞察家であつて、付き合つて損をしない思想家であることは今から保証出来ると思ふ。

『パンセ』は字句の読解や断章の取捨選択と配列といふ編集上の問題から夥しい数の版本が出版されてゐて、ごく最近では、私のソルボンヌでの指導教授でもあつたフィリップ・セリエ教授が編んだものが定本となりつつあるが、日本で現在入手しやすい訳本は中公文庫と新潮文庫のものであらうから、引用箇所を示す際には、読者の便を考へて、これらの訳本が依拠してゐるブランシュヴィック版の断章番号を用ゐることを一つの約束事としたい。ただし、訳文は拙訳を用ゐる。他の訳本をお持ちの読者も、巻末に必ずブランシュヴィック版との対照表が付いてゐるので、それを参照されたい。

紙数が尽きたので、最後に、注釈抜きで引用を一つしておきたい。「我々は自分達と同類の仲間との交際に安住して喜んでゐる。しかし彼らは我々と同様に悲惨であり、無力である。彼らは我々を助けてはくれない。人は一人で死ぬであらう。／それゆゑ、人は一人であるかのやうに行動しなければならぬ」（断章二百十一）。

〔追記〕 戦後三つ目の『パスカル全集』とあるが、拙訳の載つた第一巻と第二巻は刊行されたものの、その後が続かず、第三巻以降は残念ながら未だに刊行に至つてゐない。

（第一二三九号、平成七年三月十五日）

第二回　思想家の孤独

前回、紙幅の都合で割愛した、「人は一人であるかのやうに行動しなければならぬ」以下の後半部分は次の通りである。「そんな時に、人は豪奢な家を建てたりするであらうか。躊躇ふことなく真理を求めるはずである。もしそれを拒むのであれば、真理の探究よりも他人の評判の方を気にしてゐる証拠である」（断章二百十一）。この世の虚栄心の象徴として書かれた「豪奢な家」云々といふ表現に、文脈上、私は些かの物足りなさを感ずるけれども、いづれにせよ、この断章でパスカルは、(一)仲間うちで安逸を貪ることの拒絶、(二)神ならぬ人を最後まで頼ることは出来ないといふこと、(三)真理の探究を何よりも優先させるべきであるといふこと、について語つてゐると考へて良い。この断章はパスカルの死の四年前、一六五八年に書かれたことが分かつてゐて、パスカルがどのやうな思想上の危機に見舞はれてゐたかを知れば、この断章の凄みを一層理解出来るのだが、いづれ触れることになるので今は措く。

今回私が言ひたいのは思想家の「孤独」といふことである。パスカル自身、キリスト教の一派ジャンセニスム*に属するジャンセニストの一人であつた。つまり、「同類の仲間」には事欠かなかつたのであつて、それゆゑ、「同類の仲間との交際に安住して喜んでゐる」といふ部分は、パスカル自らの戒めと決して無縁ではないと思ふ。一般に偉大な思想家といふものは「孤独」なものなのだらうが、パスカルほど「一人」であることを先鋭に意識し、それを自己の思想の中心に置いた思想家はさう多くはないのではなからうか。

*ジャンセニスム――オランダの司教ジャンセニウス（一五八五―一六三八）の神学に由来するキリスト教の一派。神の恩寵がなければ人間の自由意志は無力とする禁欲的で原理主義的立場。

この点で興味深い事実をもう一つ紹介しておきたい。パスカルは、一六五四年十二月二十三日の深夜、ある神秘的な体験をしてゐる。後に、「メモリアル（覚書）」と呼ばれることになる文章をその夜彼は書き遺した。一種の宗教的陶酔の中で、その時心をよぎつた想念と考察とを急いで紙片に書きつけ、後日それを羊皮紙に書き写し、さらにそれらを胴衣の中に縫ひ込んでゐて、それが、彼の死後、召使ひによつて発見されたのである。「確実、確実、直観、歓喜、平安」などと呪文のやうに書かれたこの神秘的な体験の意味は、「神を見た」とか「神の現存を体験した」とか様々な推量が可能であるにせよ、本当のところはパスカルにしか分からない、否、パスカル自身にもよくは分からなかつた事態であつたかも知れぬ。

だが、パスカルがこの夜の覚書を胴衣に縫ひ込み、文字通り肌身離さなかつた事実から見て、パスカルにとつて極めて大きな意味があつたことは誰にも否定出来ないであらう。そしてここで読者の注意を促したいのは、パスカルが本人にとつて切実で圧倒的なこの体験を体験として誰にも語らなかつた事実である。姉のジルベルトにも、信仰上の先導者でもあつた妹のジャクリーヌにも、聴罪司祭にも、要するに誰にも打ち明けなかつたし、『パンセ』の断章の中にもこれを直接的に論じた文章は存在しない。この事実は何を意味してゐるであらうか。

パスカルのこの沈黙からは、切実な体験を人は言語化出来るかといふ言語哲学的な主題が引き出せると思ふのだが、それはさて措き、ここで私が強調したいのは、やはりパスカルの積極的に選び取つた「孤独」といふものであつて、私はそこにパスカルの比類なき高邁さを見る。一口に「神」と言つても、人それぞれ考へ方が異なり、その意味するところは決して一義的ではあり得ない。旧約外典「ソロモンの知恵」を下敷きにしたらしいが、「人ハ自分自身ニ合ハセテ神ヲツクル」といふ言葉をパスカル自身書いてゐる(断章二百五十八)。神と向き合ひ夾雑物を取り除いて行けば、最後には神と一対一の関係だけが残るのであらう。ここで「実存」なんぞといふ業界用語を私は使ひたくない。要するに、人は誰であれ、松原正氏の言ふやうに、「物の道理を深く考へる時、我々は必ず一人」だといふことなのである。そしてこれは恐ろしいほど本当のことではあるまいか。

第三回　敬虔かつ過激なキリスト教徒　（第一二四三号、平成七年四月二十五日）

ところで、我が国における古代ギリシャ哲学の泰斗だつた田中美知太郎は、なぜ時事的な発言をするのかとの質問に対して、「私が最も教へられることの多かつた哲学は、つねに自分の住んでゐる時代と社会に対して批判的であることを要求してゐるものである」といふ回答を「古典学者の信条」といふ随筆で披露してゐる。

田中の専門は周知のやうにプラトンであつたが、そのプラトンに劣らずパスカルもまた「時代と社会に対して批判的である」ことを止めなかつた思想家であつて、ひと頃流行語ともなつた「アンガジュマン」（文学者の政治参加）といふ点では、同じフランス人であるサルトルなんぞより三百年も先輩だつたのである。ある研究者の言葉を借りれば、「パスカルの全作品に、対話相手が実際に存在することを前提としない文章は一つも存在しない」のであり、そして多くの場合、この対話相手といふのは論争相手だつたのだ。

パスカルは生涯、論争に明け暮れたと言つても過言ではないほどの稀代の論争家だつた。『パンセ』と並ぶもう一つの代表作『プロヴァンシアル』*は全編これ論争の書であるし、『パンセ』にも論争的な断章がそれこそふんだんにあることに誰でも気付く筈である。

*かつては『田舎人への手紙』とも訳されてゐた全十八通の書簡形式の論争文書。イエズス会と国家権力

によつて弾圧を受けてゐたポール＝ロワイヤル（ジャンセニスムを奉ずる修道会）を擁護する内容。

さういふ傾向を、「誤謬から真実を救ひ出さうといふ欲望に加へて、如何なる犠牲を払つてでも己が正しさを言ひ募り、論敵を遣り込めたいといふ欲求」の所為にするA・ベガンのやうな批評家もゐるけれども、そしてそれを完全に否定する根拠はないけれども、しかしパスカルの場合、「人の非を云はぬ佞姦《ねいかん》人あり。人を誇る君子の徒あり」（佐藤直方）といふことだつたのではなからうか。パスカルが「君子の徒」であると考へる必要はないが、要するに、パスカルは敬虔なキリスト教徒であると同時に真に過激なキリスト教徒でもあつたといふことなのである。

我々日本人は、この宗教がカトリックであれプロテスタントであれ本質的に持つてゐる激烈さ、過激さといふものをなかなか理解出来ない。敬虔といふものは日本人にも理解出来るだらうし、おそらく好みでもある。神道にも儒教にも仏教にもさういう心的傾向はあるからだ。しかし、激烈過激といつた点はどうだらうか。昨年五月の『文武新論』（第三十五号）に萩野京子氏が書いてゐたやうに、聖書には「味はふべき言葉」が多いが、さういふ言葉の中に「キリスト教二千年の虐殺史を思ふ日本人はゐないだらう」し、ゐてもさう多くはないに違ひない。

新約聖書の「マタイ伝」第十章三十四節に、「われ地に平和を投ぜん為に来たれりと思ふな、平和にあらず、反つて剣を投ぜん為に来たれり」とのイエスの言葉がある。これは、キリスト教理解の根本に関わる重要な箇所であると私には思はれるのだが、手許にある日本基督教団出版局発行の『聖書事典』の「剣」の項は、「刺したり切つたりすることに用いられる武器」なんぞといふ暢気な説明があり、最後に漸く、「聖書において戦争、神の言葉、聖書の比喩に用いられている」といふ記述があるのみで、各々対応箇所が示されてゐるが、右の章句への言及はない。訝りながら、今度は新教出版社が出してゐる『聖書辞典』を見ると、「戦争、神の裁き、分裂、苦痛、また心を刺し貫く神の言葉の象徴」といふ記述があり、右の章句を出典箇所としてゐるのは「分裂」なのである。これでは何の分裂かが不分明である。

かういふことだから日本のキリスト教は云々、と書きかけて、念のためにやはり手許にあるフランスの聖書事典の類を二冊調べてみたが、何と「剣」といふ項目自体が載つてゐないので私は驚きを新たにした。編者たちがこの章句に困惑してゐるのか、過激さを隠蔽しようとしてゐるのか、或いはあまりに基本的な事柄なので言及する必要を認めないといふことなのか。少々理解に苦しむところである。

第四回　「戦ひ」は聖なる義務

（第一二四六号、平成七年五月二十五日）

辞典類での取り上げられ方の問題はさて措くとして、パスカルは友人の妹に宛てた書簡でこの章句に言及し、次のやうに書いてゐる。「ですから、生涯に亙つてこの戦ひを耐へ忍ぶ決意を固めねばなりません。この世に平和はないのですから。イエス・キリストは平和をではなく、剣をもたらしに来られたのです」（一六五六年九月二十四日付け）。

ここで言ふ「戦ひ」とは、神が人間の心に入り込む時、人間の中に未だ残存する邪欲がそれに抵抗することで生ずる内的葛藤の如きものの謂である。だからパスカルにとつて「剣」とは、人間の中にさういふ葛藤を引き起こす契機のことであり、価値的には「諸刃の剣」なのである。例の章句それ自体は聖書に頻出する比喩の一つであつて、比喩である以上様々な解釈を許すのだが、パスカルの理解の仕方は一貫してゐる。それゆゑ、右に引いた手紙とほぼ同様の見解を我々は『パンセ』の中にも見出すことが出来る。ただし今度は、「ルカ伝」第十二章四十九節の「我は火を地に投ぜんとて来たれり」といふ章句も取り入れられてゐる。

「信仰に入らうとすると、苦痛が伴ふといふのは本当のことである。しかしこの苦痛は、我々の内に芽生え始めた信仰に由来するのではなく、まだ残つてゐる不信心に由来するのである。（中略）我々が生まれながらにして持つてゐる悪徳が超自然的な恩寵に抵抗する程度に応じて、我々は苦しむことになる。我々の心はこの二つの相反する力の間で引き裂かれるのを感ずる。（中略）神が地上の人間に対して最も過酷な戦ひを挑まれるとするならば、それは御自身がもたらされたこの戦ひに人間を関はらせずに放置しておくことである。『我は戦ひをもたらしに来たれり』と主は言はれた。またこの戦ひの道具として、『我は鉄（＝剣）と火をもたらしに来たれり』と言はれたのである。主のご来臨前には、世界は偽りの平和に生きてゐたのである」（断章四百九十八）。

先の手紙でもこの断章でも「戦ひ」と訳した原語はすべて「ゲール」であつて、「世界大戦」と言ふ時にも使ふ、通常は「戦争」といふ意味の語である。所謂「戦争」の意で用ゐられてゐるのでないことは既に見た通りだが、他の断章、例えばペラギウス派とカトリック教徒との戦ひ（断章五百二十一）や動物同士の戦ひ（断章百三十五）について語つた断章では、「コンバ」（闘争・争ひ）といふ語を使用してゐるところを見ると、さらに十七世紀には「ゲール」が国家間、国王間の文字通り「戦争」を意味してゐたことを考へ合はせると、パスカルのここでの用語法には興味をそそられる。

残念ながら、パスカルが敢へてこの語を使用した真意をさう簡単に明らかにすることは出来ないけれども、パスカルともあらう文章家が意味もなく使ひ分けてゐるとは考へにくい。ともあれ、ここで注意したいのは、パスカルが（或いは聖書が）、ある彼岸的な価値を選択するからには、それとは相容れぬ此岸的な価値を捨てるべしと、もう少し厳密に言へば、選択した彼岸的価値のためには「戦ひ」をも、即ち、ある種の「戦争」をも辞さぬ覚悟を読者に慫慂してゐることである。

かくして、「偽りの平和」に安住するのを潔しとしないキリスト教徒にとつて、「戦ひ」は聖なる義務となる。そしてさういふ「戦ひ」に参戦することは「栄光」の始まりともなるのである。言ふまでもなくこの「参戦」は神に「放置」されてゐない証なのだから。従つて、妥協を知らぬキリスト教においては、地上的価値を共有する親兄弟とも必要とあらば戦端を開くことが義務づけられるのである。因みに、例の「マタイ伝」の章句の続きは、「それ我が来たれるは人をその父より、娘をその母より、嫁をその姑嫜より分かたんためなり」となつてゐるし、「ルカ伝」にも同様のことが、即ち、イエスの来臨は人々の間に「分争」を起こすためである旨がはつきりと書かれてゐる。前回紹介した『聖書辞典』（新教出版社）が「剣」の意味の一つとして「分裂」を挙げてゐるのは、かういつた事情からであらう。

第五回　「平和の時と戦ひの時」あり

（第一二四八号、平成七年六月十五日）

さういふ次第であるから、「イエスは救主として平和を齎すものといふのがキリスト教信仰の基本的信条である。従ってイエスを信じるものは、先ず神との間に、そして隣人との間に平和の関係が成り立つ」（小嶋潤『新約聖書名言集』講談社学術文庫）と言へるかどうか甚だ疑問である。「隣人」が同じキリスト教徒でありさへすれば「平和の関係が成り立つ」と小嶋氏は言ひたいのだらうか。キリスト教徒同士にも争ひが生ずるではないか、などと私は混ぜ返したいのではない。さうではなく、もつと根源的なところで、キリスト教の教へは所謂「平和」、特に我々日本人が言ふ「平和」とは無縁なのではないかと私は言ひたいだけである。

T・S・エリオットも言ふやうに、真のキリスト教思想家は「拒否と排除によつて進んで行く」のだから（「パスカルの『パンセ』」）、神の価値、彼岸の価値を肯定する時、そこには当然、現世の否定、此岸の価値の排除といふ論理が働く。従つて、「平和の関係」を目標とする筈は断じてないのである。無論、戦争もそれ自体に絶対的な価値があるわけではない。だからパスカルにとつて戦争も平和も相対的な価値に留まるであらう。そのあたりを考察したパスカルの見事な文章を次に引く。姉のジルベルトが書写させた所謂『第二写本』の中にあるが、中公文庫版と新潮文庫版『パンセ』が依拠してゐるブランシュヴィック版には収められてゐない断章なので、少し長くなるが全文を引用する。尚、文中「イエス・キリストは平和をもたらしに来た」云々は、「ヨハネ伝」第十四章二十七節にある「わが平安を汝らに興ふ」といふ箇所を根拠としてゐる。

「国家における平和といふものが国民の財産を確保することだけを目的としてゐるやうに、教会における平和は、その財産であり心の在処としての宝でもある真理を確保することだけを目的としてゐる。国家の中に異邦人が侵入してその国を掠奪するのを黙過し、平穏を乱すのを恐れて抵抗せずにゐるのなら、それは平和の目的に反することになるだらう。なぜなら、平和は財産の安全確保のためにのみ正当で有益なのであつて、財産が失はれるのを見過ごすのであれば、平和は却つて不当で有害なものとなり、財産を守ることの出来る戦争こそが、正当で必要なものとなるからである。教会においても同様である。真理が信仰の敵どもによつて蹂躙される時、そして敵どもが信者の心から真理を奪ひ取つて、そこに誤謬をはびこらせようとする時、そんな時にまで平和の内に留まらうとすることは、教会に仕へることであらうか、それとも教会を裏切ることであらうか。教会を守ることであらうか、それとも教会を破壊させることであらうか。真理が行き渡つてゐる時に平和を掻き乱すことが一つの犯罪であるやうに、敵が真理を破壊しようとしてゐる時に平和の内に留まらうとすることは、これもやはり一つの犯罪ではなからうか。それゆゑ、平和が正当である時と不当である時があるのだ。平和の時と戦ひの時があると〔聖書に〕書かれてゐる。それらの時を見分けるのは真理への関心である。しかし、真理の時と誤謬の時があるわけではない。反対に、神の真理は永遠に留まると〔聖書に〕書かれてゐる。さういふわけで、イエス・キリストは平和をもたらしに来たと言はれる一方で、戦ひをもたらしに来たと言はれるのである。だが、主は真理と虚偽とをもたらしに来たとは言はれない。それゆゑ、真理こそは物事の第一の基準であり、究極の目的なのである」（講談社文庫版『パンセ』をお持ちの読者は断章九百七十四を参照されたい）。教会に真理があるか否かの詮議はさて措くとして、パスカルの右の言ひ分を読者は肯定するに違ひない。汚らはしいので引用はしないが、五月三日の『朝日新聞』に載つた「社説特集」の何とも砂を噛むやうな文章に徹底的に欠けてゐて、パスカルのこの文章に確かに存在するものは一体何なのか。人間である。「真理」といふものを気に掛けずにはゐられず、それを片時も手放すまいとする人間である。一方、『朝日』の社説は、奉ずる真理を持たぬ輩だけが書くことの出来る文章に満ちてゐるのである。

第六回　平和は絶対善にあらず

（第一二五一号、平成七年七月十五日）

前回、パスカルの文章には紛れもなく人間がゐるのに対し、『朝日新聞』の五月三日付け「社説特集」の文章には人間が不在であると私は書いた。そしてその違ひは奉ずる「真理」を持つか持たぬかの違ひであるとしたのだが、『朝日』の論説委員やその論説の支持者たちから、「否、平和といふ真理を奉じてゐるではないか」といふ反論がすぐにも聞こえてくるやうな気がするので、その思考の浅薄をもう少し批判しておきたい。

そもそも「平和」とは何か。福田恆存が既に昭和三十九年、「平和の理念」において指摘したやうに、平和とは「戦争の欠如状態」に過ぎないのであつて、その言葉自体には消極的な意味しかないのだ。

別言すれば、病気のない状態を「健康」と言ひ、それ自体消極的な意味しか持たないのと同じことである。確かに、この世で何かを成し遂げようとして健康が必要となる時もあらう。だが、その何かを成し遂げる為に敢へて健康を度外視しなければならぬ時もある。だから、人生において健康を目指すべき最高の価値と見做すのが馬鹿げてゐるのと同じ意味において、平和を絶対善と見做す考へは馬鹿げてゐるのである。以上は誰にでも理解出来る理屈であらうが、話が「平和」といふことになると、急遽思考停止に陥り、この理屈が分からなくなる手合ひはさぞ多いに違ひなく、困つたものである。

さて、五月三日付け『朝日新聞』には、一つの社説と「社説特集」と題された六つの「提言」が掲載されてゐる。辞書によれば、「時事に関する報道、解説及び知識、娯楽、広告などを伝達する定期刊行物」が新聞であつて、あれだけ政治的な改革構想を提言するのは一体如何なる資格においてか、思ひ上がりもここに極まつたか、と言ひたくなるほど、どの文章も「平和」を絶対善と見做す浅薄な思考と言葉の羅列となつてゐる。かういふオピニオン・リーダー気取りも所詮商売と思へばさして腹も立たぬけれども、やはり看過出来ない文言もある。前回私は「汚らはしいので引用はしない」と書いたが、証拠を示さずに批判をするのは読者にも不満が残るであらうから、前言を翻して少し引用する。読者諸賢には御寛恕を乞ふ。

私が最も腹を立てたのは、否、嗤つたのは、四つ目の「提言」にある、「肥大化した自衛隊を国土防衛隊、または日本列島守備隊といつた組織に縮小し、改編すべきだ」といふ件とそれに続く改革案である。そしてそのやうに軍縮するべき理由が、「今の自衛隊は規模といい、装備といい、憲法が許容する自衛力の範囲を逸脱してゐる疑いが濃い」といふことなのだから、怒りを通り越して唯々嗤ふほかなからう。「疑いが濃い」とは何ともはや粗雑な言ひ種ではないか。容疑があれば逮捕は出来るかも知れぬが、その後の取調や裁判で容疑を立証出来なければ無罪放免となるのだから、「疑いが濃い」と言ふのなら、きちんと論証したら良いのだ。勿論出来はしないから、このやうに腰の引けた文章しか綴れぬのである。これほど重要な問題について軽口を叩いて恬として慚ぢないところを見ると、筆者はよほど頭の悪ひ御仁である「疑いが濃い」。

また、軍備の縮小が可能である理由として、「冷戦後は少なくとも先進国間の本格戦争はまず不可能になった」と言ひ、第二に、「中国の軍事力増強、朝鮮半島情勢の不透明さという問題はあるものの、日本を直接の舞台にした地域紛争の可能性は極めて少ない」と言ふのである。「まず不可能になった」にせよ「極めて少なくなった」にせよ、揣摩憶測の域を出ないことは明瞭で、最悪の場合には国家存亡に繋がり兼ねない重大事を憶測だけで語る無責任はやはり腹立たしい。戦後五十年とて欺瞞に満ちた反省を論ふ暇があつたら、これまでにこの種の憶測がどのくらゐ外れ続けて来たかを少しは反省するが良いのだ。

さらに、「朝鮮半島情勢の不透明さ」といふ文言に至つては意図的な詐術である。北朝鮮が国内総生産の約二十五パーセントを軍備に投入してゐることや、一昨年ノドン一号を東部沿岸から日本海中部に向けて実験発射したことなどには敢へて触れず、恰も北朝鮮と韓国の半島情勢問題であるかのやうにごまかしてゐるからである。

第七回　「正義と力を一つにしなければならない」

（第一二五四・五五合併号、平成七年八月十五・二十五日）

次に批判したいのは「提言」の一と二にある「平和と人権を世界に広げる」ために「国際協力法を制定」し、さらには「平和支援隊」を作るのだといふ何とも幼稚で暢気な構想である。すべての国が固有の文化や理想や国益を有してゐて、そして幸か不幸か、それらは必ずしも合致しないといふのが「仲良しクラブ」にあらざる国際社会の現実である。だからこそ、一昨年パレスチナ暫定自治協定を結んだ時、世界の歓喜をよそに、イスラエルのラビン首相は「平和には必ず敵がゐる」と言つたのだ。そして、同年十一月に、その苦い認識通り、若い同胞によつて暗殺されたのである。

驚いたことに、論説委員といふのはさういふ「国際的な」知識を持たずとも務まるものらしい。いやいや、フランスから一歩も出たことのないパスカルだつて、モンテーニュに学んだこととは言へ、「子午線一つで真理は決定される。（中略）ピレネー山脈のこちら側では真理であつても、あちら側では誤謬となる」（断章二百九十四）ことを見抜いてゐるのだから、要は知識ではなく、人間についての洞察力なのだ。そしてさういふ洞察力があるからこそ彼は、「およそ意見といふものは、生命よりも重視されることがある。それほど意見への愛着は強く、また、自然である」（断章百五十六）と書くことが出来たのである。

この断章は「虚しさ」を考察した一連の断章の一つであり、従つてパスカルはこれを必ずしも肯定的に書いてゐるのではなからう。しかし、人間世界の現実認識といふ観点からすればパスカルの言は正しい。だから、『朝日』が言ふやうに、もし日本がさういふ「意見」の異なる国々に平和をもたらしたいと本気で望むのなら、最後にはある種の強制力を行使しなければならず、その時真に役立つのは相手を圧倒する軍事力か、もしくは大いなる精神的な権威だけだらう。ところが、その両方とも日本にはないのだから、「平和支援隊」とは絵に描いた、しかも食欲を全くそそらぬ餅である。

それに何より、一朝有事の際に自国を守れない制度上の欠陥を指摘したことで統幕議長が馘首されたり、早朝に起きた戦後最大の地震の深刻さを首相が午後になつて漸く認識し、救援の為に非常呼集した軍隊が「知事の要請」が必要とて三時間も足止めを食らつたりするやうな異様な国が、他国の紛争に容喙して「平和」を説く必要なんぞ一体どこにあると言ふのか。フランスの諺に、「馬鹿は他人の事に気を揉み、自分の事に構はぬ」といふのがあるけれども、私に思ひ付くのは精神倒錯といふ言葉のみである。

最後にもう一つ指摘しておきたい。真に大事なものならば、真剣に且つ慎重に守らねばならぬといふ単純な命題である。日本は一応「平和」であり、それを何よりも尊いとは決して思はぬ私だが、この平和が有り難いものであることは承知してゐる。そして有り難いと思ふからこそ、この平和を守り切るだけの軍備が必要だと考へる。なぜ、軍備なのか。「力のない正義は反対される。なぜなら、世に悪人は絶えないからである。正義のない力は非難される。従つて、正義と力を一つにしなければならない」（断章二百九十八）からである。

ところが、『朝日』の「提言」は平和を何よりも尊いものとして祭り上げながら、それを守る努力を希望的憶測に基づいて最大限放棄しようと言ふのだから、最初から矛盾してゐるのである。かういふ「平和」信仰に盲ひた文章を読まされると、「我々は断崖が見えないやうに何かで目隠しをしてから、安心してそこに駆け込んで行く」(断章百八十三)といふ、思考停止の愚を指摘したパスカルの文章を私はいつも思ひ出すのだが、ともあれ、『朝日』の提言にせよ、先般の「国会決議」にせよ、およそ平和といふものが戦争(或いはある種の戦ひ)を必然的に内包してゐるといふ一点を認めずに、平和を第一の信仰箇条とするやうな思考は、否、夢想は、すべて政治的に無効であるばかりでなく、道徳的にも怠惰なのである。なぜなら、「良く生きるとはどういふことか」といふ道徳上の難問を回避してゐるからである。さういふことを考へぬ手合ひだからこそ、「反省」だの「謝罪」だのと欺瞞に満ちた台詞を飽きもせずに繰り返すことが出来るのだらうが、真に笑止千万と言はねばならない。

(第一一五七号、平成七年九月十五日)

第八回　世界は今なほ禽獣世界

二回に亙つて『朝日』の「社説特集」を批判したのは、キリスト教を心の底から信仰してゐたパスカルの議論と、平和信仰に盲ひた『朝日』の議論を共に読者に示し、同じ「信仰」でも後者のそれが如何に本気でないかを見て貰ひたかつたからだが、しかし、「平和教」の信者は何も『朝日』に限らない。ほとんどのマスコミやジャーナリズムが、毎年夏になると、「平和の尊さ」だとか「戦争の悲惨さ」だとかの空念仏を繰り返してゐるのは周知のことである。然るに、それが済むとまた一年、景気や経済のことばかり憂へ、戦争についても平和についても深く考へることをせず、八月が巡つて来るとまたぞろ神妙に「反省」し「謝罪」し、何に向かつて祈つてゐるのか自分でも分からぬくせに、平和を「祈念」するのである。だが、祈りを聞き届けてくれる至高の存在を想定しない祈りが真剣なものである道理はない。恐るべき道徳的怠惰である。

私はそもそもこの「周年」記念といふ、ある意味で偶然に過ぎぬ、或いは単に数字上の必然に過ぎぬ「節目」を重視する考へ方が気に食はぬ。八月だらうが一月だらうが、考へるべき事柄は常に考へるべきなのだ。パスカルなら、「もし人が生涯の一週間を捧げるべきであるならば、人は百年を捧げるべきである」と言ふところかも知れぬ（断章二百四）。勿論、「喉元過ぎれば熱さを忘れ」、「病治りて医師忘る」のが人の常であり、私とて例外ではないからさういふ人間の性向を咎めてゐるわけではない。むしろ、自然に任せておいたら忘れてしまふやうなことは忘れれば良いと思つてゐるだけである。忘れようとしても忘れられないことだけが真に重要だからである。そして、「忘れられない」といふことは、年に一回だけ思ひ出すことではあるまい。死んだ亭主の仏壇に、年に一度しか手を合はさぬやうな寡婦の誠実なんぞ誰が信用するであらうか。

ところで、六月にフランスが核実験再開の意思を表明してから、世界中で集団ヒステリー現象が起きてゐる。フランスも舐められたものであるが、中国の核実験の時にはどうしてこれほど騒がなかつたのかといふ政治的な偏向批判はここではしない。また、一挙に全人類を殺傷する原水爆が「悪魔」で、せいぜい五人しか殺せぬダイナマイトは「悪魔」ではないのかといつた議論、或いは、核兵器が世界から姿を消しても、核兵器製造の能力とその方法の「記憶」までは抹殺することは出来ないといつた類の議論も、非常に大事ではあるが、福田恆存が三十年以上も前に委曲を尽くして論じたからここでは触れない（「現代の悪魔」参照）。

問題は、大方の日本人が好意を寄せてゐる「文化の国」フランスが、核実験再開を公約に掲げたシラクに票を投じたのはなぜなのかといふことである。八月八日付けの『朝日』によれば、フランスのパスカル・ボニファス国際戦略関係研究所長は、ミッテランもシラクも「国際戦略上のフランスの位置を真剣に考えている」と言ひ、さらに、「核抑止力は国家防衛に最も有効だ。『ソ連の脅威』がなくなった今、核抑止力は不要だという人が多いが、結論を急ぎすぎている。ソ連という核抑止力を行使する国が消滅しても、フランスの領土は存在し続けている」と語つてゐる。さすがに「パスカル」だけのことはある。

冗談はさて措き、テレビ・ニュースで四季折々の花鳥風月の映像が流されるやうな暢気な国では想像出来ないだらうが、二年前私が留学してゐた時期のフランスのテレビ・ニュースはほとんど毎日ボスニア情勢やパレスチナ情勢をトップで扱つてゐたのであり、今もさうだらうと思ふ。即ち、ヨーロッパは世界を今なほ「禽獣世界」と見做してゐるのであつて、我々とは危機意識がまるで違ふのだ。そして何より、彼らはパスカルの末裔である。前回引いた断章二百九十八や次に引くその後半を読めば、彼らは大きく頷くに決まつてゐるのである。「正義は議論の的になりやすいが、力は承認されやすく、議論を必要としない。それゆゑ、人は正義に力を与へることが出来なかつた。と言ふのも、力は正義に反抗し、お前が不正で、自分こそ正義であると言つたからである。かくして、正しいものを強くすることが出来なかつたので、強いものを正しいとしたのである」。

第九回　「力なき正義は無力である」

（第一二六〇号、平成七年十月十五日）

私は核兵器やその実験などについて、さしたる興味も知識も持ち合はせてゐないが、国家防衛戦略として核実験を行はうとする国がある時、それを阻止出来る論理なんぞこの世に存在しないといふことだけは理解してゐる。この問題を本気で考へれば、さういふことになる。核を所有せず、実験を阻止出来るだけの軍事力を持たぬ我々が、或いは、いざとなつたら貴様の国を守つてやると約束するわけでもない我々が、そして何より、アメリカと軍事同盟を結んでその「核の傘下」に一定の平和を享受してゐる我々が、核の抑止力を主張するフランスに対して「断固NO」と言へる道理がどこにあると言ふのか。日本の一部のマスコミは、「フランス人も六十パーセントは核実験に反対」であると鬼の首でも取つたかのやうに言ふが、フランス人が反対するのは自国の孤立を恐れる別の観点からであつて、平和主義から核実験そのものに反対してゐるのでは決してないのである。パスカルが言つた「力なき正義は無力である」（断章二百九十八）といふ今なほ変はらぬ苦い真理を大抵のフランス人が認識してゐるからである。そして、さういふ真理に思ひ至らぬのは本気でない証拠であつて、所謂「反核平和主義者」に共通して欠如してゐるのは、この本気なのである。

ところで、私は最近思ひもかけないところで、さういふ本気でない御仁の存在を知ることとなつた。私が所属してゐるさる学会は、半期に一度「学会ニュース」といふ会報を送つて来るのだが、七月のそれには、「フランスの核実験再開声明に対する一会員からの『申し入れ』と会長所信」といふ別紙が挟み込まれてゐた。「核実験実施は人道に対する挑戦であり、被爆国日本の人民として、また直接フランスの言語・文学・文化にかかわる組織体として許すことが出来ない」と考へた某大学名誉教授が「学会の総意に基づいてフランス政府に『抗議声明』を送るべき」であると会長に申し入れたのである。

これに対して会長は「秋の大会を待って総会の決議を経なければならない」から、「当座としては学会会員有志による声明という方策しか考えられない」と返事をし、このやうな「申し入れ」があつたことだけは会員に「伝えて欲しい」といふ要求を容れてこの別紙を挿入したらしい。そして会長は最後にかう書いてゐる。「氏のご意見のとおり、この問題は会員一人一人にとってきわめて切実な良心の問題であると考え、氏の申し入れを尊重すべき貴重な声として厳粛に受けとめつつ、氏のイニシアチブに対し、御礼申し上げる次第である」。「民主的」に学会を運営せねばならない会長としては「申し入れ」を無視出来なかつた事情は分かるが、最後の丁寧過ぎる件が少々気になる。

が、それにしてもこの「申し入れ」をした御仁、学会名簿を見ると昭和十七年に学部を卒業してゐるのだからかなりの高齢であらうが、今まで何を勉強して来たのかと他人事ながら暗然たる気分にさせられる。この名誉教授は「文化大国」フランスがナポレオンやロベスピエールやド=ゴールを生んだ国であることを忘れてゐるし、さらに重要なことに、文化が人間の生き方と無縁ではなく、自国の文化を守らうとすることも、そのため戦争を行ふといふことも、共に人間だけがやるのだといふことを失念してゐる。それに、フランスは文化防衛の先進国であつて、私などはさういふフランスの「保守主義」を常々見事だと思つてゐるのである。

これほど愚かな「申し入れ」が「総会の決議」に至ることはまさかあるまいと思ふ程度には自分の所属する学会を信用してゐるけれども、いやいや楽観は出来ないかも知れぬ。何せ、八月十日付け『朝雲』（国防・安全保障の専門新聞）の「朝雲寸言」にさへ、「核兵器が出現した時代を生きる者に課せられた責任は、二度と核兵器を使用してはならないことに尽きる」などといふ駄文を読まなければならぬ御時世だからだ。

フランスから見れば、少なくとも理論上は、日本も仮想敵国の一つであらうから、シラクやボニファスについては「敵ながら天晴」であるとだけ言つておくが、それにしてもフランス製品の不買運動とは！　経済のことしか頭にない馬鹿でなければおよそ思ひ付かない方策ではなからうか。

第十回　「保守主義」と「改良主義」

（第一二六四号、平成七年十一月二十五日）

本欄に『パンセ』についての拙文を連載してゐる折りも折り、パリ第四大学（ソルボンヌ）のフィリップ・セリエ教授が、東大の招きにより十月に来日した。ソルボンヌでの私の指導教授でもあり、何を措いても駆けつけなければならなかつたのだが、生憎、所用が生じて東京へは行けなかつた。だが、後日、福岡でも講演会があり、幸ひ、これには行くことが出来た。

セリエ教授は、『パスカルと聖アウグスティヌス』といふ大部の論文で国家博士号を取得し、『パンセ』についても、今や研究者間で定本になりつつある版本を刊行してゐる第一級のパスカル研究者、と言ふより、最高権威の一人である。福岡での講演は「フランス十七世紀文化における聖アウグスティヌス」と題され、このドクトル・グラティアエ（恩寵の教師）の思想が、フランス十七世紀においてどのやうに受容され、その時代の思想、文化に如何に深い影響を与へたかを、実証的に論じた見事なものであつた。

フランスの正統派国文学者である教授の該博な知識には、いつものことながら驚かされる。所詮付け焼き刃でしかないフランス語やラテン語の知識を元に微々たる研究をしてゐる私などは、教授の前に出ると決まつて絶望的な気分に陥つてしまふ。勉強しさへすれば何かが分かるつもりでゐる自分は何か途方もない勘違ひをしてゐるのではないかと、否応なく考へさせられるからである。が、「愚痴」はさて措く。質疑応答の時間になつて、私は政治的な問題について質問を呈した。即ち、ラ・ブリュイエールやデカルトなど、十七世紀を代表する文学者や思想家に見られる「保守的」と言つても良いやうな政治思想も、アウグスティヌスを淵源とするのか、と。

これに対して教授は、それはむしろモンテーニュからの影響で、さらに遡れば、プラトンに行き着き、アウグスティヌスもまたプラトンに学んだのであらうと言ひ、最後に、パスカルの場合はコンセルヴァトゥール（保守主義的）と言ふよりは、むしろレフォルミスト（改良主義的）であると付け加へた。アウグスティヌスの問題の方は今は措くとして、最後の指摘は興味深い。なるほど、モンテーニュは、例へば、「国家の事柄については、如何にまづい方法でも、それが年月を経て安定してゐるものならば、変化や改革よりはましである」とか、「理論的にではなく実際的に言つても、最も優れた政体とは、どの国においても、その国を今まで維持して来た政体である」（『エセー』第二巻十七章、第三巻九章）とか書いてをり、言はば「習慣」に（全面的にではないにせよ）一定の価値を認めてゐたがゆゑに「保守的」であつた。

周知の如く、モンテーニュは懐疑主義を極めた思想家であり、自分が何も知らないと言ひ切つてしまふと、無知であることは知つてゐるといふことになり、自家撞着を生ずるゆゑ、「ク・セ・ジュ？」（我何を知るか）といふ疑問形を座右の銘としてゐたのである。しかし、パスカルはそのモンテーニュを上回る懐疑家であつた。「習慣は第二の自然であり、第一の自然に劣らず強力である」（同第三巻十章）といふモンテーニュの言葉を承けて、「しかし、自然とはそもそも何なのか。習慣はどうして自然ではないのか。思ふに、習慣が第二の自然であるやうに、この自然は第一の習慣に過ぎないのではなからうか」（断章九十三）と、さらに懐疑を押し進めるのである。

「パスカルと自然」といふやうな大問題を考察することはまだ出来ないが、ここで重要なのは、懐疑家ゆゑに「保守的」であつたモンテーニュに対し、同じく懐疑家であつたパスカルがなぜ「改良主義的」であるのかといふことである。パスカルが最も熱心に読み、最も影響を受けた在俗の思想家はモンテーニュだつた。それゆゑパスカルは、「私がモンテーニュに読み取るすべてのものを、私は彼の中にではなく、自分自身の中に見出すのである」（断章六十四）と書いたのだが、しかし同時に、「モンテーニュの欠陥は大きい」（断章六十三）とも、「モンテーニュの混乱」（断章六十二）とも、或いは、「自己を描かうとする彼の愚かな企て」（同）とも書いたのであつた。

第十一回 「かくあるべし」の哲学

（第一二六六号、平成七年十二月十五日）

ポール＝ロワイヤル修道会*の司祭で霊的指導者でもあつたド・サシとの対話を、第三者の筆録によつて収録した小品「ド・サシ氏との対話」によれば、パスカルはモンテーニュの懐疑主義、特にその理性批判を高く評価し、『エセー』の中で「尊大な理性が（中略）完膚なきまでに懲らしめられる」のを見ると喜ばずにはゐられないと言ひながら、しかし同時に、非常に厳しい批判的言辞も口にしてゐる。

＊パリの西方二十キロあまりのところにある修道会で、ジャンセニスム運動の中心地。劇作家ラシーヌを含む多くの識者がここに学び、或いは指導に携はつた。ポール＝ロワイヤルは地名。

真理や善の探求は人間の力の及ぶところではなく、心の平安には一向に至らぬゆゑ、そんな御苦労な話は他人に任せれば良いと言ふモンテーニュの日和見主義を退け、かう言つて批判してゐる。「彼にとつて徳とは、無邪気で、親しげなもの、楽しく、かつ陽気なもの、言ふなれば、おふざけなのです。（中略）のんびりとした無為の中に寝転がつて、善いことでも悪いことでもただ茶化すのです。そして、苦労して幸福を追ひ求める人たちに向かつて、幸福の里はこちらにあり、無知と無力は出来の良い頭にとつて二つの心地よい枕であるなんぞと説くのです」。

八宗兼学のモンテーニュの学問も、パスカルの目には、知的意匠を凝らしてはゐるものの、真剣さを欠いた「おふざけ」にしか見えなかつたのである（パスカルの見立てが厳密に正しいか否かはここでは問はない）。そして、パスカルのかういふモンテーニュ観こそ、この二人の懐疑家の距離そのものなのだ。パスカルにしてみれば、モンテーニュは学ぶべきところのある一流の懐疑家であつたが、懐疑の網の目に囚はれて身動きがとれなくなつてしまつてゐたのである。一方、パスカル自身は「ただ一つ必要なもの」（L・ブランシュヴィック）を信じた。「ただ一つ必要なもの」とは、無論、信仰のことである。だが、神を信じたことにより懐疑の連鎖に終止符を打つたといふだけなら、パスカルは三百三十年後の今日、数多の護教家と同様、読まれてゐないだらうと私は思ふ。信仰は彼の場合、さらに一層深い懐疑の源泉となつたのである。

三年前、ジャン・ブランといふ哲学者が『パスカルと哲学』といふ一書を著した。パスカルが「哲学者」であるか否かは実は大きな問題であつて、議論は尽きないのだが、ともあれ、ブランはパスカルを「永遠の現代性」を備へた「真の哲学者」だとする立場を表明した上で、非常に重要なことを書いてゐる。即ち、パスカルは「哲学を愚弄することが真に哲学することだ」（断章四）と言つてゐるが、この言葉から我々が理解すべきは、「要求としての哲学（かくあるべしとする哲学）は、表現行為としての哲学（かくの如しとする哲学）を常に超えてゐる」といふことだと（括弧内は白水社から出てゐる竹田篤司氏の訳文による補足）。「かくの如し」の哲学といふのは、あれこれ現実を分析して、それらの相対性を指摘するのに留まる哲学である。

一方、「かくあるべし」の哲学は、当然、二つのことを前提とする。一つは、現実があるべき状態からずれてゐるといふ認識。そしてその前にもう一つ、あるべきもの、つまり、真理であると信ずるものの存在である。本欄の第五回目において、『朝日』の社説は「奉ずる真理を持たぬ輩」の文章であるが、パスカルの文章には「真理」を奉ずる「人間」が確かに存在してゐると、私は書いた。パスカルにとつて、真理とは神のことであるのは言ふまでもない。パスカルの信仰が正しかつたか否かは分からない。私はパスカルと信仰を同じくする者ではないし、それは今後もおそらく変はらないであらう。しかし、我々はパスカルの「かくあるべし」といふ哲学が、彼の真剣な信仰から来てゐるといふことだけは認めないわけにはいかない。そしてこの深く強い信仰ゆゑに、諸価値の平等を説く曖昧な相対主義をパスカルは免れ得たのである。だが、ただ信ずるといふだけでは十分ではない。オウム真理教の教徒たちも、かのグルを深く信じたのであつた。

ブランの言葉を再び引けば、パスカルの哲学は、「これを深めれば深めるほど、もたらされる飢ゑも一層増大するといふ類の哲学」なのであり、安心立命には至らぬ、言はば、終はりなき哲学なのである。「イエスはこの世の終はりまで苦悶されるであらう。その間、我々は眠つてはならない」とパスカルは書いてゐる(断章五百五十三)。暖衣飽食のグルには決して言へぬ言葉ではあるまいか。

第十二回　「正しいものに服従するのは正しい」

(第一二六八・六九合併号、平成八年一月五日・十五日)

私が所属してゐる学会の一会員が、例のフランスの核実験再開をめぐつて、「学会の総意に基づいてフランスに『抗議声明』を送るべき」であるといふ「申し入れ」を会長に対して行ひ、会長が「秋の大会」での「総会の決議」が必要であると回答した話を、私は九回目のこの欄で紹介した。そして、この「秋の大会」、即ち「日本フランス語フランス文学会秋季大会」が十月末、郡山で開催された。私は生憎出席出来なかつたが、事の成り行きには深い関心を寄せてゐた。なぜなら、もしもこのやうな馬鹿げた「国会決議」ならぬ「学会決議」が行はれることになれば、私も学会に対して正式な抗議をしなければならず、場合によつては退会といふことも覚悟してゐたからである。

さて、先日、「学会ニュース」が届き、詳細を知ることが出来た。それによれば、大会二日目に臨時総会が開かれ、席上、大阪府立大学の某教授が、フランス人二人を含む十三名の連名（どういふわけか、会長に「申し入れ」をした人物の名はここには入つてゐない）で書かれた「反対決議文」を用意したので議論して欲しいといふ「緊急動議」を提出した。これを受けて、議長は会則に従ひ、臨時総会出席者（この時九十五名）の三分の二以上の賛成者（六十四名）を以て動議を取り上げる旨を宣言し、直ちに投票に移つた。投票の結果は、賛成六十一票、反対二十八票、白票五票、無効票一票となり、僅差ながら、動議そのものが否決されたのであつた。

無論、「決議反対派」である私はこの結果に満足してゐるが、右の数字には色々なことを考へさせられた。今回の秋季大会に参加したのは三百八十二名（会員数は約二千名）とあり、地方大学で行はれるのが通例の秋季大会の中でも目立つて参加者が少なかつたやうだ。理由は確とは分からない。しかし、総会で「緊急動議」が出されることはほとんどの会員が事前に知つてゐた筈であつたし、しかも大会出席者のうち七割以上が総会を欠席したことになる。総会への出席率が通常どの程度なのか知らないが、今回、出席者が百名にも達しなかつたのが私には意外だつた。なぜなら、白水社発行の月刊誌『ふらんす』昨年十月号の関連記事によれば、学会員中心に行はれた核実験抗議の呼びかけに対して、八月二十日までに四百五十四名（内、教員約三百名）の署名が集まつたのであり、今回の「学会ニュース」によれば、学会の開かれた十月下旬までには八百二十名（内訳不明）もの署名が集まつてゐたからである。署名運動の発起人と学会決議推進者はほとんど同じである。署名した会員は何をしてゐたのだらう。

署名運動なんぞといふものは大抵こんなものだらうが、しかし、今回の動議否決の裏には、ある人物の功績があつたのではないかと私は見てゐる。その人物の名は、堀茂樹氏と言ふ。専門はフランス文学で、現代小説を何冊か訳してゐるといふこと以外、私は氏について何も知らないのだが（現在は慶應大学教授で、アゴタ・クリストフやエマニュエル・トッドの訳者として著名）、この堀氏は『ふらんす』誌上に昨年四月号から「問われているもの――フランスの現在」といふ連載記事を書いてゐて、その鋭利にして説得力のある文章を私は愛読してゐる。その氏が十月号（十月一日発行）に、敢へて予定記事を変更して、「核実験再開――フランスの言い分」と題した毅然たる正論を吐いたのであつた。

ここで詳しく紹介する紙幅はないが、日米軍事同盟から離脱する覚悟を持たずして、「大江健三郎と声を合わせて、フランスに対し、率先して核を廃棄するように呼びかけるのは筋が通るまい」とする所以を、よほど頭が悪くない限り理解出来るやうな整然とした論理と力強い文章で説いたのだ。要するに、この雑誌はフランス語フランス文学関係教師ならほとんどの者が寄贈を受けてをり、そこで氏の所論を読んで、己の短絡的な思考を反省した会員が多かつたのではないか、といふのが私の推測なのである。事実、「編集部」でさへ「反核」を標榜したこの雑誌に、その後、反論一つ寄せられてゐない。私の観測が正しいとすれば、少なからぬ会員が堀氏の厳密な所論に説得されたことになる。それで良いのだ。パスカルも言ふやうに、「正しいものに服従するのは正しく、最も強い者に服従するのは必要なこと」（断章二百九十八）なのだから。

第十三回　歴史は永遠の運動体なり

（第一二七二号、平成八年二月十五日）

湾岸戦争に対する我が国の気の滅入るやうな無策ぶりとその帰趨を論じた『一九九一年　日本の敗北』（手嶋龍一著、新潮文庫）といふ本があるが、昨年もまた、我が国が大敗北を喫した年として、後世顧みられることであらう。言ふまでもなく、「国会決議」や「歴史認識」のことである。特に、所謂「江藤発言」問題において、当時の野坂官房長官の口から、「韓国などの出方を見て（江藤氏の処遇を）判断する」といふ発言が出たことによつて、ここ数年の見識なき政府首脳たちの「歴史認識」が愚昧の極に達した観がある。個人的な歴史論議のうちはまだ良いが、かやうに歴史を政争の具にしてしまふ不見識と愚鈍は、真に「罪、万死に値する」と私は思ふ。

だが、そもそも歴史とは何なのか。小学館の『国語大辞典』によれば、先づ、「人間社会の時間による変化のあと。また、その、ある観点から秩序づけられた記述」とあり、フランスの代表的な辞書『プチ・ロベール』によれば、「記憶に値する、もしくは値すると判断された、過去の出来事、及び、人類（或いは社会的集団、人間の活動）の進展に関連した事象についての知識或いは報告」とある。然り、歴史とは「ある観点」から語つてのみ成立する言語世界であり、そもそも「ある観点」がなければ、物事を「秩序づけ」ることは出来ない。そして、「ある観点」を選ぶのも後世の人間であるならば、事象が「記憶に値する」か否かの取捨選択も後世の人間の手に委ねられてゐるわけである。ここで大事なことは、歴史は語られるもの（記述、報告）であつて、従つて、歴史はそれを語る我々と無関係に、独立して存在してゐる実体ではないといふことである（因みに、フランス語では歴史も物語も「イストワール」といふ同じ単語で示される）。

またぞろ、「日韓合同の歴史研究」の動きが出てゐるらしいが、中村粲獨協大学教授が既に本紙で指摘した如く、全ては人選で決まり、中途で瓦解するか、日本側の全面降伏となるかのいづれかであらう。歴史における「客観」は理想或いは幻想としてのみ我々の頭骸に宿るのであつて、歴史を固定した静的な実体と捉へ、客体化出来ると考へること自体が間違つてゐる。歴史は有機的な生き物であり、それを論ずる我々もまた有機的な生き物であるからだ。かういふところを無視出来る愚者だけが、「世界に通用する歴史認識」とやらを確立しようなんぞといふ愚かな企てを思ひ付いたり、或いは、「研究」を通じて「客観」に辿り着くといふ錯覚を抱いたりするのだ。気楽なものである。研究や検証によつて客観的な歴史の真実が見えて来るといふのは一種のイデオロギー、もしくは精々のところ学説に過ぎない。勿論、研究や検証が無益だと言ふのではない、それらには終はりがないと言ひたいのだ。ニーチェが「歴史理解には様々な程度があるに過ぎない」と言つたのは、さういふ意味であらう。

これを要するに、歴史といふものは「解釈のこと」（E・H・カー）であり、「現在と過去との対話」なのだから、我々が歴史と向き合つてするべきことは、「歴史を考へ直し、想像し直すこと」（G・K・チェスタトン）なのである。我々の生きてゐる時代に近い歴史ほどさう言へる。歴史理解を深める資料の新たな発掘といふことが起り得るからである。ここ一、二年を振り返つてみても、E・ミラーの『オレンジ計画』やH・ミアーズの『アメリカの鏡・日本』、或いは『東京裁判却下未提出弁護側資料』など、瞠目するべき書物が公刊されたことによつて、我が国の近代における戦争行為の意味を新たに「想像し直すこと」が可能となつたではないか。歴史はかやうに永遠の運動体なのである。

ところで、『パンセ』には「我々は物事を別の面から見るだけではなく、別の眼を以て見る。だから、我々は事物を同じやうに見ることは出来ない」（断章百二十四）といふ文章がある。この断章はパスカルが分類せずに遺した綴りにあり、言はば文脈がない。従つて、どのやうな意味で書いたのか確定するのが難しいのだが、読者はどう解釈するであらうか。

〔追記〕「江藤発言」とは、平成七年十一月、村山改造内閣時代に総務庁（当時）長官であつた宮崎県選出の江藤隆美代議士（平成十九年十一月逝去）による発言のこと。江藤氏は朝鮮半島の併合時代について、「日本は韓国にいいこともした」と言ひ、この発言で批判され、遂には辞任に至つた。この発言は、もう少し詳しく書くと、「全ての市町村に学校を建て、教育が全くなかつた韓国の教育水準を一気に引き上げ、鉄道を五千キロ建設し、港湾整備事業や干拓水利をし、山には木を植えた」といふ内容だつた（名越二荒之助編著『日韓二〇〇〇年の真実』国際企画）。オフレコの気安さもあり、若い記者たちに教へ諭すやうな気持ちで語つたのではなからうか。「教育が全くなかった」といふのはやや誇張に過ぎるにしても、社会の風紀を立て直し、昭和十九年までに五千を超える国民学校を作つて就学率を上げ（併合直後の四十二倍）、インフラ整備や植林事業にも乗り出したといふのは事実であり、併合された側の人たちがどう思つても仕方ないが、「いいこともした」といふのは間違つてゐるわけではない。騒ぎになつた時、私は宮崎の江藤事務所に電話をして、「長官の発言は正しい。絶対に辞任してくれるなと長官に言つて欲しい」旨を伝へ、電話に出た後援会の人も「絶対に辞任はしない」と言つてゐたが、その数日後、結局は辞任となつた。

第十四回　断章解釈の多様性

（第一二七五号、平成八年三月十五日号）

私は前回、「我々は物事を別の面から見るだけではなく、別の眼を以て見る。だから、我々は事物を同じやうに見ることは出来ない」といふ断章百二十四を引用して、「読者はどう解釈するであらうか」と締め括つたのだが、実はこの断章の解釈は必ずしも簡単ではない。少なくともこの訳文は、主語の nous（英語では we に相当）をどう取るかによつて、二つの解釈が可能である。一つは、「我々」をパスカル及び人間一般と取り、さういふ「我々」が、その都度「別の面」から「別の眼」

を以て見るがゆゑに、「物事」を同一のものとして「見ることが出来ない」といふ解釈。もう一つは、自己と相対立する他者を含む二つの主体と捉へ（例へば、韓国併合をめぐる日韓の如く）、この二つの主体がそれぞれ「別の面」から「別の眼」を以て見るがゆゑに、「同じやうに見ることが出来ない」といふ解釈である。結論を言へば、前者が正しく、後者は間違つてゐるのだが、私が引用した文脈が文脈だけに、後者の如く解釈した読者もゐたに違ひない。だが、この主語は、狭義の一人称複数形と理解せざるを得ない。なぜなら、広義に解釈する必然性が見当たらないからである。

また、「我々は事物を同じやうに見ることは出来ない」といふ二つ目の文章の解釈も、パスカルが用ゐてゐる単語や構文の所為で、さう簡単ではない。参考までに、数種刊行されてゐる邦訳書の代表的なものを読むと、「我々は事物を同じように見ようとはしない」（松浪信三郎訳）、「物事が同じものであることを、見ようとする配慮が足りない」（田辺保訳）、「だからそれらの事物が同じように見えるわけがない」（前田陽一訳）といふやうに、訳文とそれがもたらす印象が少しづつ異なつてゐる。

いづれも苦心の訳文であるが、松浪訳は、前文との関係が少し曖昧なのと、「見ようとはしない」が、意図的にといふことなのか、それとも、人間の性向としてといふことなのかはつきりしない所が弱点である。田辺訳は、「配慮」といふ言葉を使つたことによつて、物事を同じやうに「見るべき」であるといふ前提を含むことになり、そこが少し気になる。前田訳は、原文にあるセミコロンを「だから」といふ接続詞として訳出したことによつて、前文との繋がりが明確になつてゐるし、そして、パスカルがこの断章全体を否定的に書いてゐることもはつきりと伝はる訳文となつてゐる。

さて、訳文の意味はこれで確定出来たとして、この断章を先学がどのやうに解釈して来たかを瞥見しよう。この断章に限らないが、未完の作品『パンセ』の編集者は、パスカルが意識的に、或いは無意識に踏まへてゐると思はれるテクスト、さらには、何らかの関連が想像されるテクストを注で紹介することで、読者の理解の一助とするのを常とする。最初の近代版とも言へる大がかりな『パスカル全集』を二十世紀初頭に編み、パスカル研究に一時代を画したL・ブランシュヴィックも、この断章の注において、モンテーニュの『エセー』第二巻第十二章の次のやうな文章を対照させてゐる。「諸々の対象は様々な面を持ち、様々な考察を許す。そこから主に意見の相違といふものが生ずる。或る国民は一つの対象を一つの面から見て、そこに留まる。他の国民は他の面から見る」(「世界に通用する歴史観」とやらを唱へる無邪気な輩に読ませたいやうな文章だが、今は先を急ぐ)。

しかし、これは少々妙な対照ではなからうか。モンテーニュの文章を素直に読めば明らかなやうに、これは「諸々の対象」に焦点を合はせたもので、それらの持つ多面性を問題にしてゐるのである。一方、パスカルの右の断章は「我々」を問題にしてをり、それは、当然のことながら主語の違ひとなつて表れてゐる。勿論、注に掲げる文章は「参照せよ」といふ含みに過ぎないのだから、パスカルの文言と内容を同じくするものだけに限る必要は必ずしもないし、正反対のものもあつて良い道理である。だが、右のパスカルとモンテーニュの文章は、それぞれ言はば次元を異にしてをり、しかも似て非なるものであるだけに、読者に参照させる文章としては、間違ひとは言へないまでも、適切とは言ひ難いと思はれる。

第十五回　「我々の判断の変転と不定」

（第一二八一号、平成八年五月十五日）

ブランシュヴィックが読者の理解の一助とするべく引用したモンテーニュのこの文章を、後年それぞれ『パンセ』の編者となつたL・ラフュマもM・ル・ゲルンも引用してゐて、さらに、前田陽一もその大部な博士論文『モンテーニュとパスカルとのキリスト教弁証論』（東京創元社）の注においても紹介してゐる。この我が国のパスカル研究における大先達にとつても、「外国文学を評する基準は彼にあつて我にない。だから外国人の説に従はねばならぬ」（漱石）といふことだつたのだらうか。いやいや、そんなことはあるまい。その精緻な研究によつてフランス人研究者をも驚愕せしめながらも謙譲の美徳に終始した前田は、たぶん、自分の先生だつたブランシュヴィックに軽く会釈しただけではなかつただらうか。なぜなら、前田はこの断章に触れて、「パスカルは、われわれの判断の変転と不定とを指摘したモンテーニュの次の一節を興味深く読んだことであろう」として、モンテーニュからもう一つ別の文章を、こちらは注ではなく本文中に、引用してゐるからである。即ち、「我々の判断が我々自身に与える混乱と各人が自分のうちに感じる不確実とによって、我々の判断基準が実にあやふやであることは容易に知られるのである」云々（第二巻第十二章）といふのがそれで、この関連付けの方がよほど適切である。

一方、フィリップ・セリエ教授が数年前に編んだ最新の『パンセ』になると、『エセー』第一巻第三十八章の「何かが変はつたのではない。我々の魂が物事を別な眼で見、別な相のものと受け取つてゐるのである。と言ふのも、物事にはいくつもの相や面があるからである」といふ文章を参照するやう読者に促してゐる。私に言はせれば、これも、前半は良いが後半があまり適切ではないといふことになる（むしろ、これは後で触れる断章百十二にこそふさはしいと思はれる）。

さて、先達がこの断章をどのやうに解釈してゐたかを見るために、彼らがモンテーニュのどの文章を対照させたかをざつと見て来たのだが、それは同時に、パスカルの書いた一つの断章に対して複数の対照が行はれてゐることに、読者の注意を促すためでもあつた。

権威は当てにならないなどと言ひたいのではなく、「解釈」の難しさといふことに思ひを致してもらひたかつたのだ。私自身は、前田の引いたものが最も適切だと考へてゐる。理由は、前回述べたやうに、ここでのパスカルは、「諸々の対象」ではなく、「我々」を問題にしてゐるからである。だが、モンテーニュの文章のいづれを意識しつつパスカルが件の断章を書いたかといふことは実は二義的な問題であり、『パンセ』の編者が対照事項に何を選ぶかといふことも本質的な問題ではない。ここで重要なことは、前田が言ふやうに、「我々の判断の変転と不定」といふ問題を、モンテーニュ同様、パスカルがはつきりと意識してゐたといふ事実であつて、その問題こそ断章百二十四の主題であつたと見るべきなのである。さう考へる理由として、他の断章を挙げることもできる。やはり、パスカルのことはパスカルに訊くべきであらう。

パスカルは断章百十二にかう書いてゐる。「定めなさ。事物は様々な性質を持つてをり、魂もまた様々な性向を持つてゐる。なぜなら、魂に向かつて現れて来るもののうち、単一なものは一つもなく、魂もまた、如何なる対象に向けても、単一なものとして現れ出ることがないからである。

さういふわけで、人は同じ事柄について、泣いたり笑つたりするのである」（因に、セリエ教授によれば、ここの「様々な」といふ形容詞は今日で言ふ「反対の」といふ意味に近い由である）。また、断章百二十三には、「時には苦痛を癒し、対立の熱りを冷ます。なぜなら、人は変はるからである。もはや同じ人ではあり得ないのである。侮辱した側も、侮辱された側も、もはやそれまでと同じ人間ではない。かつて対立し、二世代を隔てて再会した国民のやうなものだ。相変はらずフランス人であるが、しかし、かつてのフランス人ではない」とも書かれてゐるのである。

これらの断章に細かな注釈は不要であらう。要するに、「人は変はる」から物事の判断に一貫性を欠き、その結果、「同じ事柄について、泣いたり笑つたりする」のである。

第十六回　「人間の条件」と歴史解釈

（第一二八四号、平成八年六月十五日）

以上で、パスカルが人間の「判断の変転と不定」を如何に強く意識してゐたかを理解してもらへたであらうし、従つて、断章百二十四もさういふ文脈によつて読まねばならない道理が明らかになつたと思ふ。パスカルにとつて「人間の条件」とは、「定めなさ、倦怠、不安」（断章百二十七）であり、この「定めなさ」といふ語は、パスカルの人間観を理解する上で最も重要な単語の一つなのである。

さて、前々回と前回、字句の細部に敢へて拘泥して煩雑な考証を行つたのはほかでもない、断章百二十四、即ち「我々は物事を別の面から見るだけではなく、別の眼を以て見る。だから、我々は事物を同じやうに見ることはできない」といふ一文を巡つてさへ、様々な解釈が生じ得るといふことを示したかつたからである。パスカルの文章の解釈も広義の歴史解釈に属するであらうから、我々はパスカルの個々の文章をその時代の文脈で読むべく最大限努めねばならない。言ふまでもなく、パスカルの用ゐる単語や構文までも時代といふものに拘束されてゐるからである。

そして、さういふ「時代の拘束」といふものを如何に深く気に掛けるかが、「客観性」と普通言はれるものを保証する。しかし、それは真に「言ふは易く、行ふは難し」といふ類のことであつて、文字の解釈でも時に困難を極めるのだから、より一般的な歴史事象の解釈となればなほさらのことだ。「歴史における『客観』は理想或いは幻想としてのみ我々の頭骸に宿る」と以前書いた所以である。

無論、我々の「判断」が如何に「不定」だからと言つて、歴史学を初めとする諸学問に意味はないと結論する必要はない。ただ、パスカルの言ふ「人間の条件」を我々はもう少し気に掛けても良いのではないかと私は言ひたいだけである。三回前の本稿で、歴史といふものは「ある観点から秩序づけられた記述」であることを確認したが、この「ある観点」それ自体が人間の条件と緊密に結びついてゐるからである。

例へばここに一昨年出版された『ヨーロッパの歴史』(木村尚三郎監修、花上克己訳、東京書籍)といふ本がある。「欧州共通教科書」と銘打たれ、「国籍の異なる十二名のヨーロッパ人歴史家たちが、本書の記述内容に関して集団責任を負っている」と特筆大書された教科書である。このやうな本が企画され出版されたこと自体、EUの結成といふ政治的な動きと無縁ではなからうが、それはともかく、この本には、ヨーロッパが共通文化を持つた共同体であることを再確認しようとする狙ひがあり、従つて、対立や紛争よりもむしろ交流や影響の相互性が強調される結果となつてゐる。と言つても、私はこの教科書を貶めてゐるのではない。この本は、「ヨーロッパの青少年たちが学習に際して利用できるよう特別な配慮の下に作成され、（中略）ヨーロッパの諸言語を通じて、すべてのヨーロッパ人に対して開かれている」と前書きに書かれているやうに、ヨーロッパ諸民族の歴史をヨーロッパ人が読むための教科書なのである。従つて、ヨーロッパ的な「観点」に基づいた教科書とならざるを得ず、その観点は決して普遍的ではあり得ないと、私はそのことが言ひたいに過ぎない。その証拠に、例へば「大発見時代」を扱つた第六章「新世界との出会い」に、我々は次のやうな記述を読むのである。

「地理上の大発見は人類史に残る大冒険だった。世界は人々が考えていたよりも広いことがわかり、ヨーロッパ人は様々な未知の民族に出会った。／先住民にとってヨーロッパ人の到来は大きな衝撃であり、カリブ人など一部の民族はそこから立ち上がることができなかった。中南米の帝国などは、主人の座を奪われた。インドや中国などのより古い社会は、かろうじて持ちこたえた。そして、黒人売買はアフリカの人口を激減させた。／だが、長い目で見ると、ヨーロッパ優位の関係から相互に影響し合う関係へ、異文化の対決から同じ人類としての理解と協調へと、流れは大きく変化していった」。

このやうな記述が、例へば、一五三二年、ピサロ率ゐるスペイン軍によつて身代金を取られた上で王を殺され、そして滅ぼされたインカ帝国の末裔たちにとつて「共通認識」たり得るものなのであらうか。

第十七回　「現象の理由」は「力」なり　（第一二八七号、平成八年七月十五日）

無論、「共通認識」たり得るわけはない。それゆゑ、フランスで活動してゐるペルー出身のあるフォルクローレ・グループのCDには、今なほ次のやうな文言の印刷物が入つてゐるのである。「五百年前、ヨーロッパ人はアメリカ大陸に上陸し、すぐさま征服した。大陸の資源を略奪することにより、ヨーロッパは潤ひ、経済的発展を手にした。だが、そこで行はれたのは、数多くの虐殺、時には真のジェノサイド（民族大虐殺）と言ふべきもの、或いはインディオたちからの大量搾取とその文明の破壊などであつた。奴隷として強制移住させられたアフリカ人のことも忘れるわけにはいかない」云々。

ＣＤにかういふ抗議文を挟み込むことが「弱者救済」に名を借りた商策に繋がつてゐるのかどうか私には分からないが、少なくともここに書かれてゐる内容に嘘はない。だが、そのやうな歴史的経緯を根拠として、前記の『ヨーロッパの歴史』に対して南米で抗議の声が沸き起こつたといふ話も、政治問題に発展したといふ話も寡聞にして聞かない（さすがに、先年のコロンブス五百年後祭には先住民族が反対したけれども）。これは何を意味するのか。

もとより、五百年といふ長い時の流れが関係してゐるであらうし、ラテン民族特有の鷹揚さといふやうなことも関係してゐるのかも知れない。が、いづれにせよ、右のフォルクローレ・グループの歌ふ歌詞のほとんどが、かつてのインカ帝国の言語にして現在も公用語の一つであるケチュア語ではなく、侵略者の言語スペイン語であることくらゐ、この五百年間の悲劇的な事情を物語るものはないであらう。

ペルーでは、押しつけられた筈のキリスト教（カトリック）は一八二〇年に独立した後も国教であり続け（一九七九年の新憲法施行後は国教ではなくなつたが、カトリックが最有力の宗教であることに変はりはない）、スペイン語が第一の公用語となつてゐるし、また、人口比を見れば、メスティーソ（インディオとスペイン人の混血）とヨーロッパ系白人の数がインディオの数を既に上回つてゐるのである。

このやうな現象は勿論ペルーだけではなく、当時征服された「新大陸」の至る所で生じてゐるものであるが、そこに横たはる原理的な問題を一言で言へば、征服者と被征服者の問題、即ち、「力」の問題に帰着する。要するに、南アメリカ大陸の中西部を中心としてほぼ全域の民族が「太陽の没するところのない」スペインの力に屈したのである。だが、それはスペインが善で先住諸民族が悪だつたといふことでは勿論ない。正邪善悪は無関係である。パスカルなら、「人はなぜ多数者に従ふのか。彼らが一層多くの道理を持つてゐるからなのか。否、一層多くの力を持つてゐるからである」（断章三百一）と言ふところであらう。この「多数者」が具体的にどういふ意味なのかは独立した断章ゆゑ判然としないが、ブランシュヴィック版『パンセ』の第五章「正義と現象の理由」に収められた諸断章を読めば、パスカルがこの世の様々な現象の背後に「力」といふ「理由」を見てゐたことは間違ひない。「世論や想像力に基づいた支配はしばしの間君臨する」だけだが、「力の支配は常に君臨する」（断章三百十一）とは極めて正確な観察であつて、昔も今も変はらない「現象の理由」である。

例へばペルーがスペイン語を公用語とし、それを通じてスペイン本国や他のスペイン語圏の国々との交流が可能となり、そこから利益を享受してゐるといふ現象の構図も、取りも直さず「力の君臨」の帰結である。そして、さういふ現実を直視するならば、スペイン（ヨーロッパ）側の歴史記述、即ち、「長い目で見ると、ヨーロッパ優位の関係へ、異文化の対決から同じ人類としての理解と協調へと、流れは大きく変化していった」といふ記述も強ち否定できないやうに思はれる。しかしこれは第三者たる私の考へるところであつて、滅ぼされたインカ帝国の末裔たちには別の見方があるに違ひない。それゆゑ、ペルーの教科書がどのやうに書かれてゐるか私は知らないけれども、「ヨーロッパ共通教科書」の記述と比較すれば、力点の置き方においてかなり異なつてゐるであらうことは想像に難くないし、また、それは当然のことなのである。

第十八回　分離はできぬ認識主体と歴史

（第一二九〇号、平成八年八月十五日）

前回私はペルーの歴史を例に取り、ペルーにはペルーの言ひ分があり、従つて、ペルー独自の歴史観による歴史記述があるのは当然であると書いた。即ち、自国の歴史を自国の観点から記述するのは当然であると書いたわけである。だがそれは、他国も勝手に書いてゐるのだから、自国も勝手に書いて良い筈だ、と言ふのとは違ふ。私はもつと積極的な意味を込めて当然だと主張してゐるのである。では、どうして「当然」なのか。

これには様々な考察が可能であらうが、私は大略次のやうに考へる。第一に、秩序を保ちつつ歴史を考察したり叙述したりしようとするためには、何らかの観点が必要であるといふこと（一定の観点なしに秩序はない）。第二に、その観点は、誠実な思考と表現を心掛ける限り、自国の観点以外にはないといふこと（人は自分の観点に依拠する以外に責任を持つて何かを断言することはできないし、民族・国家も同様である）。第三に、歴史は精神的なものを内包した連続体であつて、認識主体である我々もその連続の過程に属してゐるのだから、歴史を真の意味で客観視することはできない（歴史は科学とはなり得ない）。第四に、歴史は現在生きてゐる我々だけのものではなく、祖先や子孫のものでもある（彼らに対する責任が何よりも重い）、といふことである。

従つて、例へば我が国と韓国の双方の観点に平等に立つた「共通の歴史認識の確立」なんぞといふものは空想家の戯言であつて、そこに出来するのは精々のところ平板で浅薄な相対主義でしかないであらう。だが、それでは歴史を生きた先人の真実に迫ることはできない。「相対主義」で済むのなら併合する必要なんぞなかつたのである。この点で、ロシアの哲学者ベルジャーエフが極めて示唆に富む考察を行つてゐる。

「認識する主体と認識される歴史的客体をたがいに対立させる学問」を作り上げた十八世紀の「啓蒙理性」は、マルクス主義においてその「自負と僭越が極限に達し」たのだが、さういふ史的唯物論の方法では「歴史の進行の秘義」を明らかにし得ないとするベルジャーエフはさらに次のやうに言つてゐる。「この《歴史的なもの》（歴史の力）の秘義をとらえるためには、私はなによりもまずこの《歴史的なもの》および歴史を、最も深く私のものであるもの、最も深く私の歴史であるもの、最も深く私の運命であるもの、として摑まなければならない。私は自身を歴史的運命の中に沈め、そして歴史的運命を私自身の人間的な深処に注入しなければならない。そのとき人間精神の最も深い深処に歴史的運命の現存が開示されてくる」(「《歴史的なもの》の本質について」『ベルジャーエフ著作集①』二十六頁、氷上英廣訳、白水社、丸括弧内は吉田の補足、傍点は原文)。

一九二〇年頃に書かれた文章だが、今なほ味読に値すると思ふ。B・シュルツェといふ研究者によれば、ベルジャーエフは「キリスト教的実存主義者」であり、実際、パスカルとの思想的類縁性を多分に持つてゐると私も思ふが、それはさて措き、この神秘主義的哲学者がこれほど「私の(もの)」を強調したのは、歴史を自己の外部にあるものとして捉へるのならば、それは、「内的には死んだものとなる」と考へたからであるが、右の引用を読んで、あまりに主観的に過ぎると感ずる読者もゐるかも知れぬ。だが、さういふ読者は、社会科学的知性、ベルジャーエフの言ふ「啓蒙理性」に知らず知らずのうちに毒されてゐるのではあるまいか。

歴史を「科学」だとするのは、マルクス主義と十九世紀の科学主義が作り上げた幻想である。「《歴史的なもの》を物質的秩序の実在と見て、生理学的、地理学的その他の類の秩序の実在と見ることはできない」(同右)のだから、「歴史」を考へる時、科学的意味における「客観」はないのだ。いやいや、「物質的秩序」の学問だつて、その都度その都度の仮説もしくは暫定的真理が提出されるに過ぎないことは誰でも承知してゐるであらう。要するに、歴史といふものは、認識する主体とは分離できぬ――言ひ換へれば、主観抜きには成立しない――物語なのであり、従つて、自国の歴史は自国の観点から描くのが当然なのである。

第十九回　理性の限界

（第一二九三号、平成八年九月十五日）

前回、「自国の歴史は自国の観点から描くのが当然」であると私は結論したのだが、さう主張する以上、他国がその国の観点から歴史を記述することも私は肯定する。だから、中国と韓国の歴史教科書が「わが国と関係したことは、すべて自国が正しいとの前提に立っている」（柿谷勲夫「『歴史観の統一は不可能』を証明する韓国・中国の教科書」『月刊正論』平成八年四月号）といふ現実を知っても、不愉快に思ひこそすれ、抗議しようとは思はない。両国とも国家的権謀術策としてそのやうな態度を取ってゐるのだから、抗議を聞き入れる筈はないし、それに何より、柿谷氏が言ふやうに、「国家が過去の歴史を自国の立場に立って記述するのは、主権の範疇」だと私も考へるからである。

そして、全く同じ理由から、我が国もまた、外国、特に中国と韓国による有形無形の圧力を「主権の侵害として排除しなければならないと考へる。然るに、「自由主義史観」で知られる藤岡信勝東大教授ですら、「他者の存在を視野に入れている歴史であるための究極の基準は、自国に対しても他国に対しても史実に忠実なフェアな態度を堅持しているかどうか」（『近現代史教育の改革』、明治図書）だと書いてゐる。だが、「史実に忠実なフェアな態度」であると認定するのは誰なのか。日本なのか、「アジア諸国」なのか、それとも藤岡氏なのか。それに、そもそも歴史における「フェア」

とは一体何なのか。

歴史を考へる時に最も大事なことは、「何が事実かといふことではなく、何を事実とみてゐたか、その昔の人の心に接すること」(福田恆存「歴史教育について」)であると私は思ふ。その意味で、例へば、佐藤誠三郎氏の意見に私は同感である。氏は、日韓併合について、「それは愚行と蛮行に満ちたものであった。(略)にもかかわらず、もし日露戦争当時に成人であったら、私は日韓併合を支持したであろう」と書いてゐる(「謝罪・不戦決議への疑問」、『諸君!』平成七年六月号)。私は「日本はいいこともした」と考へてゐるので、「愚行と蛮行に満ちた」ものであつたとは思はないけれども、後半の見方は正しいと考へる。歴史において「客観的」な見方があるとすればかういふことであつて、それは歴史を「私のもの」(ベルジャーエフ)と考へることによつてのみ辛うじて生まれるものではなからうか。

ところで、私は人々が歴史を論じて、どうして人間の理性の限界といふものに思ひ至らないのか、時々不思議に思ふことがある。「正義と真理は極めて微妙な二つの先端なので、我々の道具はそこに正確に触れるためにはあまりに磨滅し過ぎてゐる。たとひそこに到達するとしても、先端を潰してしまひ、その周りで、真よりもむしろ偽を押さへてしまふ」(断章八十二)とパスカルは書いてゐる。「我々の道具」とは要するに理性のことであつて、このやうな「理性批判」は『パンセ』における主題の一つである。所謂「近代科学革命」が成立した十七世紀――ベルジャーエフの言ふ「啓蒙理性」の十八世紀を準備した時代――に生き、その「革命」の一翼を担つた科学者でもあつただけに、逆説的ではあるが、パスカルは来たるべき理性跋扈の時代を予見し、警鐘を鳴らす必要を敏感に感じてゐたに相違ない。

だが、理性が全く当てにならぬとパスカル言つてゐるのではない。「二つの行き過ぎ。理性を排除すること、理性だけしか認めないこと」（断章二百五十三）とも彼は書いてゐるのだから。さうではなく、我々がとかく理性の限界といふものを忘れ、理性を過信してしまふことを戒めてゐるのである。彼は書く。「疑ふべき時に疑ひ、確信するべき時に確信し、服従するべき時に服従することを知らなければならない。さうしない人々は理性の力を知らないのである。ところが、この三原則に反する人々がゐて、彼らは証明といふものを知らないために、すべてのものが証明可能であると確信し、服従するべき時を知らないために、すべてを疑ひ、判断の時を知らないために、すべてに服従する」（断章二百六十八）。これを書いたパスカルの念頭にあつたのは、キリスト教神学最大の難問、即ち神の存在証明の問題だつたのだが、神学議論を離れて解釈しても、この理性批判は今なほ有効であらう。では、理性に全てを委ねられないとしたら、他に何があると言ふのか。「我々が真理を知るのは、ただ理性によるばかりでなく、心にもよる」（断章二百八十二）とパスカルは書いてゐる。

第二十回　究極の理性的思考

（第一三〇六号、平成九年一月二十五日）

前回、「我々が真理を知るのは、ただ理性によるばかりでなく、心にもよる」といふ頗る有名な断章二百八十二を引いたが、『パンセ』には他にも、「心には理性の与り知らぬ幾つもの理性がある」といふ断章二百七十七や、「心には心の秩序があり、精神には精神の秩序がある。後者の場合、それは原理と証明であるが、心にはそれらとは別な秩序がある」といふ断章二百八十三もある。

このやうに認識の源泉として理性や精神の他に「心」の存在を認めたことで、パスカルは西洋哲学・思想史上、画期的な位置を占めてゐると思はれる。序でに言ふと、『パンセ』一巻の中には「心」といふ語が、代名詞で表はされた場合を除いて百二十四回登場し、これは名詞の中では十五番目に多い数字である（勿論、第一位は「神」で、これは六百八十七回だが、「心」の登場回数は「精神」「教会」「ユダヤ人」などといふ単語とほぼ同数なのだから、如何に繰り返し用ゐられてゐたかが分かる）。

認識主体として、理性や精神の他に「心」があるといふここでの論旨は、ある意味で、我々日本人にとつては分かり易いと言へるであらう。無論、パスカルの言ふ「心」が我々の言ふ「心」と厳密に同義であるか否かについては、もう少し細かい議論が必要なのかも知れぬが、しかし、パスカルだつて心といふ語を厳密に定義して使つてゐるわけではないから、その種の詮索は割愛しよう。

そんなことよりも、ここで最も注目するべきは、パスカルが理性と心を対立的に捉へてゐるだけでなく、明らかに心の方により大きな価値を認めてゐることである。パスカルは先の断章二百八十二の冒頭に続けてかう書いてゐる。「我々が第一原理を知るのは後者（心）による。（中略）第一原理の認識、即ち、空間、時間、運動、数などが存在することは、推論が我々に与へてくれる如何なる認識にも劣らず確かなことである。そして、この心と直観の認識の上でこそ理性は自らを支へ、そのすべての論述を基礎づけるべきなのである。（中略）むしろ望ましいのは、我々が理性を必要とせず、すべてのことを本能と心情とによつて知ることである。だが、自然は我々にこの幸ひを拒んだ。自然は反対に、この種の認識をごく僅かしか我々に与へなかつた。だから、その他のすべてのことは、推論によつてしか認識され得ないのである」(細かな論証は省くが、ここでの「直観」「本能」「心情」といふ語は、「理性」「推論」「論述」と対立するといふ点で、「心」とほとんど同義であると考へて良い)。

ここに見られるやうに、パスカルの考へによれば、第一原理の存在すら、心や直観が把握するのである。しかも、これはパスカルの言はば持論であつて、彼は『幾何学的精神について』といふ幾何学の教科書として構想した論文の中でも、「幾何学は、空間、時間、運動、数、同等、その他かうした類の言葉を全く定義しない」としてゐる。なぜか。「これらの用語は、言葉の分かる者に対して、それらが何を意味してゐるか極めて自然に示してゐるので、それらを徒に説明しようとすると、明確な知識よりも却つて曖昧さをもたらしてしまふからである」。つまり、心や直観や心情が説明を要さずに理解できるものがこの世には存在し、さういふ理解もまた極めて確実だと言つてゐるわけである。

パスカルは理性批判に固執するあまり、精密な理性的思考を放擲してゐるのだらうか。否、決してさうではない。これも『幾何学的精神について』の中に出て来るのだが、パスカルは言葉の定義を考察して、「存在」といふ言葉が定義不可能であることを簡潔に論証する。即ち、「在るといふこと」を定義するためには、必然的に「それは…である」と言はなければならず、定義の中で定義されるべき語を用ゐなければならないからだと言ふのである。しかし、現実には「存在」を理解することは可能で、その種の理解は心や直観が補つてゐるとパスカルは考へてゐるのだ。従つて、パスカルが、第一原理を認識するのは心や直観であつて理性ではないと言ふ時、決して理性的な思考を放擲してゐるのではなく、むしろ理性的思考を究極にまで押し進めてゐると言へるのではなからうか。

（第一三〇九号、平成九年二月二十五日）

第二十一回　理性と心

要するに、パスカルが言ひたいのは、「理性が最後になすべきことは、理性を超える事物が無限にあるといふことを認めることである。それを認めるところまで至らぬなら、理性は弱いものでしかない」（断章二百六十七）といふことに尽きるであらう。この文言は、「神を感ずるのは心であつて理性ではない。信仰とはさういふものだ。理性にではなく心に感じられる神」といふ断章二百七十八や「理性の服従と行使。そこにこそ真のキリスト教がある」といふ断章二百六十九のやうな信仰を論じた文章に繋がるものである。

けれども、先の「理性を超える事物」といふのが、必ずしも霊的な事柄だけを論つてゐるのではないことに注意したい。なぜなら、同じ断章の後半には「自然の事物が理性を超えてゐるのなら、超自然の事物については何と言つたら良いのだらうか」とも書かれてゐるからである。超自然については勿論、「自然の事物」についても理性の有効性と共に限界を認め、その欠陥を心、直観、心情などが補ふといふのがパスカルの認識論であると言つて良いと思ふ。

ところで、昨今、心ある人を憤らせてゐる「慰安婦問題」の扇動者たちは、なぜあれほど「弱い」理性の持ち主なのだらうか。『文藝春秋』平成八年九月号に、「『日本のつぐない』大論争」といふ鼎談が載つてゐる。言ふまでもなく、謝罪だとか補償だとかに繋がるこの問題で最も重要なのは事実問題である。尤も、「償ひは済んでゐる」のだから、如何なる問題があるにせよ、そもそも取り上げる必要がないといふ議論もあり、私はそれに賛同するけれども今は措く。

従つて、「官憲が組織的に強制連行に関与したのかという論点についての裏付け調査に基づく冷静な議論が、きちんとされてこなかったのが実状」であるとの秦郁彦千葉大教授の指摘は頗る正しい。だが、鼎談相手の作家の山崎朋子氏と弁護士の高木健一氏は、言を左右にしてこの最も重要な問題に答へようとしない。ここでもし秦氏に対して決定的な打撃を与へようとするなら、「強制連行」があつたといふ動かぬ証拠を挙げれば良いといふ理屈は中学生にも分かるであらうが、彼らは一向にそれをやらうとしない。いやいや、ちやんと論証したと高木氏は言ふかも知れぬ。なぜなら、「私は裏付けをとったうえで、強制はあったと見ています」と言つてゐるからだ。(序でに言へば、この「見ています」といふ及び腰の表現そのものが問はず語りに論理の綻びを表はしてはゐまいか。確信があるのなら「あつたのだ」と断言すれば良いのだから)。

では、その「裏付け」とは何か。「ほんの一例を上げれば、インドネシアでオランダ人の民間収容者が日本軍によって強制的に慰安婦にされたのは、戦後BC級犯として処罰された判決が残っていますから、はっきりしています」と言ふのだから唖然とさせられる。話題の中心は朝鮮人慰安婦ではなかつたのか、或いは、処罰されたのだつたら「一事不再理」の原則はどうなるのだと誰でも思ふ。かやうに証拠を提出できぬから、「総じて意に反して」といふ例の河野洋平官房長官談話を盾に取るしかなく、「私に言わせれば、その河野談話自体が政治的妥協案による表現ということになるんですが、高木さんは、(中略)軍が政策的に強制徴集を行っていたという認識ですか」との秦氏の質問に愚昧な返答しかできないのだ。高木氏が何と答へたか、未読の読者はここで想像されたい。

「そうです。アジア全体に制度的、組織的にできていたと思います。(中略)私は日本軍ほど徹底的に行った国はないと思うのです」と答へてゐるのである。嗚呼、思ふ、思ふ、思ふ! 論評するのも馬鹿々々しく、「思想・表現の自由に幸あれ!」と茶化すほかはない。鷺を烏と言ひくるめてまで反日的言辞を弄するこの人物も、弁護士といふからには司法試験に通るだけの頭(理性)はあつたらしい。が、これほどでたらめなことを言ひ散らして恥ぢないのはもはや理性が衰弱してゐる証拠であつて、そして理性の弱い人間はともすると心や情に流されるといふのも一面の真理だから、この種の人間は案外パスカル流に、理性のほかに心や心情があるなんぞと考へてゐるかも知れぬ。しかし、パスカルの言ふ「心」は得手勝手な妄想や空想とは別物である。「人はしばしば自分たちの空想を心と取り違へる」(断章二百七十五)とパスカルは書いてゐる。

第二十二回　中途半端な識者

（第一三二二号、平成九年三月二十五日）

『THIS IS 読売』三月号にも、前回批判した鼎談と同様、お粗末極まりない対談が載つてゐる。藤岡信勝東大教授と吉田裕一橋大教授との「歴史教科書論争」がそれだ。議論の冒頭、藤岡氏は「あいう（湾岸戦争時の日本の）状況は、国家として恥ずかしい、好ましくない、というふうにはお考えにならないわけですか」といふ問題提起を行ふのだが、これに対して吉田氏は、戦後日本には軍事についての「忌避感」があり、「（軍事的な貢献に対する）コンセンサスがない以上、無理な行動ができないのは国家として当然でしょう」と答へてゐるのである。藤岡氏はさういふ「忌避感」自体を問題視してゐるのだから、これは吉田氏の頭が悪いのでないとしたら、答へに窮しての遁辞としか理解のしやうがない。

この対談はすべてこの調子で、吉田氏の没論理性を明らかにした藤岡氏の圧勝であるが、それにしても吉田氏の言ひ分は粗雑そのもので、同姓の誼も何もあつたものではない、これで有名国立大学教授かと、地方国立大学助教授は少々複雑な気持ちである。

冗談はさて措くとして、この対談で興味深いのは、吉田氏が「従軍慰安婦問題の最大のポイントというのは、政府や軍が関与した組織的な性暴力だというふうに考えます」と言ひ、その理由を「軍や政府の関与があったからこそ、日本政府がお詫びと反省の意を表明した」ことに求めてゐることである。さう、前回批判した高木健一弁護士とそつくり同じ論法なのだ。要するに、二人とも平成五年八月四日の「河野官房長官談話」をお守り宜しく後生大事にしてゐるのみで、それが依拠してゐる総理府外政審議室作成の「政府調査報告書」を具体的に検証しようとする気配が全くない。法律家といふのは「法律の抜け穴に長じた者」(A・ビアス) に過ぎないのだから不問に付すとして、吉田氏は仮にも学者なのだから罪は重い (尤も、ショーペンハウエルによれば、学者とは「様々な本を読んだに過ぎない者」なのだけれど)。いやいや、そんな高級な議論は不要なのだ。高木氏も吉田氏も、いくら何でも報告書を読んだ筈だから、これについて具体的に言及しないのは、言及しない方が政治的に得策であると彼らが判断したからに相違ない。唾棄すべき政治主義である。

『月曜評論』の読者に今さら力説するには及ぶまいが、軍が政策として慰安婦を強制的に徴集してゐたといふ証拠は今のところ何一つないのである。中村粲獨協大学教授は、「政府調査報告書」を実際に読んだ上で、「この報告書の何処をどう押しても、『河野談話』は決して出てこない」と断言してゐる (「慰安婦問題に潜む虚偽」『月刊正論』平成八年九月号)。

私自身はこの報告書を読んでゐないけれども、中村氏のこの指摘を信ずる。氏の言論人としての誠実と見識を信じてゐるからだが、無論それだけではない。右に見たやうに、補償推進派が意図的に沈黙してゐるからである。従つて、報告書には彼らの言ひ分を証明してくれるやうなことが全く書かれてゐないのだと、私は断言することができるのである。そもそも、高木氏の「見ています」にせよ、吉田氏の「考えます」にせよ、何気ない言葉遣ひだが、調査結果そのものにではなく、政治的妥協に依拠するしかない自信の無さの反映なのだ。鉄面皮になり切れないところが、思へば可愛いものである。

パスカルは理性批判のほかに「知識人」批判もしばしば行つてゐる。彼の言ふには、人間の無知には二通りあり、一つは生まれながらの「自然な無知」、もう一つは「知ある無知」である。そして「両者の中間にあつて、自然な無知からは脱却したけれど、もう一方の無知まで到達し得てゐない連中は、十分な知識を持つてゐるかの如く上辺を飾り、訳知り顔をする。この種の連中が世を惑はせ、万事について誤つた判断を下すのである」と言つてゐる（断章三百二十七）。「この種の連中」を取り締まる法律がないのが残念だけれども、何、焦ることはない。パスカルを信ずるならば、彼らはいづれ真の識者と民衆によつて「軽蔑される」（同）運命にあるのだから。

〔追記〕　私は迂闊にも知らなかつたのだが、過日、自民党（当時）の片山虎之助参議院議員が参院予算委員会の席上、外政審議室長の口から「強制連行はなかつた」旨の答弁を引き出してゐることを本稿脱稿直後に知つた。やはり、中村氏の指摘は正しかつたわけである。

第二十三回　「呻吟しつつ求める人」

（第一三二五号、平成九年四月二十五日）

ところで、この「戦争責任」だの「歴史認識」などといつた問題については、意外な人が意外なことを言ふので真に始末が悪い。宮崎哲弥氏の処女評論集『正義の見方』（洋泉社）を一読して私はさう思つた。

宮崎氏の名は本紙の読者にも知られてゐるであらう。同じく洋泉社から出版された『僕らの「侵略」戦争』や『夫婦別姓大論破！』の編著者で、『月刊正論』『諸君！』『発言者』といつた雑誌にも執筆してゐるからだ。だが、この本に収められた「戦無世代に戦争責任はあるのか？」といふ文章は非常に大きな欠陥を蔵してゐると私には思はれる。（この論文は初出が『宝島30』平成七年八月号、次いで「大幅加筆修正」をして『僕らの「侵略」戦争』に再録、そしてさらに『正義の見方』に再々録といふことなので、以下の引用はこの最後の本に拠る。）

この論文は、一昨年、例の「戦後五十年決議」が論議された際、新進党（当時）の高市早苗衆議院議員が「私は戦争当事者とはいえない世代だから反省なんかしていない。反省を求められるいわれもない」と国会で発言したのを契機に、その発言の持つ意味を昭和三十七年生まれの宮崎氏が同じ戦後世代として論ずるといつた格好のものである。宮崎氏は「正直なところ私自身も直感的にはかなり肯けてしまう」と言ふ。けれども、「個人の自由と自律こそがあらゆる価値の源泉と考えるリバータリアンたち」に与してゐるわけではなく、また、「過去の歴史に対する有責性を自明視する『朝日新聞』的立場も否定する。

氏が拠り所とするのはアメリカの共同体主義哲学者A・マッキンタイアの所説である。「共同体主義」とは、「近代個人主義」とは異なり、個人とその個人の属する共同体との間に深い相互関連性を認める立場のことである。そこまでは良い。氏の引用してゐる限りであるが、私もマッキンタイアを支持する。

だが、「戦無世代に戦争責任はあるのか？」といふ例の問ひに氏はどう答へてゐるか。「結論として戦争責任はあると思う。ただしその責任の範囲は限定されるべきだ。たとえば祖父が従軍経験があるとか、現在自分の勤めている会社が戦時中軍需等で潤つたとか、直接自己に係ってくる関係の限度内で各々が戦争責任を分担分掌すべきである」と言ふのだから、一瞬我が目を疑つた。さうではないか。私には従軍した父がゐるが、例えば従軍したのが父親の場合と祖父の場合では責任の取り方に差があるのか、「軍需等で潤った」と言ふが、複雑な経済の仕組みの中で「軍需」によつて潤つた範囲を正確に認定できるものなのか、「潤った」と言ふのなら、ある意味では日本中潤つたのではないか。また、「直接自己に係ってくる関係の限度内」とは一体何を意味するのか。これらの主張をそのまま理解できる読者といふものを私は想像することができない。

だが、実はそんなことはどうでも良いのだ。途中、上坂冬子氏の文章も引いてゐるところを見ると、女史の日頃の主張を知つてゐるのであらう。今さら強調するまでもないが、我が国は昭和二十六年にサンフランシスコ講和条約を締結後、賠償、無償供与、借款、等々、各種の請求事項を誠実に履行し、昭和五十二年までにすべての支払ひ（総額で一兆円を超す）を完了してゐるし、一千名を超える人命を差し出してゐるのである。一方、右の講和条約に調印しなかつた中国やインドは我が国と平和条約を結んで対日賠償請求を放棄したし、インドネシアは平和条約と賠償協定を結んだのだ。上坂氏が「償ひは済んでゐる」と言ひ、日本政府が「国家間の補償問題はすべて解決済み」だと言ふのは、法治国家である限り至極当然のことだと私は考へるが、かういふ戦後処理を宮崎氏はどう考へてゐるのか。また、村山内閣が創設した「アジア平和国民基金」事業の不振を捉へて、『御上』に依らずば戦禍の償いもできぬ『犬以下』の存在」だと同胞をばつさりと切り捨ててゐるが、どうして「難航」してゐるのか考へたことはあるのか。

パスカルは「私は、人間を称賛すると決めた者も、人間を非難すると決めた者も、気晴らしをすると決めた者も、等しく非難する。私は呻吟しつつ求める人しか認めない」と書いてゐる（断章四百二十二）。要するに、諸々の難問を簡単に割り切る愚を咎め、未解決の状態に耐へながらなほ真理を求めよと言ひたいのだらう。宮崎氏の文章を「気晴らし」扱ひする気はないが、そこに「呻吟」の跡を認めることが私にはできない。

第二十四回　絵に描いた餅

（第一三一八号、平成九年五月二十五日）

「呻吟」の跡がないといふことは、「複眼」が欠けてゐるといふこと、「内的対話」が欠けてゐるといふことだ。「思考停止」に陥つてゐると言ひ換へても良い。

先づ、『朝日新聞』ならいざ知らず、「戦争責任」なんぞといふ用語を何の条件も付けずに使つてゐるところがその証拠である。「戦争」とはどの戦争のことなのか。真珠湾攻撃以降の戦争なのか、それとも満州事変、支那事変まで遡るのか、だとしたら、日清、日露の戦争まで遡らない理由は何なのか。次に、「責任」とは何についてのものなのか。開戦の責任なのか遂行の責任なのか敗戦の責任なのか、それとも「戦争犯罪」の責任なのか。当然生じ得る疑問をどれ一つとして吟味せぬまま「戦争責任」を自明視するやうな評論家を「十年に一人の逸材」（本の帯にある西部邁氏の惹句）と評価することは私にはできない。

それから、この論文で最も分からないのは、宮崎氏が力説する「共同体」といふものの正体である。氏によれば、共同体主義とは「時間の流れのなかで変遷を遂げつつ持続する価値意識、世代を通じて受け渡されてゆく言語や習慣や文化風俗や物語の意義を重くみて、それらを共有する歴史的集合性こそが『社会』やコミュニケーションの土台であると措定する」ものである。私も「歴史的集合性」を大事に思つてゐるから、この考へ方に異存はない。しかし、その共同体主義と、氏が一線を画さうとする「伝統保守主義」とどこがどう違ふのか。「あとがき」から察するに、氏の言ふ「共同体」とは「家族や近隣関係、地域コミュニティ、ギルドのような職能集団などの自然発生的な共同体」のことらしい。だが、どうしてこれら「自然発生的な共同体」だけが「実質倫理の基礎」であり、「国民国家や民族概念」は「人為的な造出物」だとして退けられねばならぬのか、一切説明がなされてゐない。また、「家族や近隣関係」云々と言ふ時、その概念が及ぶ範囲はどこまでなのか。全体に、氏の文章は「どこからどこまで」かが不明な箇所が多過ぎる。思考が不徹底だからとしか考へられない。

さらに氏はこの論文の最後を、「こうした共同体主義の立場を踏まえて提示できる平和戦略は、まず国家から『社会』を、ナシオンからパトリを奪還する処方箋を考えることにある。いかなる国家理念にも、『強い目的論』にも回収されることなく、利己的な放縦放恣を解除してしまうこともない、強靭な『共生』の場を再興し維持することから真の平和への道程は始まる。これが次代のための最良の『戦後責任』の取り方だと私は信じるがいかがなものだろうか？」と結んでゐる。さう「信じる」のは氏の勝手だが、私は全く納得できないと答へるほかはない。

第一に、揚げ足を取るわけでは決してないのだが、この結びの段落の晦渋さはどうだ。この文脈で「回収」だの「解除」だのといつた言葉を選ぶ感覚を私は嫌悪する。だが、これは嗜好の問題かも知れぬから今は問はぬ。しかし、「ナシオンからパトリを奪還する」といふ表現の必然性はどこにあるのか。ナシオンには国民、国家、民族の意味があり、パトリにも祖国、故郷など複数の意味がある。フランス語を使ふことによつて文意が不明確になり、場合によつては読者には伝はらぬ危険性といふものを考へないのだらうか。それより何より、氏はこの少し前のところで、リバータリアン的立場を否定するに、「母語の本源的な自我形成力」を強調してゐたのではなかつたか。

第二に、「共生」とは頗る空疎かつ陳腐な美辞麗句である。「共生」するためには、人は相手の立場に立つて自我や我欲を抑へなければならないが、さういふ消極退嬰的な態度を含意する概念が「強靭」なものとなる筈はない。また、ここに書かれてゐるやうな意味での「共存」なんぞこの世に存在した例はない。従つて、「再興」といふ言葉は意味をなさない。しかも、さういふ「共生の場」とやらを苦労して「再興し維持」し得たところで、まだ「平和」ではないらしい。そこから「真の平和への道程が始まる」とあるからだ。これほど疎漏な思考と文章で書かれた「真の平和」なんぞ絵に描いた餅でなくて何であらうか。やはり、氏の文章は「気晴らし」(断章百二十九他)と評せざるを得ないのである。

〔追記〕「十年に一人の逸材」といふ宣伝文句は、宮崎哲弥氏の自作であつたことが、その後、漫画家小林よしのり氏によつて曝露されてゐる。

第二十五回　二種類の学問

（第一三三二四号、平成九年七月二十五日）

ここで本来の主題に立ち戻り、パスカルが「歴史」といふものをどのやうに考へてゐたかについて考察しようと思ふ。だが、歴史に関する限り、パスカルが特筆に値することを書いてゐたかどうか、実は少々怪しいかも知れぬ。実際、『パンセ』一巻の中で「イストワール」といふ語が用ゐられた回数は複数形を含めても三十一回しかなく、そのうち三分の一は「話」だの「物語」だのといつた意味なのだから（フランス語では「歴史」も「物語」も「イストワール」といふ同一の語で表される）、言葉の使用頻度から見ても、パスカルは「歴史」についてさほど深い関心を持つてゐなかつたらしいと、一応言ふことができるのである。だが、結論を急ぐ前にもう少し仔細に検討してみたい。

一六五一年、二十八歳の科学者パスカルは、かねて行つてゐた数々の「真空実験」の結論を大部な論文にまとめようとしてゐたらしいのだが、この計画は何らかの理由で完遂されずに終はつた。しかし、この論文の序文に当たる部分がさる写本に残つてゐて、これが今日まで『真空論序文』として伝へられてゐるものである（中央公論社『世界の名著㉔パスカル』他）。

パスカルは一連の実験を通じて、古代から連綿と伝承されて来た「自然の中に真空は存在しない」といふ類の謬説を打破しようとするのだが、この文章では、「序文」といふこともあつたのだらうか、真空の実在といふ自己の新説を世間に受け入れさせるために、進歩といふ観点から学問論を展開するのである。

パスカルによれば学問には二種類あつて、一つは「記憶だけに依存し、純粋に歴史的であり、著者の書いた事柄を知るのを目的とする」学問であり、もう一つは「推論にのみ依存し、完全に学問的であり、秘められた真理を探究し発見するのを目的とする」学問である。前者には「歴史、地理、法律、外国語、特に神学」が属し、これらの学問においては「書物」に依拠することで「完全な知識」を得られるのだが、同時に、研究したからとて「そこに何も付け加へることはできない」。他方、後者に属するものとしては「幾何学、算数、音楽、自然学、医学、建築学」などがあり、こちらは「実験と推論」に委ねられてゐるから、知識が新たに付け加へられることによつて学問としての完成度は増すと言ふのである（尚、「自然学」は今で言ふ自然科学や物理学などとほぼ同じ。また、当時の「音楽」は、古代ギリシア以来の伝統で数学の一部門と考へられてゐた）。

後者についての論述は今でもすんなりと理解できるが、前者に関しては、「記憶だけに依存」とか「著者の書いた事柄」とか、さらに、「何も付け加へることはできない」といつた文言によつて、我々は少々当惑させられる。けれども、パスカルがここで言つてゐるのは、要するに、科学上の実験や観察とは異なり直接的な経験や検証ができない、従つて過去の「証言」を拠り所とするしかない学問領域があるといふことであつて、パスカルも例示してゐるやうに、「フランスの初代の国王は誰であつたか」といふ類の問題は「書物」、即ち過去の「証言」によつてのみ知ることができるのである。さう考へれば、突飛な主張でも何でもなく、原理的には今も変はらぬことだと理解できるであらう。

さらにパスカルは、さういふ「純粋に歴史的」な学問の代表としての「神学」について、「聖書と教父たちの権威」といふことを持ち出すのだが、これも要するに「証言」といふ考へ方から来てゐるわけである。そしてさういふ「証言」を無視した恣意的な見解が当時横行してゐたらしく、パスカルはこんなふうに書いてゐる。「現代の不幸は、神学において、古代には全く知られてゐなかつた新しい見解が執拗に主張され喝采をもつて迎へられてゐる一方で、少数だが自然学で唱へられる新説が、既に受け入れられてゐる見解と少しでも異なるものなら、たちまち謬説であるとされてしまふところにある」。

読者はこの文言の「神学」を「歴史」に、「古代には」を「当時は」にそれぞれ置き替へてみられるが良い。パスカルが一つだけ誤りを犯してゐることに気付くであらう。「証言」を無視した「新しい見解」の跋扈は、何も当時で言ふ「現代（十七世紀）の不幸」に限らないのである。

第二十六回　パスカルの「転向」

（第一三二七号、平成九年八月二十五日）

ところで、『真空論序文』でのパスカルの眼目は、「古代人の権威」を尊重する範囲を限定し、自然学において新説が生まれる必然性とその有効性を説くことであつて、前回引用したやうな歴史や神学についての論述は、言はば対比事項として記されてゐるに過ぎない。従つて、その論述からパスカルの歴史観についてあまり断定的な結論を導くのはやや性急かも知れないのだが、歴史を「証言」といふ視点から論ずるのはパスカルにおいては一貫してゐるやうに思はれる。後に『パンセ』

についてそのことを検証する予定であるが、その前に一つだけ、『真空論序文』におけるパスカルの「進歩史観」を瞥見しておかうと思ふ。

「進歩史観」と言つても、科学的なそれであつて、前回も少し触れたやうに、パスカルは人間の科学的知識の段階的進歩といふものを確信してゐた。例へば、「実験と推論とに委ねられた全ての学問は、完全なものとなるためには知識が付け加へられなければならない。古代人は、これらの学問が彼らに先立つ人々によつて、ただ下書きとして準備されてゐるのを発見した。だから、我々もそれらを受け取つた時よりも一層完全な状態にして、後の世代に渡さねばならない。これらの学問の完成は時間と労力によるから、我々が労力と時間を費やして得たものは、古代人の業績に比べれば少ないかも知れないが、にも拘はらず、両者を合はせれば、両者を別々にした場合よりも大きな結果が得られるのは明らかなことである」とパスカルは書いてゐる。

学問領域を限定しての議論なので「理性万能主義」といふ批判は当たらぬが、理性に大きな信頼を寄せることによつて科学的知識の無限の進歩を信じてゐたとは言へるであらう。科学者としての自負と理性謳歌の時代の空気のやうなものを感ずることができる。序でに言ふと、『真空論序文』は全体としてフランシス・ベーコン(一五六一―一六二六)の『学問の威厳と進歩』の影響が指摘されてゐる。この著作のフランス語訳は、パスカルと同郷人で親戚筋に当たる人物が一六三二年(パスカル九歳の年)に刊行したとのことであるから、パスカルが後年これを読んでゐたといふことは大いにあり得る話である。

それはともかく、科学の場から一歩退いた地点に身を置く『パンセ』の著者が、右のやうな「進歩史観」をそのまま保持し続けることは難しかつたであらう。『真空論序文』は一六五一年執筆と推定されるが、『パンセ』の大部分の断章は一六五七年以降のもので、この六年程度の年月はパスカルの思想に大きな変化をもたらしたのである。

例へばパスカルは、第二十一回目の本欄でも引用したが、断章二百六十七に次のやうに書いてゐる。「理性が最後になすべきことは、理性を超える事物が無限にあるといふことを認めることである。それを認めるところまで至らぬなら、理性は弱いものでしかない。自然の事物が理性を超えてゐるのなら、超自然の事物については何と言つたら良いのだらうか」。

数学者、幾何学者、或いは自然学者として出発したパスカルが、いつ、どのやうにしてこのやうな『パンセ』の思想家へと移行していつたかといふ点については今は問はないにしても（教科書的に言へば、一六五四年十一月二十三日深夜の「決定的回心」が文字通り「決定的」な役割を果たしたといふことになるだらうが、事はさほど簡単ではないやうに思はれる）、今でも定理に名の残る数学者フェルマ宛て書簡に書かれた幾何学放棄の宣言（一六六〇年八月十日付け）や、「抽象的な学問（幾何学、数学）は人間には適さない」（断章百四十四）、或いは「数学は深さの点で無益である」（断章六十一）といふ文言に象徴されるやうに、関心或いは志向におけるある種の「転向」があつたことは疑ひを容れない。そして、理性と推論に全面的な信頼を置く科学者の態度からこのやうな「理性批判」への移行は、実は理性を極めて科学的に行使した結果にほかならないのではなからうか。

逆説を弄してゐるのでは勿論ない。パスカル研究の最高権威ソルボンヌのジャン・メナール教授も指摘するやうに、「自然的事物に関してこそ、理性は自己の無力の程度を測定でき、乗り越えることのできない壁の高さを計測できる」のである。そしてこの時、「自然的事物」の中で理性の「無力」をパスカルに最も痛烈に認識させたものは、おそらく「無限」の存在ではなかつただらうか。

第二十七回　理性の卓越と無力

（第一三三三号、平成九年十月二十五日）

無限の観念は「パスカルにとっても十七世紀のすべての哲学者と数学者にとっても、幾何学、自然学、形而上学における中心問題であった」と、哲学者にしてパスカル研究家でもあつたE・モロ＝シールは書いてゐる（『パスカルの形而上学』廣田昌義訳、人文書院）。実際、無限の問題はパスカルの思索に多くの源泉を提供してゐたやうに思はれる。例によつて『パンセ』での言葉の使用頻度を調べると、「無限」といふ語の使用は形容詞、副詞も併せて百二十回を超えてゐて、そのほとんどが極めて重要な文脈で使はれてゐる。「パスカルにおける無限」といふやうな題名の研究論文が世界中でそれこそ無数に書かれてゐるのもゆゑなしとしないのである。

さて、無限に関するパスカルの考察が、数学或いは幾何学上の無限についての考察を出発点としてゐたのは言ふまでもないが、それがある意味で拡大深化されることによつて、パスカルの認識論の重要な核を形成して行つたのである。その拡大深化の過程を伝へてくれる資料として、我々は『幾何学的精神について』と呼ばれてゐる文書を読むことができる（『世界の名著㉔パスカル』他）。

今、「過程」と言つたが、パスカルが自伝的な文言によつて思想的変遷を述べてゐるといふ意味ではなく、執筆年代と内容から見てそのやうに位置づけできるのではないかといふ意味である（この文書の執筆時期は現在では一六五五年であるといふ説が最も有力である。前回見たやうに、『真空論序文』が一六五一年、「決定的回心」が一六五四年、『パンセ』の大部分の断章の執筆が一六五七年以降といふことを想起されたい）。

この『幾何学的精神について』の前半、「幾何学一般に関する考察」の結末部においてパスカルは次のやうに言ふ。「これらの真理〔数、空間などにおける無限分割の可能性〕をはつきりと理解する者は、至る所で我々を取り巻いてゐる二重の無限〔無限大と無限小〕の間で、自然の偉大さと力に驚嘆できるであらうし、また、かうした驚くべき考察によつて、広がりにおける無限と無の間、数における無限と無の間、時間における無限と無の間に置かれた自分を凝視しつつ、自分自身を知る術を学ぶことができるだらう。このやうな考へに立つてこそ、自分自身の価値を正しく見定め、幾何学の残りの全てよりも一層価値のある考察をすることができるのである」。

『幾何学的精神について』は、当初、幾何学の教科書として構想されたらしいが、友人の評価はあまり芳しいものではなく、それかあらぬか完成されずに終はり、しかも後世には写本でしか伝へられてをらず、欠落部分も少なくない。しかしながら、後の『パンセ』へと移行して行くパスカルをはつきりと読み取ることができる。特に、無限についての幾何学的説明から「人間の条件」へと考察を転回させる右の引用部である（この考察は後に『パンセ』において敷衍される。断章七十二と比較されたい）。

この「転回」はなるほど「幾何学の教科書」としてはふさはしいものではなからう。けれども、かういふ「転回」におけるある種の潔さがパスカルの真骨頂と言つても過言ではない。「天才の直観」と言つてしまへばそれまでだが、パスカルは学問の上では「理性」を信頼して推論（理性の働き）を徹底的に押し進めるのだが、ある地点に到達するや否や、それ以上の推論を行はうとせずに、一転して「理性」の無力といふことを言ひ始めるのである。もし、それが何の根拠も持つてゐないのであれば、単なる移り気とでも批判できようが、さうではないところがパスカルの天才の恐るべきところなのだと私は思ふ。

「我々は無限が存在することを知つてはゐるが、その本質は知らない。例へば、我々は数が有限であるとするのが間違つてゐることを知つてゐる。だから数のうちに無限があるとするのは正しい。けれども、それがどういふものであるかは知らない。偶数であるとするのも奇数であるとするのも誤りである。なぜなら、それに一を加へても、その本質には変はりがないからである。にも拘はらず、それは数であり、あらゆる数は偶数か奇数なのである」とパスカルは断章二百三十三に書いてゐる。無限の問題は、その存在を理解できるといふ意味において理性の卓越性と存在理由を、また、その本質は理解できないといふ意味において理性の無力を、パスカルに教へたのではなからうか。

番外編（上）　日本語の正統表記をめぐつて

（第一三三五・三六合併号、平成九年十一月十五日）

今回と次回は「番外編」として、国語の表記法について思ふところを述べる。これまでの話の流れを中断させることになるが、今後の本欄とも無関係ではないので読者諸賢の御寛恕を乞ふ。

私は本紙八月五日号で、正仮名から新仮名への書き直し宣言と、それに対する私の抗議への不誠実な対応について『月刊正論』編集部を厳しく批判した（本書九十頁参照）。八月五日には既に『月刊正論』九月号が発売されてゐたが、そこでも私の五月十五日付けの抗議文については一言も触れられてゐなかつたから、編集部は黙りを極め込む肚だなと私は思つた。けれども、大事なのは、訂正や謝罪を引き出すことよりも、『正論』に正気を取り戻してもらふことであるから、私はなほ一縷の望みを抱きつつ、「再考願ひたい」といふ短い手紙を付して、右の本紙八月五日号を編集長の大島信三氏宛に郵送しておいた。すると十日程して大島氏からの返信が届いた。残念ながら紋切型を超えない内容だつたけれども、本紙を「六人の方から御送付戴き」云々と書かれてゐたから、私の言ひ分は大島氏とZ氏の耳にいやと言ふほど届いたに違ひない。今はただ、書き直しといふ愚行だけは慎んでくれるやう『正論』に期待するだけである。

一方、その拙稿に関して中申閣の市川浩氏から懇切丁寧な私信を頂戴した。中申閣は本紙にも広告を載せてゐるから読者にも知られてゐよう。歴史的仮名遣ひ及び正漢字のパソコン用ソフトを販売してゐる会社であり、市川氏はそのソフトの開発者である。氏の手紙の趣旨を私なりに要約すれば、一、他人の文章を引用する際には「原文表記の尊重」と「表記の統一」といふ二つの立場があり得るといふこと、二、但し、前者についてはは「これに拘り過ぎると、不都合が出て来る」といふこと、三、後者については、正統表記であれば「円滑に実現できる」が、現代表記の場合には「不自然さは否めない」、四、今回の『正論』での一件の「真因」は中途半端な現代表記の存在である、といふことであつた。二について私には少しだけ異論があり、市川氏にはその旨返事を認めたが、その件は省く。ここで強調したいのは、市川氏の手紙を繰り返し読むうちに、私自身、正漢字も使ふべきだと思ふやうになつたといふことである。採算は度外視してのことだと想像するが、正統表記の「普及」に懸ける市川氏の情熱と主張に心打たれたと言へば、余りに個人的な感慨に過ぎようか。

私はこれまで略字を用ゐて来たが、それは昭和三十一年生まれの私には正漢字を使ひこなす自信がなかつたといふ専ら技術的な理由であつた。読む方はほとんど問題ないにせよ、正確に記憶してゐて手づから書くことのできる正漢字の数はおそらく三十を超えないといふ為体であり、ごく素朴に言つて、自分がほとんど書くことのできない正漢字をワープロで書くといふことに羞恥を覚えてゐたのである。今でもそれは多少あるし、完璧に使ひこなす自信もない。しかし、略字とて全てを書けるのではなし、また、ワープロの助けを借りてであれ自ら実践することで少しづつ覚えて行くことが出来るだらうし、さらにはそれが普及といふことにも繋がるのであれば、何ら躊躇する理由はないであらうと私は考へるやうになつたのである。遅まきながら、市川氏の労作ソフト「紫式部」を利用して、本欄も正漢字で書くことにした所以である。

但し、このソフトは所謂「ＪＩＳ漢字」に依拠してゐるので、歴、祖、青、鴎などの一部の漢字は略字しか組込まれてゐない。今のままでも、外字エディタを使へば、ある程度は自分で拵へることができるが、市川氏によればさらに開発できる余地が残つてゐるといふことなので今後に期待したいと思ふ。

それにしても、この「普及」といふことをよくよく考へてみれば、私がそもそも正漢字や歴史的仮名遣いなどの正統表記にある程度馴染んで、違和感を覚えるどころか、逆に調和美に魅せられて愛着を覚えるやうになつたのは、福田恆存や小林秀雄や三島由紀夫など、戦後も正統表記を実践した慧眼の先達が何人もゐたお蔭であり、もう少し時代が下つては松原正、中村粲、小堀桂一郎などの各氏、或いは本紙の執筆者の多くが実践してくれてゐたからである。著者によつては正仮名はもとより正漢字も使つてゐたから、私の如き菲才でも大抵の正漢字を知らず知らずのうちに読めるやうになつたのであつて、況むや正仮名をやなのである。

番外編（下）　文字は発音記号にあらず

（第一三三九号、平成九年十二月二十五日）

だが、正仮名は難しいとか読みづらいとか言ふ人々がゐる。『月刊日本』の上島嘉郎氏も、「編集者として『旧かな』の文章をどう扱うかというのは非常に悩むところです。（中略）『新かな』で育つた者にとつては、読みづらいことは確かです。言論の喚起という意味でも、少しでも多くの人に読んでもらいたい。そう考えると、現実には『旧かな』の文章はつらい…。ジレンマの中でつくっていることを告白します。ご意見をお寄せください」と八月号の編集後記に書いてゐる。右の引用中省略した箇所には、『月刊正論』昨年十一月号に載った私の投書の一部がほとんどそのまま（無断で！）引き写されてゐて、それ以上付け加へる必要を感じなかつたから、私は意見を寄せることはしなかつた。

けれども、翻つて問ふに、正仮名は「読みづらい」といふのは果たして事実であらうか。私の主宰する勉強会に集ふ学生達にも尋ねてみたが、「すぐに慣れた」といふ返事が大半であり、「柔く、見た目に美しい」といふ印象を口にする学生もゐる。私自身も「すぐに慣れた」記憶がある。「読みづらい」といふのは編集者にありがちな偏見もしくは思ひ込みではなからうか。

それに、「多くの人に読んでもらいたい」と言ふが、いくら新仮名で書かれてゐても川内康範氏が書くやうな愚劣な文章が毎号載るやうでは「言論の喚起」も何もあつたものではない。編集者としてはさういふことを心配したらどうだらう。それに何より、『月刊日本』の創刊号に、主幹たる南丘喜八郎氏は「半世紀の間に喪失してしまった大切なものを取り戻す必要があります」と書いてゐる。その通りである。だが、この「大切なもの」の中に国語の正統表記は入らないのであらうか。もしも上島、南丘両氏が福田恆存の『私の国語教室』を実際に読んだ上でさういふことに思ひ至らぬのなら、私は両氏の文化感覚を疑はざるを得ない。私は南丘氏とは面識があり、氏が雑誌を創刊したことを喜んだ一人だから、余り酷なことは言ひたくないし、氏なりの理由があるかも知れぬとも思ふが、南丘氏にして、しかも自ら主宰する雑誌で、現代表記を用ゐるのは私にはやはり解せないことである。全体的に見て、『月刊日本』が期待したほど迫力がないのは右の事情と無関係ではないのではなからうか。

それはともかく、保守派と言はれる物書きが皆、例へば渡部昇一、江藤淳、西尾幹二、西部邁の各氏のやうに略字、新仮名で書いてゐたら、この正假名、正漢字の文化伝統は少なくとも私には伝はらなかつたであらう。しかし、伝はつた。そして伝へてもらつたことを私は有難く思つてゐるから、今度は私より若い世代に伝へることを私は自分の義務とする。そして、正統表記を用ゐれば自づと駄文は書けぬから、私にとつての問題は、自分の書く文章が、敢へて用ゐる正統表記を裏切つてゐないかどうか、その一点だけとなる。

我々は先祖伝来の言葉を、先祖伝来ゆゑに大事にしなければならず、敬意を持ち続けなければならぬ。なぜなら、言葉は我々の「教師」だからだと福田恆存なら言ふであらう。「言葉は私達の生れる前から存在し、長い歴史を生きて来たのであり、私達は日本語といふ大家族の一員として生まれた新参者なのである。とすれば、私達は言葉を学ぶのではなく、言葉が私達に生き方を教へるのである」(「言葉は教師である」)。我々はこの大切な「教師」の存在を利便性と引き換へに無視して来たのではなかつたか。利便性は文明には直結するかも知れぬが、文化とは必ずしも繋がらない。そして松原正氏もしばしば言ふやうに、保守するべきは文化であり、その文化の中で最も重要なものは言葉なのである。

周知の如く、英語は音と綴りの関係が一定してゐないし、フランス語は語尾に発音しない文字を含む単語だらけである(Paris の s とか restaurant の t とかのやうに)。しかし、発音されないからと言つて、その文字を削除してしまへと主張するフランス人はゐない。ゐたとしても決して多数派にはならない。文字は発音記号ではないのである。第一それをしたら、例へば作家のシャトーブリアンが「後にボシュエとラシーヌが語ることになる国語を決定した」とまで評価したパスカルと断絶してしまふからであり、そのことをフランス人は知つてゐるからに違ひない。確かに、音に即さぬ文字は不合理かも知れぬし、覚え直すのも面倒であらう。だが、ご先祖様はそのやうに書いて来たのである。他ならぬパスカルは書いてゐる。「敬意とは、『不便を忍べ』といふ意味である」と（断章三百十七他）。

〔追記〕　本書では漢字については略字を用ゐる。右の論述と矛盾するけれども、正漢字に固執すると、時に字体の異なる文字を使はざるを得ないことがあり、また、知識不足のために思はぬ間違ひを犯すことも予想され、断念した。読者には御寛恕を乞ふ。

第二十八回　「無限の空間の永遠の沈黙」

（第一三四二号、平成十年一月二十五日）

番外編として二回に亙つて国語表記の問題を取り扱つたが、今回から本来の話題に戻る。第二十七回目の本欄で、「無限」の観念がパスカルの思想において大きな役割を演じてゐた次第をざつと示しておいたが、ここでもう少し立ち入つて考へてみたい。

科学史の大家アレクサンドル・コイレは、中世末期から近世を経て近代初頭に至る科学的世界観の変遷を辿つた自身の著作を『閉ぢられた世界から無限の宇宙へ』（邦訳は『コスモスの崩壊』野沢協訳、白水社）と題し、その序文の冒頭に次のやうに書いてゐる。「十六世紀及び十七世紀の哲学思想と科学思想――この二つは渾然一体となつてゐるので、切り離したらどちらも分からなくなつてしまふ――を研究しつつ、私が多くの先達と同様に再三再四確認せざるを得なかつたことは、この時代において人間の精神は、少なくともヨーロッパ人の精神は、一つの意味深長な精神的革命を経験、もしくは完遂したといふこと、そして、この革命は我々の思想の基盤と枠組みそのものを変革したのであり、近代科学はこの革命の根でもあり果実でもあるといふこと、であつた」と。そしてこれに続けて、この「革命」を端的に特徴付けるものとして「コスモスの崩壊」と「空間の幾何学化」の二つの変化を挙げてゐる。

両者について簡単に説明すれば、前者は、有限で秩序立つてゐるがゆゑに完全性を持つとされた宇宙（コスモス）が実はさうではなく、物理的法則などによつてのみ支配された無機的で無限の宇宙であると人々に認識されることになつたといふ意味であり、後者は、空間概念が、世界内の諸々の場所が言はば識別的に示されたアリストテレス的なものから、無限で同質な延長を本質とするユークリッド幾何学のものへと移行したといふ意味である。そしてかやうな「革命」を可能にしたといふ意味で近代科学はその「根」であり、同時にこの「革命」によつて花開いたといふ意味で「果実」であるとコイレは言つてゐるわけである。

パスカルもかういふ時代に生きてゐて、ましてや当代切っての科学者の一人だつたのだから、「無限」の問題に知力を傾けたことは当然のことだつたであらうが、けれどもパスカルが「無限の空間の永遠の沈黙は私を戦《おのの》かせる」（断章二百六）と書き留めたことに我々は注意せねばならない。「無限の空間」とは言ふまでもなく無限を宿したこの世界のことであり、「永遠の沈黙」とは今や無機的・機械的なものと思惟されるやうになつた世界の静態的様相であらう。しかし、そのことが「私を戦かせる」と彼は書いた。これはどういふことであらうか。諸家の研究によれば、クザーヌスやブルーノからデカルト、ライプニッツ、ニュートンに至るまで、空間が無限であるといふ観念に「恐怖」を感得した者はゐない。だとすれば、この有名な断章にはパスカルの独自性が表れてゐるやうに思はれるのである。

しかし、この断章は長く論争の的となつて来た断章の一つである。曰く、この断章は写本にあるのみでパスカルの自筆草稿には存在しないから、そもそもパスカルの言葉であるかどうか疑はしい、曰く、無限を神の本質もしくは属性と考へれば「戦く」理由はないから、この「私」はむしろパスカルによつて対話相手として構想されてゐるリベルタン（無神論的自由主義者）のことではないか、等々。さらに最近では、物語論や解釈学の影響で、作品内での「私」とは一体誰なのかといつた些か込み入つた議論もある。

けれども、これと内容的に呼応する断章が複数あるのだから（断章七十二、百九十四、二百五、六百九十三、等々）、それらに照らしてここは最も素直な読み方をして差し支へないのではないかと私は思ふ。つまり、世界と人間との有機的な繋がりが断ち切られて「永遠の沈黙」に対峙しなければならなくなつた事態に、パスカルが不安と惧れの声を上げてゐるのであると。言ひ換へれば、ここでパスカルが直面してゐた問題は、世界が無限且つ無機的であるといふことを認識するまでに至つた人間の理性の問題、つまりは「近代」と言ふ問題ではなかつただらうか。「近代」と言ふと大仰に聞こえるかも知れないが、しかし、所謂「近代」の本質は科学であり、科学を推進したのが専ら理性であつたといふことは議論の余地がないであらう。

第二十九回　機械論的自然観を超えるもの

（第一三四五号、平成十年二月二十五日）

さう考へれば、コイレの言ふ「精神的革命」が人類にとつて如何に大きな意味を持つてゐたかが分からうといふものである。三百年以上の年月を経て、現代文明といふ名の下に我々が享受してゐる近代の功績も、我々にもたらされた罪過も、ほとんどすべてがこの時代に胚胎したものと言つて良いのではないか。勿論、物事にはすべて両面があるのだから、このやうな近代について、罪過を無視して功績だけを論ずるのが間違つてゐるのと同様、功績を享受しながら罪過だけを論ふこともできない。けれども、デカルト的な物心二元論や問題の立て方などに見られる西洋近代の思考法の行き詰まりがはつきりして来た現在、この近代のとば口においてデカルトと対峙しつつパスカルが行つた数々の「近代批判」の吟味は、我々にとつて大きな意味を持つと私は思ふ。と言ふより、そこを読み取つた上で自らの思想課題としなければキリスト教徒にあらざる我々がパスカルを読む意味は大きく減少してしまふであらうし、さらに言へば、キリスト教徒たるヨーロッパ人にとつても同じことであつて、そのことを深く認識してゐる慧眼のフランス人もゐるのである。

私事に亙つて恐縮だが、私は今、師の竹本忠雄筑波大学名誉教授の紹介で、さる書き下ろしの文章を翻訳してゐる。著者はフランスの著名な作家・プロデューサーにして竹本教授の長年の盟友、一九四三年生まれのオリヴィエ・ジェルマントマ氏である。インド美術の研究によりソルボンヌで博士号を取得し、大著『佛陀――開かれた大地』で「カトリック文学大賞」を受賞してゐることからも察せられるやうに、東洋文明に非常に造詣の深い作家である。

私がこの原稿を書いてゐる現在（一月末）、四月から始まる「日本におけるフランス年」の事前興業として講演会やシンポジウムなどが企画されてゐて、それに出席するために「フランス人気作家十人衆」の一人として来日中である。その氏が昨年から今年にかけて書き下ろしたのは、日本人に精神的な覚醒を呼び掛ける『日本待望論』といふエッセイであり、氏はそこで日本文化の「普遍性」といふものについて極めて深い認識と洞察とを示してゐる。とは言へ、単なる日本礼讃では勿論なく、厳しい日本批判も盛り込まれてゐて、私はこの作品を同胞に紹介する役割を得られたことを非常に嬉しく思つてゐるのだが、詳細はいづれ出版される本書に譲る。

私がここで言ひたいのは、このテクストの中で氏が展開する西洋批判と、西洋文明（特にアメリカ文明）を無条件に模倣する現代日本への批判の中核に、自然や宇宙に何らかの「意味」を見出さうとする言はばパスカル的な思想が確かにあるといふことである。それかあらぬか、これを読み進めるうちに、氏が自らの来歴を語る一節に、次のやうな文言を私は見出すことになつた。「これまでに読んだすべての本の中で、二冊の本が私の座右を離れることはなかつた。即ち、パスカルの『パンセ』とリルケの『若き詩人への手紙』である」と。『パンセ』の文字が見えるのはここだけなのだが、私はさもありなむと、深く納得した。氏とこの問題についてじつくり話したことはないから、いづれまとめて話を伺つて機会があれば読者にも報告したいと思ふ。

ともあれ、世界を機械論的自然観によつてのみ把握しようとする思想的枠組みの上に打ち立てられた物質文明が、西洋近代のもたらした最大のものだとしても、それとは別の思考形態、即ち、世界には機械論的な見方では把握できない別次元の何かが存在するといふ思想――これはミスティックな思想、或いはスピリチュエル（霊的・精神的）な思想といふことにならう――が、現代に至るまで連綿と続いて来たことは紛れもない事実であるし、歴史的には近代よりもずつと古いのであつてみれば、おそらくその種の思想は人間性の内奥にあるものと深く響き合ふものがある筈なのだ。そして、その問題を考察する時、我々が直に参照できるものとしては神道の思想があるだらうし、西洋世界から「参考書」を借りて来るとすれば、『パンセ』一巻は絶対に欠かせぬといふことになるであらう。〈了〉

第四部　『宮崎日日新聞』

かつて『宮崎日日新聞』に「風紋」といふペンネームによる連続コラム欄があり、どういふ経緯だつたか忘れてしまつたが、月に一度、合計六回書くやうに依頼されて書いたもの。この「風紋」欄は毎週掲載だつたと思ふから、同じ月に四名が匿名で書いてゐたことになる。文章の最後に一文字か二文字を丸括弧に入れるのが署名の決まりだつたので、私は（葦）とした。連載中、他の執筆者のものを読んでゐると、教育関係者と思しき執筆者たちが、所謂「戦後民主主義教育」然とした教育論ばかり書いてゐて、驚くと同時にうんざりもして、敢へて挑発的な教育論を書いた（特に、第二回、第四回）。すると、（り）といふ筆者に批判されたので五回目と六回目の文章で反論したが、この（り）氏以外にも、私の主張を「危険視」する執筆者が多かつたらしく、この欄を担当してゐた山口俊郎文化部次長（のち、文化部長、故人）が、紙上でディベートをしてもらひたい旨を伝へて来たので、「身分を明かした上で徹底的にやりませう」と返事をしておいたが、結局、その企画は実現されずに終はつた。

「風紋」

第一回　まともな議論の出来ぬ国　（平成九年一月二十四日）

慶應大学医学部の近藤誠医師の『患者よ、がんと闘うな』（文芸春秋）が五十万部を突破する勢ひだと言ふ。

ベストセラーに良書は稀だが、この本に関しては癌患者のみならず健康な人にも一読を勧めたい。もとより、医学的知識のない筆者に近藤氏の所説の正否を検証することは出来ない。しかし、如何に真剣に書かれた文章かは分かる。告知問題において、筆者は少しく考へを異にするが、近藤氏の文章にはある種の人間学があり、また、何より説得力がある。だからこそ、医学界はともかく、一般読者の強い支持を得られたのであらうし、現に、この本を読んで、宮崎から遠く東京の慶應病院に近藤氏を訪ねた乳癌患者を少なくとも二人、筆者は知つてゐる。

問題は、名指しで批判された医学界の重鎮たちがこの書を最初は黙殺しようとし、黙殺し切れなくなると、今度は欠席裁判といふ形で批判し、さらには、異端審問さながらの方法で封殺しようとしたことである（自治医科大学病院の斉藤建氏のやうなごく少数の例外はゐたけれども）。

要するに、正攻法の議論が行はれてゐないのだ。「反論」と言はれるものにも目を通したが、焦点がずれてゐたり、揚げ足取りに終始したり、ほとんどの反論が説得力を欠いてゐた。

近藤氏に対する異端審問の如き様相を呈した昨年秋の消化器集団検診学会の司会者は、その後の懇親会の席上、近藤氏に「十年後、二十年後はあなたのものだ。僕は勇気がないからあの場では言えなかつた」といふ意味のことを伝へたと言ふ。本当におぞましい話である。だが、この司会者を嗤へる日本人が一体どれだけゐるだらうか。

数を頼みとした傲岸不遜、仲間内の庇ひ合ひ、自己保身、等々。これらは医学界に限つたことではなく、我が国の官民挙げての宿痾であつて、それゆゑ、近藤氏の現代医療への批判は、図らずも現代日本の精神的な暗部をも照射してゐるのだと筆者には思はれる。

〔追記〕近藤誠医師の有名な「がんもどき理論」について私如き素人が喋々することは控へるが、事実についてだけ言へば、近藤氏はその後も継続して自己の主張を検証し、その結果を公表し続けてゐるのに対し、当時氏を批判した医師たちは黙りを決め込んでゐるやうに見える。時々は新たに反論を公表する医師もゐるが、読んで見ると、どうも分が悪い。また、最近になつて、米国のオレゴン大学の医師が、権威ある「ＢＭＪ（英国医師会雑誌）」に「がん検診によつて、命が助かる証拠はない」といふ論文を発表したとのことである（鳥集徹「〈がん検診は意味がない〉の衝撃」『週刊文春』平成二十八年三月三日号）。同じ事を近藤氏は既に二十年も前から言つてゐる。

第二回　生命の価値は至上か

（平成九年二月二十日）

中学校などでのいぢめがマス・メディアを賑はせて既に久しい。いぢめそれ自体は昔からあつたに相違ないが、現今の問題はいぢめられた生徒が自殺してしまふといふことにある。さういふ事件が起きると、決まつて「命の尊さの教育が大事である」との識者の意見が紹介されるけれども、生命それ自体に価値があると言はむばかりの主張が目立つやうに思はれる。しかし、それは戦後日本に特有の謬見である。

ソクラテスや三島由紀夫を持ち出すまでもなく、「生命以上の価値」についての考察を経る時、逆説的ではあるが、生は初めてその重要性の輪郭を表す。無目的な生への執着は究極のエゴイズムであつて、生きてゐさへゐれば良い、命あつての物種、といふ考へ方ほど命の価値を貶めるものはないのではなからうか。

昨年十月、宮崎県護国神社の境内に一つの歌碑が建立された。「南海にたとへこの身ハ果つるともいくとせのちの春を想へば」といふ歌がそこには刻まれてゐる。先の戦争で特攻の第一陣となつた敷島隊四番機の操縦者で、昭和十九年十月二十五日に十九歳の若さで国運に殉じた永峯肇氏（旧宮崎郡住吉村出身）の辞世である。何と哀切に死を歌ひ、それゆゑ、何と見事に生が語られてゐることか。死生観といふ言葉があるやうに、生と死は本来切り離すことが出来ない。

右のやうな例を出すと、すぐさま「軍国主義」に結びつけて批判する向きもあらうが、戦争賛美と、祖国のために、即ち「生命以上の価値」のために自らの御意志で散華した戦没者の霊を悼むのとは全く別のことなのだ。

「国」とは言はない。けれども、人間は「生命以上の価値」の存在に思ひを致す時、自己の名利を超えた何物かに至ることが出来るといふことをこそ、子どもたちに教へるべきなのである。

生命への本質的な問ひかけの欠如といふ我が国の戦後の風潮が、実は中学生の自殺を助長してゐるのではなからうか。

第三回　見た者のゐない県民性

（平成九年三月十四日）


県民性といふことが本紙でも時々話題に上るやうだ。宮崎に来て五年の小子も、仕事場や酒場などで、宮崎や宮崎人についての感想を尋ねられることが多い。だから、もしも宮崎に「県民性」といふものがあるとしたら、余所者の視線や評価を気にするといふ点にこそ求められるのかも知れない。

と言ふのも、小子の場合、山梨に生まれ、高校卒業後に東京、埼玉、千葉、茨城と移り住んだけれども、類似の質問に出くはした経験がほとんど記憶にないからである。しかし、それは関東地方だからであつて、他県からの転入が比較的少ない地方では、同じやうな現象が見られるのではなからうか。だとすれば、それは宮崎独自の県民性とは言へなくなる。

ウィトゲンシュタインは愛弟子のN・マルコムが会話の中で「イギリスの国民性」云々と言つた時、珍しく激怒したと伝へられてゐる。そんないい加減な言葉でものを考へるべきではないと、今世紀最大の哲学者は言ひたかつたのだが、これは県民性といふ言葉についても言へるのではないか。

考へてみれば、どのやうな県民性が指摘されようと、それと全く反対の性質を持つた人々が常に数多くゐるのだから、県民性などといふ言葉は、「平均的なサラリーマン」などといふ表現と同様、何ら実体はないのではなからうか。そもそも、十人十色の性格を県民性などといふ安易な言葉で十把一絡げにすること自体が無茶な話で、所詮言葉遊びにしかならないであらう。

それに、旅先にあつては良いところが、生活を始めれば悪いところが目に付くのが普通だから、県民性を口にする人も、どの程度深い認識に裏付けられてゐるか知れたものではない。これを要するに、フランス十七世紀の箴言家ラ・ロシュフーコーの有名な警句の一つを捩つて言へば、「太陽も死も県民性も、はつきり見た者はゐない」といふことになるのではあるまいか。

（平成九年四月十日）

第四回　矛盾せぬ管理と教育

個性の尊重や重視といつたことが教育界では長いこと言はれてゐる。しかし、さういふ思潮の中で育つて来た現代の子どもたちが本当に個性的たり得てゐるのか、小子には非常に疑問である。

例へば、個性尊重を盾に、制服や頭髪の規制といつた小事に異を唱へて、一体何が変はつたのだらうか。なるほど、流行を取り入れる自由だけは得られたであらう。だが、流行に走り、同じやうな服装をして喜んでゐるのは、子どもたちが真に「個性」的に生きたいと望んでゐるわけではない証拠である。流行と個性は本来は別物ではないか。

してみると、「個性」と言はれてゐるものの中身は、実は反束縛、反管理、要するに「自由」といふことになるのではないか。しかし、自由と放縦とは異なる。昨今、世上を騒がせてゐる「援助交際」の少女たちは、咎められると決まつて言ふさうだ、「誰にも迷惑をかけてゐない。私たちの自由だ、減るもんでもなし」と。未熟な人間に義務を教へず自由だけを教へれば、行き着く先はこんなところであらう。自由とは両刃の剣であつて、悪や頽廃への自由でもあるからだ。

「管理教育」といふ言葉は普通否定的な意味で使はれてゐる。「管理」の行き過ぎといふやうなことを言ひたいのかも知れぬが、言葉は正確に使つてもらひたいものだ。「管理」のない教育などあり得ないではないか。押さへつけられてこそ伸びる個性といふものが確かにあるし、「我慢」を教へることも教育の大事な仕事なのだ。

「管理」と「教育」は決して矛盾するものではない。だから、前者を否定して何か気の利いたことを言つたつもりになつてゐると、右の少女たちに象徴されるやうな愚昧な「自由論」をさらに誘発し、いつかは自分たちが足元を掬はれるのだといふことに、世の大人たちはそろそろ気づくべきではあるまいか。

第五回　教育に「支配」は必要

（平成九年五月十四日）

五月三日付の本欄に、四月十日付拙稿への批判が掲載された。しかし、批判者の（り）氏が誤読してゐる箇所もあるので、反論を含めて持論を敷衍したい。

先づ、私が言ひたかつたのは、教育とは文字通り「教へ育てる」ことなのだから、様々な「教へ」の中には、世に言ふ「管理」、即ち「押さへつけたり」、「我慢」させたりすることも入るだらうといふことである。そして、さういふ常識が忘れられがちであるやうにかねて思つてゐたから、「管理教育」といふ語が否定的にのみ用ゐられるのはをかしい、「『管理』と『教育』は決して矛盾するものではない」と書いたのである。何も、「支配することを意図する『管理』」などと主張してゐるのではない。

ただし、（り）氏の言ふ意味とは異なるが、教育においては「支配」も時と場合と学齢によつては必要であると私は考へてゐる。かう書くと、またぞろ「暴力・拘束・抑圧」だと言はれさうだが、よく考へて欲しい。「支配」しなければ、宿題一つ課せられぬではないか。

また、氏は自由についての議論も誤読してゐる。私は「自由とは両刃の剣」なのだから、善への自由は勿論、悪や頽廃への自由もある。従つて、ただ無条件に「自由」を唱へてゐるだけでは、「援助交際」の少女たちが「自由」を盾に取つた時に太刀打ちできないと指摘したまでである。

自由といふものは難物で、個人の自由の制限もしくは抑制がなければ、自由な社会を作ることができないといふ逆説を孕んでゐる。だから、自由の持つさうした側面を理解させるためにも、これまた時と場合によつては「我慢」を教へることも大事だと私は言つてゐるのである。

確かに、教師や大人が子どもたちの「模索する姿を信頼と期待を持って理解」することも大事であらうが、信頼されるためには何が必要かを教へることの方がもつと大事なことなのである。


（平成九年六月十一日）

第六回　自主性は忍耐の上に

私と（り）氏の主張の主たる相違は、私が教育を教師や大人の立場から論じてゐるのに対し、氏は生徒や子どもの立場から論じてゐるところに由来してゐると思はれるが、私とて子どもの立場を無視しようと言ふのではない。

ただ、子どもには分からぬ大人の知恵や見識といふものがあり、それらによる「管理」を否定するならば教育は成り立たぬ、また、さういふ「管理」を「支配」と呼ぼうと、「教育的配慮」と言ひ換へようと、それは「物は言ひ様」といふことに過ぎない、と私は言つてゐるのである。

おそらく（り）氏は、子どもの自主性を育てるのが教育であり、なるべく「管理」などはするべきではないと考へてゐて、それゆゑ子どもの「問題行動・逸脱行動」を「罰したり、抑制したのでは、真の成長のきっかけを作るという教育的意味が消えてしまう」と書いてゐるのだらうが、私はこれを到底首肯し得ない。

ひと頃流行したこの種の「戦後民主主義的」な教育観がどのくらゐ我が国の教育を駄目にして来

たか、その結果は既に出てゐるではないか。自主性を育てると言へば聞こえは良いが、子どもを無限に甘やかすことになりかねないし、それに何より、自主性にせよ個性にせよ創造力にせよ、放つておいて自然に育つものではない。真の自主性も個性も創造力も、一定の訓練や堅忍、あるいは権威への畏敬や信服などを一旦閲しなければ生まれやうがないのである。

例へば、今の大学生は「指示待ち症候群」だと言はれるが、これは世に言ふ「管理教育」のせいではなく、むしろ、自主性だの個性だの自由だのといつた観念的美辞麗句をふんだんに与へられた一方で、右のやうな訓練や信服の機会を十分に与へられなかつた結果なのである。しかし、これは大学生を責めて済むやうな問題ではない。今求められてゐるのは、戦後教育の誤謬の認識とその克服方法なのだ。

詐術もデタラメもいい加減にせよ！——対談〈教科書検定考〉への反論

『宮崎日日新聞』の文化欄に平成十七年四月二十一日と二十八日の二回に亙り、宮崎公立大学の王智新教授と宮崎県教職員組合の鮫島京子教育文化部長の対談が「教科書検定考」と題して掲載された。その内容たるやあまりにデタラメだつたので、とても座視出来ず、「新しい教科書をつくる会宮崎」の事務局長（当時）玉置祐弘氏と私の二人ですぐに文化部に抗議に出向いた。私たちの要求は、同じ分量で私たちの対談を掲載するべしといふものであつた。対応に出た和田雅美文化部長は我々の言ひ分に一定の理解を示してくれたが、結局、「対談は無理なので反論を書いて欲しい」といふ提案をして来た。そこで書いたのがこの文章である。

拙論は五月十二日付けに掲載された。編集部が付けた見出しは「差別ではない能力別教育」といふものであつたが、文章の前半しか含意してをらず不満だつたので、ここでは私が原稿に付けた元のタイトルに戻した。初稿ではもつと激しい言葉を随所に書いてゐたのだが、「もう少し穏やかにお願ひします」と和田氏に言はれ、書き直した事を覚えてゐる。ともあれ、後日、拙論を読んだ昔のゼミ生からメールが来て、「先生の反論を読まなければ、王教授の言ひ分が正しいと思つてゐました」とあつたので、一定の役割は果したのではなからうか。また、さる農学部の名誉教授から、「良く書いてくれました」とファックスが届いた。また、和田文化部長から、対談の二人が拙文を批判してゐると聞いたので、「対談でも文章でもいいから、徹底的に論争させて下さい」と伝へ、和田氏も賛同してくれてゐたが、これもまた実現されずに終はつた。相手が「逃げた」のだと私は思つてゐる。

尚、このデタラメな対談に対しては、六月二日になつて、文部科学省広報官、義本博司氏による、教科書検定基準についての彼らの間違ひなどを指摘した投稿も載つた。当時、宮崎県選出の中山成彬氏が文科大臣だつたのであるから、当然の成り行きであらう。

それにしても、このやうな低レベルの対談を、「子どもの遣ひ」宜しく、発言のままに書いて公表した記者の無知――意図的偏向かも知れぬが――には恐れ入るしかない。

記事のリードは以下の通り。「本紙に掲載された鮫島京子県教組教文部長と王智新宮崎公立大学教授の対談〈教科書検定考〉(上下二回)の内容に対し、「新しい教科書をつくる会」の活動に賛同する吉田好克宮崎大学教育文化学部助教授が反論を寄稿した」。

両氏の対談は、特定の政治主義による一方的な主張であり、しかも、明かな誤りや針小棒大な表現が随所に見られた。それらは読者をミスリードする可能性があるので、ここではそのやうなものに限つて反論しておきたい。

主に「発展的学習」を論じた対談〈上〉において、鮫島氏は「発展的学習」は「出来る子」と「出来ない子」の分離を推進するから反対であると言ひ、その根拠として、教育基本法第三条(教育の機会均等)の中の「ひとしく」といふ文言だけを引用し、従つて「みんなに同じ内容を教えなければいけない」と主張してゐる。かういふのを詐術と言ふのである。

ここに第三条第一項の全文を引用する。「①すべて国民は、ひとしく、その能力に応ずる教育を受ける機会を与えられなければならないものであって、人種、信条、性別、社会的身分、経済的地位または門地によって教育上差別されない」。つまり、「その能力に応ずる教育」であつて、賢明なる読者は既にお分かりと思ふ。第三条は、鮫島氏のここでの主張の根拠にはなり得ないのである。

また、鮫島氏は所謂「エリート教育」に反対で、「『スーパーエリート』の育成は日本のリーダーをつくるというもので『戦争を出来る国づくり』を目指している」と言ふ。だが、根拠が全く示されてゐない以上、短絡的であるとしか言ひやうがない。

対談の〈下〉は「歴史認識」や扶桑社の「新しい歴史教科書」をめぐるものであり、鮫島氏はこの教科書について「戦争を美化するような書き方がされている」と断言してゐる。

私は「あらゆる戦争は悪である」といふ単純な意見に与しないけれども、それはともかく、四年前の採択時にも「戦争の美化」といふ同種のレッテル貼りが一部の勢力によつて盛んになされたが、この教科書のどこを読めばさう書いてあるのか明示した人を私は寡聞にして知らない。この際である、鮫島氏には是非とも御教示願ひたいものだ。

王氏にしても、この教科書は「戦争する国、出来る国にするために一役買っている」と主張してゐる。「買っている」と言ふ以上、既成の事実なのだらうから、その証拠を挙げられたい。王氏はまた、教科書検定の役割は「誤字・脱字を直すことで、内容に立ち入って検定するのは違法だ」とも発言してゐる。もはや専門家の言葉とは信じられぬほどのデタラメである。

王氏に申し上げる。あなたは「日本社会は寛容さがなくなっている」とか、「今は政府がやりたい放題の状況」なので「一人々々が『おかしい』と声を出すことが大事だ」とか説教してをられるが、お国（中国）の国定教科書の中身や反日教育の実態を知つてゐる者からすれば、とてもではないが素直に受け取ることは出来ぬ。

我が国には「人の振り見て我が振り直せ」といふ諺があるし、お国の『墨子』にも「君子は水に鏡《かんが》みずして、人に鏡みる」とある。この言葉を最後に進呈しておく。〈了〉

〔追記〕 文中、「教育基本法第三条」とあるが、その後この基本法が平成十八年に改訂されたことにより、この条文は「第四条」となつてゐる。

第五部　『國民新聞』

『國民新聞』の主幹、山田惠久氏に初めてお目に掛かつたのは、確か『月曜評論』の編集長、中澤茂和氏の結婚披露パーティだつた。私が『月曜評論』に少し書いてゐるのを御存じで、「今度はウチにも書いてよ」といふやうなことを言はれたと記憶する。山田氏は豪放磊落な硬骨漢といつた印象であつた。このパーティでは松原正早稲田大学教授、中村粲獨協大学教授、評論家の宮崎正弘氏、まだ出版社の編集員だつた評論家の潮匡人氏などとの面識を得た。現在麗澤大学教授の八木秀次氏も来てゐた。『國民新聞』はタブロイド判八頁の月刊ミニコミ新聞であるが、執筆者は錚々たる人士ばかりで、大手の新聞や雑誌には決して載らない情報もあり、勉強になつた。しかし、残念ながら山田氏が大病を得たことにより、第一九二〇二号（平成二十七年三月二十五日）を以て休刊となつた。山田氏の一日も早い御快癒を祈るばかりである。

言論による啓蒙を諦めてはならない

『國民新聞』（年頭所感特集号）第一九〇一一号（平成八年一月二十五日）に掲載。

本来めでたい新年だが、悲観的な気分に陥つてしまふのを我ながら如何ともし難い。昨年、我が国で起きた大小の出来事を思ひ浮かべても、日本がもはや独立国家ではないといふ事実を白日の下に晒すことばかりであつた。村山前首相以下、見識なき政治家どものことだけを論つてゐるのではない。例へば、例の「江藤発言」（本書百六十八頁参照）が問題になつた際、野坂浩賢内閣官房長官（当時）の「韓国などの出方を見て判断する」旨の発言を知つて、一体何人の日本人が心底から驚き且つ憤つたかを想像してみれば、楽観的になれる道理はなからう。

ところで、『諸君！』昭和五十五年六月号に、福田恆存は「言論の空しさ」といふ文章を発表した。この人にしてこの言ありやと、当時の私は些か当惑したし、今日に至るも、この文章の真意を十全には汲み尽せずにゐる。私なんぞの窺ひ知れぬ巨人の絶望といふものがあるのだらうと忖度するのみである。

しかし、「空しさ」を承知の上で展開された福田の言論活動が全く古びることなく、今なほ読者を動かし続けてゐることも事実であつて、昭和三十一年生まれの私がかうして正仮名遣ひで文章を綴つてゐるのもその一例である。「私が書くほかのものを読まなくてもいいから、これだけは読んでいただきたい」とまで福田が言つた『私の國語教室』に、私は「啓蒙」されたのである。私の他にも蒙を啓かれた読者はゐるであらう。なるほど、数は決して多くはないかも知れぬ。だが、数と質とは自づから別物ではなからうか。

先だつて、「江藤発言」について学生たちに感想を訊いたところ、「オフレコのルールを破つた記者も悪いが、発言内容が大きな問題である。従つて記者の行動は赦されるべきである」と異口同音に答へた。

ここで絶望なんぞしてゐては大学教師は務まらぬ。彼らはオフレコといふ専ら道義に関はる協定について無知であり、発言内容についてもマスコミの論調しか知らないのだから、無知を責めても仕方あるまい。学生の無知は教師の責任でもある。そこで、オフレコについて詳しく教へたところ、協定破りが如何に破廉恥かをほぼ全員が理解し、日韓の問題についても、半数以上の学生が「日本がいいこともした」こと、そして「償ひ」も済んでゐることを、驚きながらも理解したのである。やはり、話はしてみるものだと思ふ。

つまらぬ手柄話をして悦に入つてゐるのでは勿論ない。要するに、言論による啓蒙を諦めてはならないと考へてゐるだけである。そして「棺桶に入るまではおのれ一人のやれる事を精一杯やつてをればよい」（松原正『天皇を戴く商人國家』地球社）のだと、私もまた思ふのである。単純な言葉に見えるが、ここには深い真理があり、また、救ひがある。とりわけ、絶望的になつて自暴自棄になるのを思ひ止まらせる力がある。生来気が短い私は、この言葉を肝に銘じて行くしかないと、今年もまた、臍を固め直すのである。〈了〉

不条理に精一杯の抵抗

『國民新聞』（年頭所感特集号）第一九〇二一号（平成九年一月二十五日）に掲載。

虚子ほどの老境ではないが、去年今年貫く棒の如きもの、といつた具合で、年頭に考へることが毎年異なるといふ年齢は私の場合も既に過ぎてをり、年頭所感を乞はれても、昨年と同様、「己にできること」を精一杯やつて行かうといふことぐらゐしか書けさうにない。けれども、最近、指導学生の一人にアルベール・カミュの原文を一緒に読んでくれと頼まれて、このフランスの作家を二十年振りに再読したところ、これが結構面白いのでその一節を紹介して責めを塞ぎたい。

取り上げることになつたのは、一九四二年、カミュが十九歳で出版した評論集『シーシュポスの神話』（新潮文庫に邦訳あり）である。カミュの言ふ「不条理」とは、突き詰めて言へば、我々が死ぬべき存在であるといふことだ。そしてその不条理を見詰め、一種絶望的な反抗に転ずることだけが人間を人間たらしめる契機となるとして、カミュはかう言ふ。「かうした反抗が人生に価値を付与する。反抗が生涯に亙つて行はれる時、人生は偉大さを取り戻すことができる。偏見のない人間にとり、知力が自己を超える現実と格闘してゐる光景ほど素晴らしいものはない。（中略）精神が自らに課すあの規律、完璧に鍛え上げられたあの意志、あの毅然とした対決の姿勢、これらには力強い独特な何物かがある」。

我々は今、真におぞましい「反日思想」の嵐の真直中にゐる。日本人でありながら日本人を嘲り貶め、さらには事実を歪めてまで罵ることが良心の証であると信ずる愚者が無数にゐて、彼らに支持される似非知識人たちが世に罷り通つてゐる。何たる病理、何たる不条理であらうか。死といふ不条理には誰一人として打ち克つことができないかも知れぬが、しかし、我々の眼前にあるこの不条理を打ち破ることは決して不可能ではない筈だ。だから今年もまた、「己にできる」反抗を精一杯やらうと私は思つてゐる。〈了〉

テロ否定、同盟国支援は当然

『國民新聞』（特集・アフガン問題と日本　私はこう見る）第一九〇六九号（平成十三年十一月二十五日）に掲載。

ネイティブ・アメリカンからの土地の収奪に始まつて今日に至るまで、武力そのもので、もしくはそれを背景として国家を作り上げ、自らの国家意思を現実化して来たアメリカといふ国の宿命が、そして、そのアメリカを「唯一の超大国」として認めざるを得ぬ世界の宿命が、如何なる意味を持つてゐるのか、その輪郭を白日の下に曝したといふ一面を、今回のテロ事件は持つてゐるのではなからうか。

「盗人にも三分の理」といふ言葉もある。ビン・ラディンにも言ひ分はあるだらう。第一、アメリカが常に正義である筈もない。けれども、テロそのものを是認出来ぬ以上、また、同盟国である以上、我々がアメリカを支援するのは当然である。しかしその際、我々は「参戦」したのだといふことを厳粛に認識するべきだ。しかも、この「戦争」は、パレスチナ問題と同様、「弔ひ合戦」といふ名の泥沼化は必至だらうから、今後我が国だけが無傷といふわけにはゆくまい。

いづれにせよ、今も昔も「強い者を正しいとする」（パスカル）しかない人間の宿痾に暗澹たる思ひを禁じ得ぬと同時に、否応なく、我々日本人にもある種の覚悟が必要となつたといふ思ひも禁じ得ぬのである。〈了〉

本気で行かう

『國民新聞』（年頭所感特集号）第一九〇八一号（平成十五年一月三十一日）に掲載。

我が国はつくづく「スローガン社会」だと思ふ。例へば、我が家の近くの国道には、道路を跨ぐやうにしてアーチ型の電光掲示板が据へ付けられてをり、そこに時々「今月は道路を守る月間です」といふ電光表示が出る。一体全体、誰が何からどのやうにして道路を守らねばならぬのか全く意味不明である。

このことから了解できることは、この文言の提示者が本気ではないといふことと、このやうな電気や資源の無駄使ひに腹を立てぬ環境保護論者もまた本気ではないといふことだ。私が「スローガン社会」だと自嘲気味に言ふのは、このやうに、文言だけで内実を欠き、言葉の現実的な効果については何の考慮もせず、誰も責任を取らない事例が世に氾濫してゐるからである。

晩年の福田恆存が戦時中を振り返つて、「愛国婦人会といふ名の有閑婦人会、実際の役にも立たぬ防空演習、すべてがお座なりの形式主義で、本気で戦争してゐる人間の姿も心も感じられなかつた」と書いたことがある（「言論の空しさ」）。戦時中でさへさういふ「お座なりの形式主義」が跋扈し、「本気」が欠如してゐたやうであるから、我が同胞における本気を欠いた形式主義はそれこそ病膏肓に入るといふやつであり、それを治すなどといふことは不可能に近いかも知れぬが、絶望しても仕方がない。

歴史的な変革といふものは、常に少数の精鋭がもたらすものだ。拉致問題を想起して戴きたい。最終的解決にはまだ時間がかかるであらうが、とにもかくにも五人の同胞を取り戻すことができたではないか。背景に輿論があつたかも知れぬが、さういふ輿論の形成も含めて、元を辿れば何人かの勇気ある証言や決断がもたらした成果なのである。従つて、本誌の読者諸兄には夫々の使命を果たして戴きたいと思ふし、私もまた「少数の精鋭」に入るべく、私なりに努力して行きたいと思つてゐる。勿論、本気で。〈了〉

驚き三題噺

『國民新聞』（年頭所感特集号）第一九〇九一号（平成十六年一月三十一日）に掲載。

私は本紙平成十三年十一月号に、日本がテロといふものを理由の如何を問はず容認せず、そして実際のテロ被害者が我が国の同盟国である以上、日本のアメリカ支援は当然だが、その際「参戦」したのだといふことを我々は厳粛に認識するべきだ、と書いた。現在、問題の所在はアフガンからイラクへと移つてゐるけれども、前言を翻す必要はないと思ふ。然るに、川口順子外務大臣は、我が国の外交官二人（と運転手）が射殺された事件について質問されて、「あつてはならないこと」といふ言葉に続けて「あるとは信じられないこと」と畳みかけた。アルカイーダによつて、日本への攻撃も躊躇せずといふ恫喝がなされてから後のことである。かやうに暢気な発言が大臣の口から出ること自体、それこそ「信じられないこと」である。

元日にテレビを見てゐると、臨時ニュースを告げる例のチャイムが聞こえ、何かと注視すれば、「小泉首相が靖國神社を参拝」といつたものだつた。年明け早々、「驚愕」と言つても決して大げさでない程の驚きを感じたのは私だけだらうか。勿論、首相の参拝にではなく、それを臨時ニュースとして流した放送局の非常識にである。尤も、フランスの「フィガロ」紙も一月二日付でこのニュースを写真入りで大きく伝へた。が、無論、非難してゐるわけではない。日本国内でこのニュースがどのやうな意味で速報に値するのか、驚くと同時に、真に理解に苦しむ話だ。

しかし最も驚いたのは、『文藝春秋』一月号に載つた岩村暢子著「壊れる家族」といふレポートであつた。そこでは（若者ではなく）三十歳代から四十歳代の主婦のゐる百十世帯を対象にしたアンケートの結果が報告されてゐて、クリスマスが愛され、正月は嫌はれてゐるといふ驚くべき現実が記録されてゐる。今の子どもたちが大人になつた時、家庭団欒の象徴として思ひ出すのは、正月ではなくて（宗教なき）クリスマスといふ馬鹿騒ぎなのであらうか。

いづれも絶望的なまでに太平楽、非常識、能天気な現代日本を象徴する風景である。しかし、真に絶望するには勇気が必要で、どうせ勇気を必要とするなら、さういふことを是正するために動いた方が良いと、今年もまた思ひ直すのである。〈了〉

「土人の国」の奇蹟

『國民新聞』第一九一一三号（平成十八年四月二十五日）に掲載。表題は浅田彰京都大学助教授（当時）の表現を捩つたもの。昭和六十三年、昭和天皇が御不例となられた際、多くの人が皇居を訪れ、御快癒を願つて記帳した。その光景について浅田はかう書いた。「連日ニュースで皇居前で土下座する連中を見せられて、自分はなんという『土人』の国にいるんだろうと思ってゾッとするばかりです」と（『文學界』平成元年二月号）。ここまで口汚く同胞を蔑み罵つた日本人はさう多くはないに違ひない。

私は皇室典範改正案に対して強い危機感を持ち、宮崎や鹿児島で改悪阻止を目的とした講演を行ひ、その拙速といふ点は勿論、その不見識、背後にある反皇室思想などを私なりに訴へたものである。全国でも、講演や論文を通じて、多くの同憂の士が論陣を張つたことは頼もしい限りであつた。

しかしながら、官邸から聞こえる声はあくまでも「今期国会上程・決議」といふやうな話ばかりで、一方に小泉首相のある種の政治力と、既に自由でも民主的でもなくなつた政権党の惨状があり、他方に定見なきマスメディアと民衆の無知があり、先行きはかなり危ふい、だとしたら何かさらに効果的な秘策はないかと、私は心配もし、思案もしてゐた。

まさにそのやうな時であつた、秋篠宮紀子妃殿下御懐妊の報に接したのは。私の場合、一日遅れて二月八日の朝のテレビニュースで知つたのだが、最初に私の頭に浮かんだのは、「神風」「神国」といふ言葉であつた。少ししてから「天佑」などといふ、平素はあまり使はぬ言葉さへも思ひ浮かんだ。知人がメールをくれて、そこにも「神風」「天佑」などの言葉が書かれてゐて、我が意を得たりといふ気持であつた。とにかく私は嬉しかつた。自分でも意外なほどに嬉しかつた。

この時の昂揚した感情の理由を私は自分でもうまく説明できない。必ずしも、この御慶事による政治的効果を予想して喜んだのではない。何か言葉や理性を超えた「神慮」といふやうなものがこの世には確かにあると感じられたからかも知れない。浅田彰ならば、「土人だからである」と言ふのであらう。言ひたければ言ふが良い。事は、おそらく「信仰」に属するのである。が、それはそれとして、後日以下のやうなことを知り、改めて考へさせられるところがあつた。

さほど話題にはならなかつたやうであるが、二月七日の衆院予算委員会の席上、小泉首相は秘書官から受け取つたメモに見入り、「何、秋篠宮様が」と訊き返した。テレビニュースで見た私の目にもはつきりとそのやうな口の動きが映つたが、それ以上に首相の驚愕の表情が私には印象的であつた。

実は、『週刊文春』二月二十三日号によれば、件のメモには紀子妃殿下ではなく、「秋篠宮様、御懐妊」と書かれてゐた由であるから、この情景は考へやうによつては大変な滑稽噺なのだが、小泉首相のこの時の慌てやうは、その後、同委員会で「秋篠宮ノリ子様」と言い間違へた岡田克也代議士や、黒田清子様の御懐妊と早合点した石原伸晃代議士の場合と同日には論ぜられぬ意味があつたやうに思はれる。

小泉首相をして、「秋篠宮様、御懐妊」といふ言葉が驚かせたもの——畏れさせたものと言つても良いし、戦かせたものと言つても過言ではなからう——こそ、そして、多くの国民を心底より喜ばせたものこそ、そしてさらに、無責任な世論を一瞬にして変へてしまつたものこそ、要するに伝統の力、文化の力、皇室の力でなくて何であらうか。何となれば、皇室は生ける伝統文化にほかならないのだから。

「私たちが私たち自身の伝統文化とつきあふ方法は、それを自分の外にある対象としてとらへ、今はない過ぎ去つたもの、あるいは自分にはないよそごととして、研究し、好奇心を満足させたり、現代と優劣を比較したりすることではなく、自分をその中に置き、それを自分の中に取りこみ、さうして過去を生きること、それしかないといふことであります」と福田恆存は「伝統に対する心構」

に書いてゐる。

何であれ伝統文化に対する敬慕の念が決して篤いとは思へぬ小泉首相が福田のこの言葉を拳拳服膺する道理はない。けれども、御懐妊の報に奇跡でも目撃したかのやうに慌てふためいた小泉首相は、心のどこかで皇室の聖性や霊性を感じてゐたことを自ら証したことになるのではないか。さう考へれば、これは近頃稀なる欣快事であつたと言へるのかも知れない。

尤も、妃殿下が男子を御出産遊ばされるかは分からないのだし、結果次第ではまたぞろ女帝推進派が勢ひづくだらうから、皇統護持派は油断せず、いづれ行はれるべき真に意味のある皇室典範改正に向けて、理論武装しておかねばなるまい。〔文中敬称略〕〈了〉

狂気の沙汰と佳節

『國民新聞』（年頭所感特集号）第一九一四一号（平成二十一年一月二十五日）に掲載。


またもや「歴史認識」騒動である。勿論、田母神空幕長解任問題のことだ。些かうんざりさせられる話題であるが、折角の機会なので一言、持論を述べておきたいと思ふ。

他の事象と同様で、歴史についても様々な考察や態度が可能であらうが、その中で最も大事なものは次の四点ではないかと私は考へてゐる。

第一に、秩序を保ちつつ歴史を考察したり叙述したりするためには、何らかの視点が必要であるといふこと（一定の視点がなければ秩序立てて考察することが出来ない）。第二に、その視点は、誠実な思考と表現を心掛ける限り、自国の視点以外にはないといふこと（人は自分の視点に依拠する以外に、責任を持つて何かを断言することは出来ず、民族や国家も同様である）。第三に、歴史は精神的なものを内包した連続体であつて、認識主体である我々もまたその連続の過程に属してゐるのだから、歴史を真の意味で客観視出来ると思ふのは間違ひである（歴史は科学とはなり得ない）。第四に、歴史は今生きている我々だけのものではなく、もはや語ることのない先祖やまだ言葉を持たない子孫のものでもある（彼らに対する責任が何より重い）、といふことである。

仮にこのやうに考へてみると、「村山談話」とはただただ政治的な謝罪文といふほかないもので、「歴史認識」などといふ高級なものではない。そもそも、「私は（反省とお詫びを）表明致します」といふ文言に明らかなやうに、個人的な意見に過ぎぬものであつた。そんなものを金科玉条の如く扱ひ続け、「政治的判断」とやらで「村山談話の継承」を謳つて来た歴代政府の罪は真に重いと言はざるを得ぬ。と言ふより、我が国の政治的閉塞感を助長し、仮想敵国によつて政治的に悪用されることが分かり切つてゐる談話を「政治的判断」で継承するといふのはおよそ狂気の沙汰であらう。

一方、そのやうな狂気や愚昧とは隔絶し、毅然として深遠な「歴史認識」をお持ちの方々が日本にはをられる。言ふまでもなく、今上天皇・皇后両陛下である。お二人は、「精魂を込め戦ひし人未だ地下に眠りて島は悲しき」（御製「硫黄島」）、「海陸のいづへを知らず姿なきあまたの御霊国守るらむ」（御歌「終戦記念日」）の作者であられる。ここに見られる「歴史認識」と村山談話とは、まさに月と鼈、比較するのも愚かであらう。

時、恰も御在位二十年をお迎へになる佳節である。我が国の文化と歴史の精髄、皇室の御繁栄を祈念申し上げる次第である。〈了〉

盆過ぎての鯖商ひ

『國民新聞』（年頭所感特集号）第一九一六一号（平成二十三年一月三十一日）に掲載。


箍が緩んだ、といふ表現では足りない。どこかが「壊れた」人間が平成日本において猖獗《しやうけつ》を極めようとしてゐる――。政治家の話ではなく、大学生の話である。

『分数ができない学生』といふ本が世間を驚かせてから既に十二年。学生の劣化はさらに進行してゐる。勿論、個人差、大学差はあるだらう。が、今日、どこの大学でも「フレッシュマン・セミナー」だの「大学入門講座」だのといつた名称の授業を行つてゐる。要するに、大学生に学問への動機付けを施し、図書館の使ひ方や資料の調べ方などを教へ、果ては、自己紹介の仕方やらメールの書き方など広い意味でのコミュニケーションの方法を教へる科目である。これが功を奏するのなら、我々教員も苦労のし甲斐があると喜べるのだが、十八歳までの不勉強と幼児のやうな甘へ癖はさう簡単に直りはしない。十八歳ではもはや遅いのだ。

遂に私の勤務先にも、日本が米国と戦つたことを知らぬ学生が入学して来た。また、三、四年生になつても、自家の宗派を知らず、大統領の名はオバマしか思ひ浮かばず、「尊敬してゐる人は、お父さんです」と堂々と宣ふ学生が跡を絶たない（「父」でさへない）。不勉強を咎めると、泣きさうになりながら「ごめんなさい」と小学生のやうな口吻で謝る学生も多い。運動神経が悪いのか注意力散漫なのか、廊下で教員にぶつかる学生も驚くほど増えてゐる。携帯電話中毒はさらに多い。もはや紙幅が尽きたので結論だけを言ふ。若者たちの十八歳までの生き方を変へさせなければ、どの党が政権与党にならうと、憲法を改正しようと、我が国に明るい未来はないと私は思ふ。（了）

「天罰」について思ふこと

『國民新聞』第一九一六四号（平成二十三年五月二十五日）に掲載。

石原慎太郎都知事が、この度の大震災について、「これは天罰ですよ」と発言して問題となつたが、その後、これを撤回し謝罪したことで一件落着となつたのは周知のことである。あれ以上「失言」問題が取り沙汰されなかつたのは、その後次々に起こつた福島原発の事故や刻々と増大する被害状況によつて、マスメディアが忙殺されたからにほかなるまい。

しかし、改めてこの発言を考へてみるに、発言が多少舌足らずであつたとは感ずるけれども、撤回する必要まではなかつたのではないかと私は思ふ。石原氏も、「天罰」といふ言葉を使つた直後に「それは、被災者の方々はかはいさうですよ」と言つてゐたし、「大震災の受け止め方を言つてゐるのですよ」と念を押してゐたのだつた。

言ふまでもなく、このやうな場合、「天罰」と言つたからとて、個々の被災者が「罰当たり」であつたと言つてゐるのではないことは明瞭ではないか。真意は、このやうな天災を被つてしまつた以上、この経験をどのやうに今後に生かすかを考察する時に必要な反省といふやうな意味なのではなからうか。何しろ、相手は自然の大いなる力、人智を超えた力である。圧倒的な力に捩じ伏せられた時、我々日本人はその力の分析よりも、自己の弱点や宿弊をむしろ反省することが多かつたやうだ。古来、「天道に偽りなし」とか「天道還るを好む」とか、あるいは「神明愚人を罰す」とか言ふ言葉や諺が如何に多いことか。

我々は大昔から、太陽を拝み、神々しい滝や巨木に頭を垂れて来た民族である。自然を崇める民族なのである。崇めるといふことは「畏れ」なくしてはあり得ない。私自身、昨年の口蹄疫に続く今年の新燃岳噴火の際、何かの「祟り」ではないかと無条件に思つた(周囲でもさういふ言葉を何度か耳にした)。この種の思考法はかくまで我々に浸透してゐるものなのだ。遠く、十万五千余の死者を出した関東大震災の時も「天譴」と人々は言つてゐたと読んだことがある。

ただ、この「畏れ」を感じ、自分を「反省」するといふ謙虚さと潔さは、それが良い方に出れば、世界が絶賛する「落ち着き」や「秩序」となるが、悪い方に出れば、具体的有効策の軽視や「天道は足らざるを補ふ」といつた他力本願に、或いはすぐに「諦念」してしまふ傾向に結びつく。物事には両面があり、文化にも両面がある。しかも困つたことに、良いところだけを残して悪いところを捨てるなどといふ虫の良いことは出来ないのである。たいていの場合、両者は裏通りでは通じ合つてゐるのだから。

負けた戦を「終戦」と言ひ、天災ならぬ人為の犯罪を「早く無くなつて欲しい」と自動詞で表現する悪癖も含めて、このあたりにこそ、我々の真の課題があるのではなからうか。〈了〉

好機を逃すな

『國民新聞』（年頭所感特集号）第一九一七一号（平成二十四年一月二十五日）に掲載。山岡大臣のくだりは、執筆後に山岡氏が解任されたので、活字になつた際には編集部によつて「更迭してもらひたかつた」と修正が加へられた。

私は旧臘十二日に（金正日の死の五日前といふことになる）、宮崎県議会の通称「拉致議連」の勉強会に呼ばれて講話をした。そしてその際、「膠着状態にある拉致問題に、次に動きがあるとすれば、金正日の死を措いてほかにはない」といふ旨の従来からの持論を語つたのだが、急死したことにはやはり驚いたし、何より、国際裁判にかけて然るべき運命を辿らせることが出来なかつた悔しさを感じた。しかし同時に、「好機到来せり」といふ思ひも極めて強かつた。だが、それから二週間あまりが経過したが、「東日本大震災」をめぐる内政の不手際と一連の騒動ばかり目立ち、政府の動きは全く見えて来ない。

私の講話の前日に、東京では政府主催の「拉致問題シンポジウム～すべての拉致被害者の救出に向けて～」といふ行事が開催された。「救ふ会宮崎」の代表ゆゑ、私にも事前に案内状が来てゐたが、私は上京する気には全くならなかつた。送られて来たチラシに「一人でも多くの国民の方々に拉致問題の一日も早い解決の必要性を御理解いただくために」開催すると書かれてゐたからである。十年前ではあるまいし、今必要なのは「具体的方策」ではないか。誇張ではなく、私は怒りに体が震へた。

これを起草し、これを認可した役人は「内閣官房拉致問題対策本部」とやらで高禄を得てゐるのである。何といふ「役所仕事」か。いやいや、「役所仕事」とは過褒かも知れぬ。何となれば、チラシの最下段には「拉致問題シンポジウム事務局：株式会社オーエムシー」とあつたからで、「外注」のシンポジウムなのである。私は対策本部に宛てて、抗議のメールを送つたが、勿論梨の礫であつた。

一ま、雑魚どもはどうでも良い。野田首相には、ブルーリボンバッヂを身に着けるだけでなく、一刻も早くあの無能な山岡拉致担当大臣を更迭してもらひたい。そして、自ら担当大臣を兼務して「トップ会談」に道筋をつけるべきである。この機を逃したら、またぞろ膠着状態となるであらう。〈了〉

投票率と教育

『國民新聞』（年頭所感特集号）第一九一八一号（平成二十五年一月二十五日）に掲載。

先般の衆院選挙での民主党の惨敗は当然のことであり、私自身も望んだことであつた。個人として応援してゐた保守系の候補者たちも概ね順当に当選し、慶賀の至りであつたが、私はそのことよりもむしろ、仙石由人、松本龍、平岡秀夫、田中真紀子（以下略）の各氏のやうに、イデオロギーはともかく、先づ以て人間として全く信用出来ない面々が自身の選挙区で落選したことの方を喜んでゐる。そして、どうしてさういふ結果となつたかを私なりに考へてみて、どうも投票率と関係があるらしいと思ひ至つたのであつた。

今回の投票率は、全国平均が五十九・三二パーセントださうで、我が宮崎県はそれより三・六ポイント低い五十五・六九パーセントで、史上最低の投票率であつた。宮崎の三つの小選挙区のうち有権者数が最多の一区は、大臣経験者の中山成彬氏（参議員の中山恭子氏の御夫君）が日本維新の会から、今回当選した新人（元県議）の武井俊輔氏が自民党からそれぞれ立候補、それに前回当選した民主党代議士の川村秀三郎氏、参議院議員を辞めて日本未来の党から立候補した外山斎氏、等々、かう言つては語弊があるが、予断を許さない大変面白い選挙であるやうに私には思はれた。にも拘はらず、結局、投票率は五十五・七七パーセントに過ぎなかつた。他の二区も似たり寄つたりであり、正直、この投票率の低さに私は驚いたが、それは全国的にも同様であつた。前回は七十パーセントに近かつたのである。当然、投票率低下を嘆く言論があつたけれども、果たして嘆く必要があるかは些か疑問である。

投票率はその日の天候に左右されるといふ。確かに、当地は好天だつたから遊山に出かけた有権者も多かつたであらう。実際、そのやうに分析するテレビの解説者もゐた。しかし、「期日前投票」の制度もあるのだから、理由としては弱からうと思ふ。さうではなく、前回のやうに、マスメディア(特にテレビ)によつて作られた「政権交代」といふ二者択一の単純なテーマがなかつたから、即ち、選ぶべき党も政治的課題も多く、難しい選択を迫られたから、面倒臭くなつた有権者が多かつたといふだけのことではなからうか。

これは宮崎だけのことではなく、要するに、テレビ以外に情報源を持たぬやうな人たちが投票しなかつたので「浮動票」が動かず、全国的に選挙結果が落ち着くべき所に落ち着いたのだと、私は思ふのである。日本未来の党の大敗にはさうした理由もあつたのではなからうか。さう考へれば、投票率が低いといふのも強ち悪いことばかりではないやうに思はれる。

しかし、投票所に若者の姿が極端に少なかつたといふのは、これはこれでやはり大きな問題であつて、教育の課題の一つである。また、「馬鹿も一票、利口も一票」が「民主主義」の原則ならば、利口を増やすしかなく、これもまた教育の課題であらう。安倍内閣の「教育再生」に期待しつつ、先づはお手並み拝見と行かう。(了)

英語教育が必要なのは誰か

『國民新聞』（年頭所感特集号）第一九一九一号（平成二十六年一月二十五日）に掲載。

政府の諮問機関「教育再生実行会議」も自民党の「教育再生実行本部」も共に、英語教育の早期開始に熱心のやうに見える。昨年九月には、義家浩介文部科学政務官も東京五輪を意識して、「七年後に若者たちが日本を案内、説明出来るやうに小学校の英語教育を強化する。『おもてなしの心』を外国人に語れるやうにしたい」と語つてゐた。しかし、揚げ足を取るわけでは決してないが、「おもてなしの心」とは文字通り「心」の問題であり、それがどこに出るかと言へば、言葉よりも態度、実践においてなのだから、英語とは何の関係もなからう。

とは言へ、「発信」といふ意味では英語に強くなること自体は悪いことではない。だが、現行の教科書では日本を発信する力は育たないし、自国の神話や皇室について一切教へずに英語教育を行ふのであれば何の意味もない。また、母語の言語感覚がきちんと育たないうちに英語を教へることの是非はどうなのか。母語も英語も中途半端になるのではないか。事実、さういふ主張をする専門家もゐる。

いづれにせよ、国家の主権が侵されても、判で捺したやうに「遺憾である」としか言はない歴代官房長官を見てゐると、これが英語に訳されればregret（残念）になつてしまふといふ言語感覚ぐらゐはせめて持つてゐて欲しいものだと思ふのである。〈了〉

英語教育早期化は文化的根無し草の量産に繋がる

『國民新聞』(年頭所感特集号)第一九二〇一号(平成二十七年一月二十五日)に掲載。

下村博文文科大臣は「英語教育早期化」にずいぶんと御執心らしい。昨年十一月には「中教審」に対して英語教育開始の一層の早期化と教科化について諮問したとのことである。英語教育の早期化についてては昨年のこの欄でも触れたが、あれから一年。私が今なほ最も危惧することは、専門家たちの言ふ「セミリンガル」(一つの言語を十分に使へない人間)の問題である。彼らセミリンガルは「認知的学術的言語能力」、つまり、学問的な事柄を理解する言語能力が必然的に不足する。英語教育の早期化により、日常英会話には困らなくても、きちんとした文章の読み書きや抽象思考が——英語でも日本語でも——出来ない同胞の数が一層増えるであらう。考へてみれば恐ろしい話である。

英語の時間が増えれば、必ず国語の時間が減らされる。日本人の長所や文化と決して無関係ではない日本語を犠牲にしてまで、早くから英語を課す必要はあるまい。そもそも、「英語使ひ」として名を成したやうな人のほとんどは、中学から始めて、努力と才能で名を成したのである。

外国語を学ぶといふことは、その外国語の持つ文化やイデオロギーをある程度受け入れることを意味する。従つて、日本語とその文化がしつかりと身に付かないうちの英語学習は、中途半端な英語の影響を受けた「文化的根無し草」の量産となるほかあるまい。「独自性を保つには、如何なる文化も自らに対する忠誠を失つてはならない。そのためには、他文化に対して鈍感でゐることも必要である」(大意)とは、碩学クロード・レヴィ＝ストロースの教へるところである(『レヴィ＝ストロース講義』川田・渡辺訳、平凡社ライブラリー参照)。〈了〉

第六部　『時事評論石川』

『時事評論石川』は北潮社の発行するタブロイド判四頁の月刊ミニコミ紙である。『月曜評論』の編集長、中澤和茂氏がこれも編集してをられ、折々に「かくかくしかじかのテーマで」といふ注文を下さつた。

今、我々に必要なこと――パスカルに学ぶ

『時事評論石川』第五三三号（平成十年七月二十日）に掲載。

私はフランス思想研究を表看板に掲げる一介の大学教師に過ぎず、書斎でフランス十七世紀の文献や辞書を矯めつ眇めつ読むことに大きな悦びを感ずる類の人間、即ち、典型的な書斎人である。だが、今度ばかりは黙つてをれぬといふ気分になり、実行委員長となつて、過日、宮崎市の神宮会館で「北朝鮮に拉致された日本人を救出する宮崎の集ひ」を開催し、その後の街頭署名活動でもマイクを握つて通行人に協力を呼び掛けたのであつた（「集ひ」については本書九十七頁参照）。

私が柄にもなくさういふ活動に挺身しようと考へた第一の理由は、二十年間も塗炭の苦しみを嘗めてゐる囚はれの同胞とその御家族がゐるといふ事実が、私の感情を強く波立たせずにはゐなかつたからである。だが、それだけではない。惻隠の情ならば、例へば厚生省の不作為によつてエイズに罹患した人々にも持つてゐるが、傍観者の域を出なかつたし、今後もさうであらうと思ふ。しかし、この拉致事件は、国家の根幹に係はつてゐて、それゆゑ、日本人として決して見逃し得ぬ事態であると考へたからにほかならない。さらに言へば、戦後日本の抱へる全ての問題が、この事件への政府の対応に凝縮されてゐるやうに思はれたのであつた。そして、その背景にありながら同時に核心的とも言へるのが、我が国に瀰漫《びまん》する平和を絶対善とする平和主義なのである。

私はこの平和主義ほど愚劣なものはないと思つてゐるし、また、それは戦後日本における最大の虚妄であり、我が国に精神的厄災をもたらし続けてゐる元凶だとも考へてゐる。鋭敏な識者たちが何度も指摘して来たにも拘はらず、今なほ、「保守派」陣営に属する物書きの文章の中にも、或いは、所謂「戦争資料館」などの出鱈目な展示を正さうとするまつたうな市民団体のパンフレットにも、この「平和」といふ二文字が意味ありげに踊ることがあるから、このことは繰り返し言はなくてはならない。

平和主義は戦後日本の虚妄

私は「ヨーロッパ文化論」といふ授業で、しばしば戦争と平和について語る。なぜなら、文化と戦争は切つても切れない関係にあつて、戦争といふ非常事態においてこそ、民族や国家の文化が端的に表はれるからであり、また、戦争は本質的に文化の攻防だからである。だが、平和といふものが、「戦争の欠如状態」であつて、要するに、「単なる事實を示す消極的な意味に過ぎず、何等かの價値を示す積極的な意味として使用し得ぬもの」(「平和の理念」)といふ、福田恆存が三十年以上も前に書き、今なほ修正の必要を全く要しない正論を学生に紹介しても、これをすぐに理解することは今の学生にはほとんど不可能である。何しろ、生れた時から、如何なる戦争も悪であり、平和は絶対的に善であると徹底的に教へられ続けて来たのだから是非もない。

そこで私は、戦争と平和の問題を「健康と病気」といふ話題に置き換へて説明することにしてゐる。即ち、健康とは「病気の欠如状態」であつて、それは人間としての善悪や価値とは関係がない。

健康な悪党もゐれば、病気がちな善人もゐる。従つて、健康そのものは「消極的な意味」しか持ち得ない。

一方、この世で何か価値のあることを成し遂げようとして、その際に健康が前提条件となることがある。だが、その何かを成し遂げるために敢へて健康を度外視しなければならぬ時もある。不眠不休で患者の治療に当たる医師に、自己の健康を顧みてゐる暇はない。人間の積極的な価値とはさういふものである。だから、健康も平和も、それ自体では「積極的な意味」を持ち得ない。従つて、健康を人生における最高の価値と看做すのが間違つてゐるのと同様、平和を絶対善とする考へもまた間違つてゐるのである……。ここまで言ふと、少なく見積つても、三分の二の学生はこれを理解する。

平和は絶對的な価値ではない

そこで今度は、『パンセ』の第二写本にある次のやうなパスカルの文章を紹介する。「国家における平和といふものが国民の財産を確保することだけを目的としてゐるやうに、教会における平和は、(中略)真理を確保することだけを目的としてゐる。国家の中に異邦人が侵入して掠奪するのを黙過し、平穏を乱すのを恐れて抵抗せずにゐるなら、それは平和の目的に反することにならう。なぜなら、平和は財産の安全確保のためにのみ正当で有益なのであつて、財産が失はれるのを見過ごすのであれば、平和は却つて不当で有害なものとなり、財産を守ることの出来る戦争こそが、正当で必要なものとなるからである。教会においても同様である。真理が信仰の敵どもによつて蹂躙される時、そして敵どもが信者の心から真理を奪ひ取つて、そこに誤謬を蔓延らせようとする時、そんな時にまで平和の内に留らうとすることは、教会に仕へることであらうか、それとも教会を裏切ることであらうか。（中略）真理が行き渡つてゐる時に、平和を掻き乱すことが一つの犯罪であるやうに、敵が真理を破壊しようとしてゐる時に平和の内に留らうとすることは、これもやはり一つの犯罪ではなからうか。」

約三百数十年前に一人の天才が書いたこの明快な文章を読ませると、ほとんど全ての学生が、平和は絶対的な価値ではないといふ道理を理解する。けれども、これで十分といふことにはならない。これを読んで頭で理解することと、パスカルのやうに、「信仰の敵ども」との文字通り命懸けの戦ひを生きるといふことの間には、おそらく無限の距離があるのだし、さらに一層本質的な問題として、平和が絶対的な価値ではない、つまり真理ではないとしても、さりとて戦争に絶対的な価値があるわけでもないからである。

文化伝統に即した志を語り継ぐ必要

では、真理とは一体何なのか。

パスカルにとつてはキリスト教が唯一絶対の真理であるのは言ふまでもない。この「唯一絶対」といふ考へは、一神教を戴かない我々には馴染みにくいもので、場合によつては教条主義的にさへ聞えるであらう。しかし、キリスト教が真理であるか否かは別とすれば、右のパスカルの主張を読者は認めるに違ひない。そこには、自らの信念や理想や奉ずる真理を死守しようといふ強烈な意志が感じられ、紛れもなく人間の存在を確認出来るからである。人間は信念、真理、理想などと自らの間に紐帯を結ぶ時、初めて人間たり得るといふ不変の事実をパスカルは体現してゐたから、彼の思想は一向に古びることがないのだ。

また、うろ覚えで恐縮だが、三年程前、確かジェニングスとかいふ米国の連邦緊急事態管理庁の要人が、人間は自分を超えた「大義」に連なることによつて初めて十全の生を生きることが出来るのだが、今の日本人にはその「大義」がない、といふ意味のことを述べたことがあつた。彼が何を指して「大義」と言つたかは覚えてゐないけれども、戦後の日本人が喪失してしまつたものが、パスカルの言ふ「真理」やジェニングスの言ふ「大義」なのではあるまいか。「志」と言ひ換へても良い。

残念ながら、真理や大義が何であるかについて、明確に答へる用意は私にはまだない。けれども、真理や大義に背くものが何であるか、人は比較的容易に洞察出来るのである。丁度、「存在」とは何かを明確に定義出来ずとも、「存在」についての洞察は可能なやうに。パスカルやデカルトは、さういふ能力を「自然の光」と呼んだのだが、我々はそれを差し当たり「常識」と呼んで良いのではないか。そして、我々の常識は、我々の文化伝統によつて決定されてゐるのであり、借り物は決して身に付きはしない。だから、我々は我々の文化伝統に即した志をしつかりと保持し続け、その志をパスカルのやうに、政治的にではなく人間論的に語り続けることが、今最も必要なのではあるまいか。〈了〉

保守とは何か――福田恆存に学ぶ

『時事評論石川』第六二九号（平成十八年七月二十日）に掲載。

「保守派」とは便宜上のもの

周知の如く、最近、自他ともに認める「保守派」或いは「保守主義」の学者、評論家たちによる論争――時には些か感情的とも見える遣り取り――が論壇誌や所謂「ブログ」などを舞台として行はれてゐる。そんな状況を前にして、「保守」とは何かといふやうなことを改めて論じて貰ひたい、といふのが編集部からの私への注文である。こんな時、やはり振り返つて参考にしたいのが、私の場合、昭和日本を代表する最高の人間批評家で、多くの保守派論客に大きな影響を与へた福田恆存の所論である。

先づ言葉を確認しておきたい。福田によれば、保守主義とは、積極的なイデオロギーでもなければ、大義名分を振りかざす類の思想でもない。なぜなら、保守主義の発生は、改革主義（革新派）の方が最初に何らかの「敵」を発見して「現状不満派」となり、その敵に攻撃を仕掛ける、そして、その攻撃を見て初めて保守派は自分が保守派であることに気づく、といふ過程を経るのが通常だからである。さういふわけで、保守派は常に「後手をひくやうに宿命づけられてゐ」て、本来的に「消極的、反動的」なものである。従つて、福田は「私の生き方ないし考へ方の根本は保守的であるが、自分を保守主義者とは考へない。革新派が改革主義を掲げるやうには、保守派は保守主義を奉じるべきではないと思ふからだ」と言ふのである（「私の保守主義観」『福田恆存全集』文藝春秋、第五巻、四百三十七頁。以下、巻数と頁数のみ記す。原文は正漢字）。

つまり、一口に保守主義と言つても、思想的に明確な旗印といふものがあるわけではなく、革新派の攻撃に対するある種の「反応」の仕方といふことになる。だが、その「反応」を生み出す何かが保守派の側に予め存在することも確かなことであらう。敢へてその旗印を表現してみるなら、観念的・目的論的で未だ実証されもしなければ経験によつて確かめることが出来ない事どもよりも、歴史の重みや種々の伝統、風雪に耐へた習慣や万古不易の美徳、或いは民族において蓄積された体験、思想などを、相対的に重要視するといふやうな心の構へのことではなからうか。そしてさらに、ある種の懐疑主義をそこに付け足すことも可能かも知れない。「人類の目的や歴史の方向に見とほしのもてぬことが、ある種の人々を保守派にする」と福田は言つてゐる（同、四百三十九頁）。

一応そのやうに考へた上で、ここでもう一つ考慮すべき事情がある。それは、私たちはある思想家なり批評家なりを「保守派」であるからといふ理由で読むことはあつても、それを理由として賛同したり尊敬したりするわけではないといふことである。言ひ換へれば、私は福田恆存に私淑して来たが、それは福田が「保守派」に属してゐるからではない。二十歳の頃、一読して啓発され、凄いと思つたこの思想家が、当時の論壇で「保守派」と言はれ、御本人もさういふ役回りを演じてゐたといふだけのことである。さう考へれば、当然の事ながら、大事なのは思想家の思想や表現それ自体であつて、ある批評家が所謂「保守派」に属するか否かといふことは、ただ思考のために読書する者にとつて本当はどうでも良いことなのだ。「保守派」とは、他のレッテルと同様、便宜上のものと心得ておけば良いことかも知れない。実際に、保守派と言はれる評論家の中にも様々な顔ぶれがあり、高級な保守派から低級な保守派もしくは時流に乗つた似非保守派までがゐて、読者も自分の中で自分なりの尺度による東西の「番付表」を作成してゐるのに相違ない。

往復運動的な「懐疑主義」

しかし、さう考へてみても、やはり「保守」といふ言葉に、人はそれぞれ、意識的か否かに拘はらず、何かある限定された意味を持たせてゐるのではなからうか、何となれば、歴史や伝統を遵奉するといふだけでは、現実肯定的であつたり消極退嬰的であつたりする思想とあまり差がなくなつてしまふであらうから。

そのやうな意味において、私の考へる、と言ふより、私が福田に学んだ保守主義は、やはり強靭な懐疑主義に支へられてゐることを大きな特徴としてゐるやうに思はれる。勿論、「何事にも懐疑的」といふやうな懐疑主義ではない。自分の立脚点を自分で脅かすやうな懐疑であり、懐疑することが信じることに繋がり、信じることが再び懐疑に繋がるやうな、言ふなれば往復運動的懐疑主義である。

福田は三十歳代半ばにして既に表明してゐる、「ぼくはぼく自身の現実を二律背反のうちにとらへるがゆゑに、人間世界を二元論によつて理解するのである。(…)あらゆる事象の本質に、矛盾対立して永遠に平行のままに存在する二元を見るのである。この対立を消去して一元を見いださうとするひとびとの性急さが、じつはぼくにはふしぎに見えてしかたないのである」と（「一匹と九十九匹と」第一巻、六百四十六頁）。「すべてが二元論です。愛と憎、善と悪、生と死、平和と戦争、すべてがさうです」（「絶対者の役割」第六巻、二百八十五頁）。

しかし、福田は、平和でなければ戦争、身方でなければ敵、善でなければ悪、白でなければ黒といふやうな、単純な一元論を排除しようと懸命だつたのであり、言ふまでもなく、彼の二元論はただその二項対立を認識してそこに安住するといふ類のものではない。むしろそれは、自己のクリティカル（危険）な様をクリティカル（批評的）に見るクリティック（批評家）としてのふさはしくも厳しい営為の結果なのである。

さうなると、勢ひ、主体としての自己そのものについての表現は幾分の不可知論的ペシミズムの色を帯びざるを得ない。「保守的な生き方、考へ方といふのは、〔世界や歴史についてだけではなく〕主体である自己についても、すべてが見出されてゐるといふ観念をしりぞけ、自分の知らぬ自分といふものを尊重することなのだ」（「私の保守主義観」第五巻、四百三十九頁。〔　〕内は引用者）。勿論、必要なのは精神の往復運動なのだから、「自分の知らぬ自分」の発見で事足れりとするのではなく、その発見が「自分を知らう」とする新たな要請に道を通じてゐなければならないのである。

「素直」で「正直」であれ

このやうに見てくると、保守（主義）とはある種の精神のありやうそのもの、ある種の精神の態度の謂にほかならないのだから、反米だとか親米だとかの政治的用語に過ぎないものを「保守」の頭に被せてもあまり意味はあるまい。反米も親米もあくまでも政治的選択肢に過ぎず、その時々の国際的政局に応じて変化するし、変化して良いのであつて、しかし、保守といふ精神的態度は不易の価値の存在を信じるゆゑに不易なものである。「保守派はその態度によつて人を納得させるべきであつて、イデオロギーによつて承服させるべきではないし、またそんなことは出来ぬはずである」と福田は戒めてもゐる（同、同頁）。

福田も「論争のすすめ」を書いてゐるぐらゐである。保守派同士、論争は徹底的にしたら宜しからう。しかし、その際、自己保身の嘘だけは保守派の名に懸けてやめて欲しいと思つてゐる。福田は最後に書いてゐる。「保守派は無智といはれようと、頑迷といはれようと、まづ素直で正直であればよい」のだと（同、同頁）。蓋し、名言であらう。〈了〉

歴史は物語である

『時事評論石川』第六六一号（平成二十一年三月二十日）に掲載。

田母神氏の「空爆」

またもや「歴史認識」騒動である。勿論、田母神俊雄前空幕長解任問題のことだ。田母神氏には災難であつただらうが、氏はその後、雑誌や講演会、或いは自著などで自説を開陳、大変な人気のやうであり、また、氏の応援に回る論客も大勢ゐるやうで、愚昧この上なかつた村山元首相の「談話」や「戦後民主主義」的史観を批判的に見てゐる国民が如何に多いかが今回浮き彫りになつたと言へるであらう。氏の言論による「空爆」の成果であり、そして、その「空爆」は今なほ、あちらこちらで火の手を上げてゐるやうである。

そのやうな折り、『諸君！』（残念ながら近々休刊が決まつたと言はれる）の四月号で、田母神論文の価値を認める西尾幹二氏と、同論文を「陰謀史観」と切り捨てた秦郁彦氏が論争的対談を行つてゐる。

一読、私は西尾氏の考へに共感し、秦氏の発言にはしばしば首を傾げざるを得なかつた。この人はいいことも言ふし、きちんとした業績もあるので安心してゐると、時々とんでもないことを言ひ出す癖があるので、私の氏に対する評価はこれまでも一定しなかつたのだが、今回、秦氏の「正体見たり」といふ感を強くした箇所があつた。西尾氏が真珠湾攻撃におけるルーズベルト陰謀説の最新の成果に触れたところ、秦氏は何と、「こういうものは日米関係にも決してよい影響は与えません」と応じてゐるのである。これが自称「プロの歴史研究者」の言ひ分なのだから、比喩ではなく、私は我が目を疑つた。勿論、西尾氏は、「(そんなことは)政治家が言うべき言葉で、歴史家の言葉ではありません」と窘めてゐるが、以上は、西尾氏ならずとも、「日本史の専門家と聞いただけで眉に唾」したくなるやうな話であらう。

だが、私は歴史家ではなく、何事であれ、原理もしくは原理的思考の方に興味がある人間なので、細かい「歴史的事実」には立ち入らず、本稿では、歴史とは何かといふ問題を、あくまでも原理的に考へてみたい。

先祖や子孫への責任

他の事象と同様で、歴史についても様々な考察や態度が可能であらうが、その中で最も大事なものは次の四点ではないかと私は常々考へてゐる(他の場所にも同様のことを書いてゐるが、持論なので繰り返しをお赦し頂きたい)。

第一に、秩序を保ちつつ歴史を考察したり叙述したりするためには、何らかの観点が必要であるといふこと(一定の観点がなければ秩序立てて考察することが出来ない)。第二に、その観点は、誠実な思考と表現を心掛ける限り、自国の観点以外にはないといふこと(人は自分の観点に依拠する以外に、責任を持つて何かを断言することは出来ず、民族や国家も同様である)。第三に、歴史は精神的なものを内包した連続体であつて、認識主体である我々もまたその連続の過程に属してゐるのだから、歴史を真の意味で客観視出来ると思ふのは間違ひである（歴史は科学ではない）。第四に、歴史は今生きてゐる我々だけのものではなく、もはや語ることのない先祖やまだ言葉を持たない子孫のものでもある（彼らに対する責任が何より重い）、といふことである。

仮にこのやうに考へてみると、「村山談話」とはただただ政治的な謝罪文といふほかないもので、「歴史認識」などといふ高級なものではない。そもそも、「私は（反省とお詫びを）表明致します」といふ文言に明らかなやうに、個人的な意見に過ぎぬものであつた。そんなものを金科玉条の如く扱ひ続け、「政治的判断」とやらで「村山談話の継承」を謳つて来た歴代政府の罪は真に重いと言はざるを得ぬ。と言ふより、我が国の政治的閉塞感を助長し、仮想敵国によつて政治的に悪用されることが分かり切つてゐる談話を「政治的判断」で継承するといふのはおよそ狂気の沙汰であらう。

イデオロギーに過ぎぬ

そもそも歴史とは何か。小学館の『国語大辞典』によれば、先づ、「人間社会の時間による変化のあと。また、その、ある観点から秩序づけられた記述」とあり、一方、フランスの代表的辞書『プチ・ロベール』によれば、「記憶に値する、もしくは値すると判断された過去の出来事、及び、人類（或いは社会的集団、人間の活動）の進展に関連した事象についての知識或いは報告」とある。然り、歴史とは「ある観点」から語つてのみ成立する言語世界であり、そもそも「ある観点」がなければ、言語世界を「秩序づける」ことは出来まい。そして、「ある観点」を設定するのも後世の人間であるならば、事象が「記憶に値する」か否かの選択も後世の人間の手に委ねられてゐるわけである。つまり、歴史はそれを語る我々と無関係に独立して存在してゐる実体ではないといふことだ。それゆゑ、ヨーロッパ語では、「歴史」と「物語」とは同じ語で表されるのである。

「客観的歴史」とは理想或いは幻想として我々の頭蓋に宿るのであつて、歴史を固定された静的な実体と捉へ、客体化出来ると考へること自体が誤りだと言へよう。歴史は有機的な生き物であり、それを論ずる我々もまた有機的な生き物であるからだ。さういふところを無視出来る者だけが、いとも簡単に「世界に通用する歴史認識」だとか「史実」だとか「定説」だとか「学説」だとか、その種の言葉を使ひたがるのだ。或いは、「研究」を通じて「客観」に辿り着くといふ錯覚を抱くのである。研究や検証によつて歴史の客観的真実が見えて来るといふのは、実は一つのイデオロギーでしかない。

一般に、ヨーロッパの学者は、ジャーナリストもさうだが、あまり「客観、客観」とは言はない。主観―客観の峻別といふ哲学的素養がなせる技であらう。無論、歴史において研究や検証が全く無益だと言ふのではない。むしろ細かな事実関係の議論には必要でもあり有効でもある。簡単な話、「南京市民三十万人虐殺」といふデタラメを否定するために、当時の南京の人口は二十万であつたといふ検証や人口変動の研究は有効であらう。しかし、そもそも日本がどうして大陸に進出してゐたか、といふやうな大きな歴史のうねりのやうなものになると、細かな事実関係だけではどうしやうもないのである――それに、事実と言つても、無数の事実から一部の事実を選んだのは神ならぬ人間ではないか――。

これを要するに、歴史といふものは「現在と過去の対話」（E・H・カー）なのであつて、善悪判断の思考実験の場ではない。「歴史の中に諸理想を持ち込んではならない」（オルテガ）のである。そして、我々にとつて歴史を学ぶ最大の目的は、「歴史を考へ直し、想像し直すこと」（G・K・チェスタトン）であらうし、福田恆存ならば、「何が事実かといふことではなく、何を事実と見てゐたか、その昔の人の心に接すること」だと言ふであらう。歴史は物語であると言ふ所以である。（了）

保守と教育──知育を徹底的に授けることが教育の鍵

『時事評論石川』第六六九号（平成二十一年十一月二十日）に掲載。

下手な反省は英霊の否定に繋がる

去る八月十五日、私は宮崎市で開かれた「戦没者を追悼し平和を祈念する日の集い」で講演を行つた。この日の名称は、周知のやうに昭和五十七年、鈴木内閣の時に閣議決定されたものだが、私は以前から違和感を感じてをり、この「集ひ」での十二年ぶり二度目の講演となつた今年は何とかそれを言葉にしたいと思つてゐたところ、私の前に挨拶をした宮崎県の有名知事が、「とにかく戦争は悲惨です。戦争はしてはならない」の一点張りで話を終へ、続く宮崎市の市長に至つては「不戦の誓ひ」などといふ空念仏を唱へたものだから、これはやはり一言言はずばなるまいと思ひ、「後出しじゃん拳」のやうではあつたが、自分の講演の際、私は話の枕の部分で大略かう言つた。「身も蓋もない言ひ方になるが、平和は祈念の対象でもなければ、祈念したからと言つて得られるものでもない。国家的・政治的・軍事的意志に支へられた具体的な行動によつてのみ守り維持出来るものである。それから、戦争と平和は反意語なのだから、あまりに平和を絶対善のやうに扱ふと、必然的に戦争は絶対悪の如きものになつてしまひ、それでは戦没者は浮かばれぬ。従つて、この後予定されてゐる黙禱の時間には、ひたすら感謝と哀悼の意を捧げるべきであり、些かも反省の念を含ませる必要はない。下手な反省はそのまま英霊の否定に繋がる」と。

二人の首長がどのやうな顔で私の講演を聴いてゐたのかは、舞台からはよく見えなかつたが、私は本当に腹立たしい思ひで語つたのだつた。二人はどちらかと言へば保守系なのであらうが、思考停止の愚に保守も革新もない。必要なのは事実に立脚した洞察力であらう。人気知事にしてこの為体《ていたらく》なのだ、地方分権なんぞ考へるだに恐ろしいではないか。

「ゆとり教育」による低学力化、非常識化

さてその講演でも語つたことだが、所謂「ゆとり教育」による学生の低学力化と非常識化は極に達し、二の句が継げないやうな事態が頻繁に生ずるやうになつた。名前を訊けば「タカシです」と言ふので「どんな字だね」とよくよく訊いてみると、それは何と名字ではなく名だつたり、克己心を「かつきしん」と誤読したり、「インド洋」と訳さねばならぬところで「インド海」と言つたり。はたまた、「上から目線」などといふ業界用語をそれとは知らずにレポートの中で用ゐるし、挙げ

句の果てに、船の描写で「マストが三本」と説明をしてゐると、「先生、マストつて何ですか」と質問する始末なのだ。

今の大学二年生といふのは、ゆとり教育の最終段階が始まつた平成十四年に中学校に入学した学年であり、ゆとり教育といふぬるま湯に六年間どつぷり浸かつた世代といふことになる。年々、学力の低下には悩まされて来たが、現三年生との差は非常に大きいと、同僚の声も概ね一致してゐるし、他大学でも似たり寄つたりであらうと思ふ。それにしても、小学校一年からゆとり教育を受けた世代が大学に入学するまであと四年半だ。これも考へるだに恐ろしい。

かうした学生たちの惨状を見るにつけ私が最も危惧するのは、あまりの無知ゆゑに思考停止の日本人が増え、テレビマスコミ程度の知識・思考力しか身に付かず、その結果、ポピュリズムを旨とする現政権に手もなくやられ、日教組教育はさらに浸透して浅薄、無思慮、それこそ「一億総白痴化」が一層進んでしまふのではないかといふことである。

問題の二年生に課したレポートに、二人の学生がそれぞれ同じことを書いてゐた。曰く、ある学生が韓国に行きタクシーに乗ると、年配の運転手が日本語で話しかけて来た。驚いた学生が理由を尋ねると、創氏改名だの日本語の強制だのを例に取り、「もつと歴史を勉強せよ」と説教されたといふ。よくある自虐的与太話だ。同僚のさるリベラル教師が授業で語つたらしい。私もまたヨーロッパ文化を教へながら、自国の歴史の勉強が如何に必要かを説いてゐるので、二人の学生は私の日頃の主張と同じだと早合点したのだが、私としては、彼我の主張の違ひが全く理解されてゐない現実を突きつけられて憮然たる思ひであつた。勿論、後日、彼らに、巷間流布してゐるこの種の与太話の与太話たる所以を教へはしたが、事程左様に、無知はリベラルに弱く、リベラルは無知につけ込むものなのだ。

「パンとサーカス」のみに生きる人間

勿論、このやうな無知の原因をゆとり教育にのみ帰すことは出来ないであらう。中学生の四割は学校以外で全く学習をしないさうだが、それにはゲームや携帯電話の存在が深く関係してゐると、しばしば指摘されてゐる。そしてまた、一方に明るい兆しの見えぬ経済不況や商品の偽装問題、もう一方に囚はれの同胞を奪還出来ずにゐる情けない国。かういつたものを見せられ続けたら元気が出るわけはないと、私も多少若者に同情せざるを得ない。

しかし、理由の詮索はともあれ、かうも思ふのだ。活字数の多い新聞や月刊誌を読む学生は今やほとんどなく（『文藝春秋』など誰も読まないどころか存在すら知らない）、テレビにしてもバラエティといふ名の白痴番組しか見ずニュースは見ない（それゆゑ、第二外国語でフランス語を選択した学生でさへ、その半分以上がサルコジの名を知らないといふことが起きてゐる）。ネットで流されるニュースのうち、芸能ネタ程度のものしか見てゐない。さうなると、国家だのイデオロギーだの主権だのといつた七面倒くさい事柄は他人任せ、自分たちは「パンとサーカス」のみに生きるといふ人間が圧倒的な量に達し、また、そこにつけ込む勢力も増えるであらう、と。

このやうな問題に特効薬などありはしないし、処方箋を書くことなど私に出来るわけもないが、さりとて拱手傍観するわけにもゆかない。同憂の士が各方面で様々な工夫努力を重ねてゐるので、その成果も期待したいが、ここでは「保守派」を自任する私のやうな人間は基本的にどのやうに考へたら良いかを最後に論じたい。

教育で可能なことは何か

先づ指摘しておきたいことは、保守派だからと言つて、教育において特別な秘策があるはずもないといふことだ。私に言はせれば「保守」とは「観念的・目的論的で未だ実証されもしなければ経験によつて確かめることも出来ない事どもよりも、歴史の重みや種々の伝統、風雪に耐へた習慣や万古不易の美徳、或いは民族において蓄積された体験・思想などを、相対的に重要視するといふやうな心の構へのこと」であり、これに懐疑の精神を加へれば、私の言ふ「保守」の定義は一応完成する（本書二百六十二頁参照）。

だとするなら、保守はそもそもイデオロギー的積極性を持たないのだから、「教育において可能なのは、知識と技術の伝達あるのみ」（「教育・その本質」以下同様）といふ福田恆存のペシミズムを今一度噛みしめることが肝要であらう。福田は「教育の力で社会や人間を変へうるなどといふ妄想はいだかぬがいい」とさへ言ふ。ただし、このペシミズムは「真に教へるに値するものは知識ではなく『人間的なるなにものか』といふ理想主義的オプティミズムと充分に両立しうる」とも言つてゐる。要するに、知育か徳育かといふ二者択一の問題ではなく、「教育においていつも変らぬ原則は、自分が真に所有してゐるものだけしか、子供に与へられぬといふこと」を先づ自覚した上で、「知識だけを教へる過程において、同時に、知識にたいする態度がおのづと生徒に伝はる」といふ

「教へる側の無意識のうちに授受される人間教育」を信ずることこそが大事だといふことである。「生きる力を育てる総合的学習」なんぞは廃止して、学童や学生に先づは知育を徹底的に授けることこそ教育の鍵であり、それだけがひよつとすると日本の再建に繋がるのかも知れないと私は考へる。

〈了〉

哲学は何の役に立つのか――言葉の軽視は道徳的犯罪であり堕落である

『時事評論石川』第六七五号（平成二十二年六月二十日）に掲載。文中、「今の宰相」とは当時の管直人首相のことである。右だの左だのといふ政治論議も大事だが、今回は政治以前の人間論的な内容の考察を書いて欲しいと言はれ、それならと書いたのが以下の文章である。

言葉をより厳密に使ふ努力

「哲学」とひと口に言つても、どこに眼目を置いてゐるかにより、伝統的に、存在論、認識論、倫理学などに分かれるであらうし、現代なら、さらに細分化される傾向にあるから、哲学は皮肉屋A・ビアスによつて、「どこからともなく出て来て、無へと通じている数多くの道から成り立っている一つの道」（『悪魔の辞典』奥田他訳、角川文庫）などと諷刺されることになるのだが、ここでは、作家アンドレ・モーロワが言ふやうに、哲学とは「叡智への愛であり、従って一つの道徳の探求である」（『アラン』佐賀健訳、みすず書房）ぐらゐに考へておくことにする。私もこの考へに同意する者だからである。

「叡智への愛」といふのはフィロソフィアの原義が「愛知」であることを知る者にとつては当然のことであるが、愛知や知の獲得の場から、知よりも深大な何かに道が通じてゐなければ、私は哲学を学ぶ気になれないのである。知は常に出発点にとどまり、人生には知よりも大事なものがあるやうに思はれるからだ。

私は若年の頃、西洋哲学を囓つた者だが、キリスト教も含めて未だにあまりよく分からないといふのが正直なところである。しかしながら、哲学者の木田元氏によれば、「哲学は不幸な病気」らしいし、氏が言ふやうに、「自分たちが存在するものの全体（＝自然）のうちにいながら、その全体を見渡すことの出来る特別な位置に立つことが出来る」といふ考へ方は「西洋という文化圏だけに生まれたものであり、そのやうな「特殊な思考法が哲学と呼ばれた」のだとすれば（『反哲学入門』新潮社）、私に分からないのも無理はなく、いつまでも哲学にかかづらふことをしなかつたのは賢明だつたとさへ思はれるのである。

しかし、哲学（者）に学ぶべき事柄といふものもやはりあるのであつて、それは、しばしば言はれることではあるが、「徹底的な懐疑の精神」と「言葉の厳密な吟味」といつたものではなからうか。要するに、出来合ひの観念や定説を疑ひ、言葉の完全性について懐疑しつつも、否、それゆゑにこそ、言葉をより厳密に使ふ努力をするといふことである。

大江健三郎の無神経

およそ西洋哲学史・思想史において、言語を最も根本的に懐疑したのはパスカルではなからうか。B・パランといふ哲学者は次のやうに書いてゐる。「パスカルを論駁しない哲学は、すべて空虚である。そして、いかなる哲学も、おそらくパスカルの論駁に成功することはないであろう。というのは、パスカルは、およそ哲学なるものの基礎である言語を破壊することによって、哲学そのもののを論駁しているからである」と（『ことばの思想史』三嶋唯義訳、大修館）。この「言語の破壊」といふことについて詳細に説明する紙幅がないが、一つだけ説明すれば、パスカルは定義不可能な言葉があると断言したのである。どういふことかと言へば、彼は「存在」は定義出来ないと言ふ。存在を定義するためには「存在とは……である」と言はねばならず、「ある」は存在のことだから、「定義の中で定義される語を使はねばならない」と言ふわけである（『幾何学的精神について』）。言語の内在的限界を突いた根本的な言語批判と言へよう。

そのやうなパスカルであれば、次のやうな愚昧な文章だけは書くまいと思ふ。「そこで（定義が難しいので）、世界文学という定義のかわりに、世界言語ということを考えてみてはどうかと私は思いついたわけなのです。（中略）ともかく私は世界言語というものがあればいいと思います。世界言語が実現すれば、それが文学者の夢であろうとも思います」（大江健三郎「世界文学は日本文学たりうるか？」『あいまいな日本の私』岩波新書）。

「実現すれば、それが夢」といふ非論理性もひどいものだが（それとも「実現すればいいなあといふ夢だ」といふ意味かも知れぬが、拙劣さに選ぶところはない）、それ以上に、内実を明示せずに「世界言語」とやらを論ふ無神経には恐れ入るしかない。パスカルなら、「想像力」が好きなこの作家には、「想像力といふのは、途方もない見積もりによつて、小さな物を我々の魂を満たすほどまでに拡大し、また、図々しい思ひ込みから、大きい物を自分自身の背丈に合ふやうに小さくするものである」（『パンセ』）と、皮肉たつぷりに言ふかも知れない。

「論壇」を信じるな

一方、「言語の混乱を取り除く」ことを自らの課題の一つとしたウィトゲンシュタインは、弟子のN・マルコムに宛てた手紙で、次のやうに言つてゐる。少し長い引用になるが、味読に値する文章なのでそのまま掲げる。

「二人で川沿いに鉄橋の方に向かって歩いていた時、君が言い出した〈国民性〉について激論したね。あの時、僕は君の意見のあまりの幼稚さに驚嘆した。僕は、あの時、こう思った。哲学を勉強することは何の役に立つのだろう。もし論理学の深遠な問題などについて、もっともらしい理窟がこねられるようになるだけしか哲学が君の役に立たないのなら、また、もし哲学が日常生活の重要問題について君の考える力を進歩させないのなら、そして、もし〈国民性〉というような危険きわまりない語句を自分勝手な意味にしか使えないジャーナリスト程度の良心ぐらいしか、哲学が君に与えるものがないとしたら、哲学を勉強するなんて無意味じゃないか。御存じのように、〈確実性〉とか〈蓋然性〉とか〈認識〉などについて、ちゃんと考えることは難しいことだと思う。けれども、君の生活について、また他人の生活について、真面目に考えること、考えようと努力することは、出来ないことではないとしても、哲学よりも、ずっと難しいことなんだ。その上、困ったことに、俗世間のことを考えるのは、学問的には張り合いのないことだし、どっちかというと、まったくつまらないことが多い。けれども、そのつまらない時が、実は、最も大切なことを考えている時なんだ」（N・マルコム『ウィトゲンシュタイン――天才哲学者の思い出』板坂元訳、講談社現代新書）。

「国民性」の原語は「ナショナル・キャラクター」であり、何語であれ一般的に使はれるが、ここでウィトンゲンシュタインが弟子に注意してゐるのは、個別の事象をきちんとした根拠もなく全体に結びつける短絡思考の危険性といふことではなかつたかと思ふ。二十歳の頃これを読んだ私は、強烈な印象を受け、それ以来、「国民性」といふ言葉を簡単には使へぬやうになつた。そして同時に、「集合名詞」で物事を考へないといふことを心掛けるやうになつた。則ち、ある一人の学者を信ずることはあつても、「学界」だの「学説」などといふものは信じまい、ある一人の評論家を信ずることはあつても、「論壇」といふやうなものを信じてはならぬ、と。

言語の限界が世界の限界

十年ほど前に、『分数が出来ない大学生』といふ本が出て、その内容に世間は驚いたのだが、私に言はせれば今や『国語が出来ない大学生』といふ本が書かれてもをかしくない状況だ。昨今の大学生の知的惨状については、拙稿「保守と教育」(本書二百七十一頁)に書いたが、今や、教育が最も必要な科目は数学でも英語でも断じてない。国語である。

ところが、大学生ばかりではなく、選良と言はれる人たちの国語も粗雑極まりないやうに思はれる。彼らは何の疑念もなく、「政局になる」などと言ふ。「政局」とは文字通り「政治の局面」であつて、「政局の流れが変はつた」とか「政局を勘案しての決断」とかは言へるであらうが、「政局になる」などと言へる道理がない。また、先日、ある政治家が「出馬」云々とニヤニヤしながらテレビで語つてゐた。今の宰相である。素直に立候補と言へば足りるのである。ウィトゲンシュタインなら何と言ふであらうか。「私の言語の限界が私の世界の限界だ」(『論理哲学論考』)と言ふであらう。

言葉の軽視は道徳的犯罪であり堕落であることを、我々は肝に銘じておかねばならぬのである。

〈了〉

国よ国たれ、人よ人たれ――今必要な精神の拠り所

『時事評論石川』第六七八・六七九合併号（平成二十二年九月二十日）に掲載。中澤編集長はふだんは「教育について」「保守について」といふやうに大まかな指示で注文をして来られるのだが、この時は「国よ国たれ、人よ人たれ、といふ感じで」とタイトル込みの細かな注文で、枚数も十六枚と、いつもの二倍であつた。

民主党の代表選は大方の予想通り、菅直人現首相が小沢一郎元幹事長を制したが、先般の日韓併合百年の折りの、政治的にも人間的にも「愚か」としか言ひやうのない「首相談話」を読む時、菅氏が我が日本国の物心両面における衰退の速度を速めこそすれ、減速させるといふことはあり得ないと断言出来よう。一方の小沢氏とて同様で、昨年の「国辱の北京詣」とでも言ふべき朝貢・服属外交を思ひ出せば十分である。とまれ、菅首相のあのニタニタした顔と当分付き合はねばならないと思ふと、今から憂鬱である。

今さら何を、いつまで言ふか「国のあり方」

今回の選挙運動中、国防や安全保障の問題はほとんど言及されず、にも拘はらず、二人が、そしてそれぞれを応援してゐると思しき民主党議員たちが、「国のあり方」だとか「この国の形をどのやうにしてゆくか」をこれから考へなければならぬ、などと口々に言ふので改めて私は驚いた。それらはずつと以前から、色々な機会に議論されて来たことであるし（ひよつとすると、我が国は「国のあり方」がまだ定まつてゐないといふことか）、何より、「国のあり方」は国政に携はることを決意した時に、政治家たる者が持つてゐる筈の志に含まれてゐて然るべきであらう。今さら何を言ふのだらうと、私は思つた。

選挙期間中に起きた尖閣列島付近での中国船領海侵犯などへの対応ぶりを見ても、眼を覆ひたくなるやうな無様な話ではないか。民主党の国家観の惨状は今に始まつたことではないけれども、かういふ政権与党を戴いてゐること自体、我々日本人の精神の惨状を示してはゐまいか（尤も、自民党政権時代においても、国家観については大同小異であつたけれども）。

このやうな我が国の惨状は、とりわけ、国防、領土領海、米軍駐留基地、拉致、朝鮮学校無償化などの政治問題や、教科書、戦後補償、歴史認識、靖國神社参拝、等々の思想的問題を通じて浮き彫りにされるやうに思はれる。と言ふよりも、これらは日本以外の国々ではほとんど存在しない問題群であるから、日本人の惨状と密接な関係にあるのは当然と言へば当然のことである。

これらの問題を一つづつ個別的に考察する準備が私にはないし、紙幅もまた限られてゐるので、ここでは、これを克服しなければ、右の問題群がいつまでも存在し続けることになると思はれる究極の問題を取り上げることにする。それは誤れる「戦争観」、もしくはそこから生じた「反戦平和イデオロギー」といふことに尽きるのではないか。以下、そのことを論じたい。

「正義と力を一緒にしなければならぬ」

松原正氏が名著『戦争は無くならない』（地球社）で縷々説いたやうに、人間は「犬畜生」ではないのだから、正義を気にしなければ生きてはゆけぬし、気にしないで「平気の平左」でゐられるのなら、もはや人間ではない。そして正義を真に大事にする時、自己の正義と衝突するものがあれば、それを排除するしかない。「正義とは不正の処罰といふ考へ方」（長谷川三千子『正義の喪失』ＰＨＰ）だからである。

無論、正義は大方の科学的真理と異なり、相対的なものであらう。「ピレネー山脈のこちらでは真理だが、あちら側では誤謬である」といふのが正義といふものだ（パスカル『パンセ』）。そして、相対的であるからこそ、人間世界の宿命と言ふべきか、正義と正義の激しい衝突が避けられないといふことがある。その時、勝負の帰趨はどうなるか。

軍配は常に「強い者」に上がるのだと、パスカルなら言ふであらう。「力なき正義は無力であり、正義なき力は圧政である。力なき正義は反抗に遭ふ。なぜなら、常に悪人は絶えないからである。正義なき力は弾劾される。それゆゑ、正義と力とを一緒にしなければならない。そのためには、正しい者を強くするか、強いものを正しくしなければならない。／正義は議論の対象となる。力は承認されやすく、議論は無用である。それゆゑ、人は正義に力を与へることが出来なかつた。と言ふのも、力は正義に反抗し、お前は不正義で、俺こそが正義であると主張したからである。／かくて、正しい者を強く出来なかつたので、人は強い者を正しいとしたのである」（『パンセ』）。以上は別の所でも引用してゐるので恐縮だが、正義と力をめぐる簡明にして間然とするところのない考察であり、何度も読むに値すると思ふ。

「力なき正義は無力」であるのは、拉致問題の停滞に切歯扼腕してゐる者なら誰でも痛感することであり、「正義なき力は圧政」だといふのも、金正日のことを思へば、誰にでも分かる道理であらう。が、ここで重要なのは、パスカルの主眼はあくまでも「正義と力とを一緒にしなければならない」といふ一点であるといふことだ。天使の世界ならぬ人間の世界にあつて、信奉する自らの正義がそれとは相容れない別の正義の抵抗に遭ひ、そしてその齟齬対立が、交渉などが無力となる極点にまで達すれば、最後は力勝負となり、それが国と国との対立ならば戦争へと突き進むことになる。それゆゑ、戦争はなくならず、だからこそ、まともな国には軍隊があるのだ。勿論、むやみに戦争をすれば良いといふものではないが、如何なる交渉事にせよ、戦争の覚悟や軍事力の裏付けの有無により、結果が大きく異なること、つまり、自己の正義を相手に呑ませる分量が異なること、それだけは確かであらう。

平和のために努力するといふ戦後の欺瞞

一方、戦後の我が同胞の多くは、「力なき正義は無力」だと嘆くのならまだしも、「羹に懲り」たのであらう、あらゆる戦争は悪であると「膾を吹き」続け、正義それ自体に無関心を決め込み、それが習ひ性と成り、遂には正義といふものを忘却してしまつたかのやうだ。しかし、それは日本だけではないのか。例へば、フランスの哲学者アンドレ・コント＝スポンヴィルは、道徳や正義を考察した書物の中で、「正義は他の徳〔思慮や節度や勇気〕と同列にある一つの徳ではない。それはあらゆる徳の地平であり、諸々の徳を共存させる法」であると同時に、「どんな価値も正義を前提としており、あらゆる人間性は正義を必要としている」と書いてゐる（『ささやかながら、徳について』中村昇他訳、紀伊國屋書店）。要するに、人間として喪失してはならぬ最も重要なものとして正義が位置づけられてゐるのだ。私はこの言に同意するが、それは、正義が人間にとつて必要不可欠なものであるといふ、まさに一つの人間論として承認出来るからにほかならない。そして、もしもこの言に賛同するならば、我々は平和を絶対善とする考へを受け入れることが出来なくなる筈だ。『憲法九条を世界遺産に』（太田光・中沢新一、集英社新書）などと題された駄本がベストセラーとなる国があることなぞ、コント＝スポンヴィルには想像もつかぬであらう。

先にも言つたやうに、戦後の我が同胞の多くは、「羹に懲りて膾を吹く」といつた風で、戦争は「絶対悪」であるから反省し（「過ちは繰り返しませぬ」と）、今後は善である平和のために努力する、といふことにしたのだつた。これが「欺瞞」でなくて、何であらうか。

第一、何を反省するといふのだらうか。小林秀雄が戦後すぐの座談会で「僕は無智だから反省なぞしない」と言ひ放つたことはよく知られてゐる。このことについて、独文学者の松本道介氏は、「私には小林の言葉がこの上なく当然な常識論だと思われてならない」と言ひ、その理由を次のやうに書く。「無智であろうとなかろうと、戦争を反省することなど出来る筈がない。反省というのは選択肢あっての反省である。過去にああすることも出来た、こうすることも出来たという選択肢があってこそ、ああすべきだった、こうすべきだったという反省が可能になるが、（中略）何をどう反省すればよいのか、反省することなどこれっぽちもないではないか」と。そして、当時の日本を取り巻く国際情勢に触れ、我が国が独立を保たうとすれば脱亜入欧を、即ち、欧米列強への仲間入りを目指すしかなく、それは覇権国家間の生存競争に否応なく巻き込まれることを意味し、戦端を開くに至つたことはほとんど運命であり「運命とは選択出来ないから運命なのであり、運命を反省することは出来ない」と指摘してゐる（『視点』邑書林）。全くその通りである。

国を挙げて英霊の顔に泥を塗る

そのやうに考へる私には、戦後、多くの日本人が英霊を追悼するとしながら、実は英霊を軽視して来たのではなかつたかと思はれるのである。軽視どころか、国を挙げて英霊の顔に泥を塗るやうなことを繰り返し行つて来たと言へるのではないか。

毎年夏になると、首相の靖國神社参拝がマスメディアで取り沙汰される――何度でも言ふ、これは異常なことだ――一方で、八月十五日には、日本武道館で政府主催による「全国戦没者追悼式」が、各県においては「戦没者を追悼し平和を祈念する集ひ」が営まれてはゐる。しかし、我が国で行はれてゐるのは、果たして「追悼」なのであらうか。追悼とは、「死者をしのんで、いたみ悲しむこと」と『新潮国語辞典』（第二版）にある。「しのぶ」は「偲ぶ」もしくは「慕ぶ」と書き、「思ひ慕ふ、恋ひ慕ふ」といふことである。そして「いたむ」とは「悼む」であり、嘆き悲しむことである。つまり、追悼とは「故人を思ひ慕つて、その死を嘆き悲しむこと」に尽きる。だから、英霊を前に、戦争の悲惨を強調し、対義語である「平和」を絶対善の如く持ち上げ、それに向けて努力するなどといふ祈りは、戦争は勿論のこと、英霊でさへ必ず「悪玉」に仕立てる結果に終はるしかなくなり、決して英霊を追悼することにはならないのである。

それに、現在の我が国は決して平和ではない。字義にこだはれば、平和とは「戦争のない状態」のことだから、宣戦布告をされもしなければ戦闘状態にもない我が国は、一応は「平和」であると言へるかも知れぬ。だが、例へば、横田めぐみさんを始めとする北朝鮮による拉致被害者の御家族に面と向かつて、「日本は平和で結構ですね」と言へるか否かを考へてみれば分かることであらう。

また、小泉純一郎元首相がしばしば口にしてゐたやうに、「心ならずも戦地に赴き、戦争の犠牲となつた方々」云々も、本人は「思ひ慕つて」ゐるつもりかも知れぬが、「心ならずも」と英霊の心の内を手前勝手に忖度してゐるだけであるし、第一、英霊に対してこれほど無礼な言ひ方もなからうと思ふ。「自己犠牲」といふ人間のなし得る最も気高く崇高な行為を、単に災害か何かに斃れたかのやうに扱つてゐる口吻だからである。「英」とは優れていること、秀でてゐることの意ではないのか。八月十五日の靖國神社参拝を公約に掲げた小泉氏が、中韓の反発に結局は持ち堪へられず腰砕けとなつたのもゆゑなしとしないのである。

御製、御歌に込められる追悼の御心

事程左様に、日本では、反省だとか追悼だとかが、実は「反戦平和イデオロギー」を作り上げる装置として機能して来たと言つて過言ではない。なぜさうなつたのか。言ふまでもなく、そこに「東京裁判史観」も含むアメリカの洗脳政策の巧妙があつたことは間違ひないが、なぜか「喉元過ぎれば熱さを忘れる」傾向なしとしない日本人は、敗戦以来、何のために戦つたのかを冷静に振り返ることもせず、正義とは何であるかを問ふこともせず、英霊に額づくことも忘れ、頭を砂中に突込んで危機の去るのを待つといふ「駝鳥の逃避策《オーストリッチ・ポリシー》」で生きて来たからではなかつたらうか。マルクス共産勢力の暗躍もあつたに違ひない。

しかし、大方の国民のそんな愚昧とは隔絶し、毅然として深遠な「歴史認識」をお持ちの御存在を戴いてゐるといふ事実を我々は忘れるわけにはゆくまい。言ふまでもなく、今上天皇・皇后両陛下である。

お二人は「精魂を込め戦ひし人未だ地下に眠りて島は悲しき」（御製「硫黄島」）、「海陸のいづへを知らず姿なきあまたの御霊国護るらむ」（御歌「終戦記念日」）とそれぞれお詠みになつてをられる。「精魂を込め戦ひし」とあり、「あまたの御霊国護るらむ」とある。ここには英霊に対する深い敬意と感謝のお気持ち、それに日本古来の「信仰の心」（霊魂不滅）が滲み出てゐるではないか。しかも小賢しい「反省」などとは一切無縁である。それゆゑ、「死者を偲び、悼み悲しむ」といふ本来の追悼の表現となつてゐるのである。さすがに水準が違ふ、と私は思ふし、このやうな御製、御歌を通して、天皇皇后両陛下は我々に儀表をお示しになつてをられるのではないかと私は拝察する。

思ふに、我が国はアメリカに従属してゐるといふよりは、目に見えない「反戦平和」といふイデオロギーにさらに一層隷属してゐるといつた方が良いのかも知れぬ（アメリカは反戦平和の国ではない)。その結果、我々は竹本忠雄氏の言ふ「三つの自由」――本来独立国として堅持してゐなくてはならない自由――をいつの間にか失つてしまつたのだ。三つの自由とは、竹本氏によれば、「第一は、自国の防人をもつて自国を守るということ。第二は、自ら教育したいように自らの子弟を教育するということ。第三は、自ら祀りたいように自分たちの神々を祀るということ」である(『日本のレジスタンス』日本会議ブックレット⑥)。

自衛官には国籍条項があるから、一応「自国の防人」による国防がなされてはゐるけれども、国防それ自体の自由は完全にはない。また、二番目の教育の自由も、近隣諸国条項などを作つて自ら放擲してゐるし、三番目の自由も、他国に容喙されて、これまた自縄自縛に陥つてゐるのが現状だ。

祖霊を祀り、英霊に感謝の祈りを

このやうに見て来ると、私はここで、先に引いたコント=スポンヴィルの言葉を捩つてかう言つてみたい欲求に駆られる。「第三の自由は他の自由と同列にある一つの自由ではない。それは諸々の自由を共存させる法であり、どんな価値もその自由を前提としてをり、あらゆる人間性はその第三の自由を必要としてゐる」と。もしもこのことが言へるとすれば、我々はもう長い間、霊性とか神聖とか言ふべきものを顧みることを忘れるといふ大罪を犯して来たのかも知れないと思はざるを得ない。そして、そのことが日本の衰微をもたらして来たのではないかと最近私は考へるやうになり、先日も、「日本の経済的繁栄の理由は、砲火を浴びて死んだ兵隊たちに対して日本国民が感じた罪悪感だつた」(岸田秀『「哀しみ」という感情』新書館)といふ一節を読み、罪悪感を喪失したゆゐの国家衰退なのだと深く納得したものである。

だが、それは実は十二年前に拙訳で公刊した『日本待望論』(竹本忠雄監修、産経新聞社)で、フランスの作家、オリヴィエ・ジェルマントマが既に言つてゐたことでもあつた。氏は、日本の政治主権の脆弱、弥縫策的叩頭外交、愛国心や誇りの喪失などといつた、言はば政治的諸問題について、その淵源へと遡れば、戦後における霊性・神聖に対する日本人の感受性の鈍磨に帰着するといふ点を指摘し、「霊性革新なくして(日本の)政治革新はあり得ない」と喝破してゐたのであつた(同書五十頁)。

人間にとつて最も重要なのは、死をどのやうに考へるか、そしてまた、死者をどのやうに弔ふのか、どのやうに祀るのかといふ問題である。「死」を考へることは「生」を考へることにほかならないからだ。古来、そのやうな死の問題は、死すべき運命の人間にとつて最も基本的且つ究極的な問題であつた。とりわけ我が国では、神話における黄泉の国も生者の世界と地続きであり、その影響を受けて近世以降に成立した民俗信仰でも、死者の赴く場所は遠方の西方浄土ではなく、子孫の住む山の近くであるとされてゐた。言ひ替へれば、「黄泉の国や山中浄土を含め、神や仏が住まう場所が、はるか天に想定されていないということは、そうした存在と人間との距離が限りなく近い」ことが特徴であつたのだ(島田裕巳『無宗教こそ日本人の宗教である』角川ONEテーマ新書)。

であるとすれば、今我々の精神にとつて重要なのは、祖先の流儀に倣ひ、近くに在《いま》す祖霊を祀り、英霊に感謝の祈りを捧げることではなからうか。一流の科学者と宗教学者の書いた本にも、祈りの効用として、「心の安定」と「ブレない生き方」が挙げられてゐる(村上和雄・棚次正和『人は何の

ために「祈る」のか』祥伝社)。〈了〉

言葉・科学・文化――東日本大震災に思ふことども

『時事評論石川』第六八八号(平成二十三年六月二十日)に掲載。

これは「男」の言葉ではない

昨年九月二十日付けの本紙に、「菅氏が我が日本国の物心両面における衰退の速度を速めこそすれ、減速させるといふことはあり得ないと断言出来よう」と、私は書いた(本書二百八十二頁)。その後、本年一月に行はれた「国会施政方針演説」の中に、所謂TPPなどの新しい経済政策に関連して、「明治の開国」と「戦後の開国」、それに続く「第三の開国」云々といふ表現があるのを読み、私はこの歴史観のあまりの歪みと軽薄に、本当に、実際に、身の毛が弥立つた。かういつた無内容の言葉を弄ぶ輩に一国の指導者たる資格はない、一刻も早く総理の座から引き摺り降ろさない限り、我が国の「物心両面の衰退」はいよいよ止まるところを知らないといつた状況になるであらうと思つたものである。

それから二箇月も経たぬうちに、この度の大震災である。「泣き面に蜂」とはこのことだ。またもや左翼政権下で、といふ思ひがよぎつた読者も多かつたのではないか。私もさうであつたが、ここでは偶然の一致としておく。それよりも、菅総理がらみで妙に印象に残つたことがあつた。それは菅氏が福島県田村市の体育館の避難民を見舞つた際のことで、氏が帰りを急いでゐたのか否かはテレビで見てゐた私には分からなかつたが、無視された（もしくは無視されたと感じた）被災者によつて大声で咎められたのである、「もう帰るのですか」と。その時、菅氏はその声の主の方に怖づ怖づと近づき、最初、「ごめんなさい」と言つたものの、剣幕に気圧されてか、さらに鞠躬如として、「反省させて下さい」と謝つたのだつた。

「反省させて下さい」――これは正気の言葉遣ひではないと、私は驚倒した。この言葉は、譬へば暴力団にでも非礼であると難癖を付けられ、理不尽な暴力と脅威の前に、「命乞ひ」をする時にでも使ふ、恥も外聞も捨てた最後の言ひ回しだと思つたのは私だけであらうか。これは「男」の言葉ではない、と言つて悪ければ、総理の言葉ではない、たとひ謝罪であれ何であれ。

かういふ咄嗟に出た言葉は無防備なだけに、それを発する人間の全てを曝け出してしまふものである。警句家カール・クラウスの「言葉は思想の娘ではない、母親である」（『著作集5・アフォリズム』池内紀編訳、法政大学出版局）に倣つて言へば、このやうな情けない言葉からは情けない思想しか出て来はしまい。言葉の恐ろしさを感じた一幕であつたが、学生時代からデモ隊の「四列目の男」と揶揄されたといふ氏の腰の据らぬ挙動には実によく似合つてゐるとも思つた次第である。文も人なら言葉も人なのだ。

科学の危険、禍々しさ

福島原発の手の施しやうのない様を見てゐると、大袈裟なやうではあるが、人間が産み落とした近代科学によつて人間が復讐されてゐるやうな気分になつて来るのを私は禁じ得ない。が、原発に限らない、危険といふことでは、自動車もさうだ。最近では、毎年約九千人の人命が奪はれてゐる。まさに「走る凶器」なのである。つまり、近代科学より発した文明の利器は、程度の差はあれ、危険を孕んでゐないものはないといふことなのだらう。

近代科学について考へようとすると、それを生み出した西洋において、真先に科学の危険、といふより禍々しさを感じ取つた人間として、私はブレーズ・パスカル（一六二三―一六六二年）のことを思ひ出すのが常である。

パスカルの生きた十七世紀は、後に「科学革命の時代」と呼ばれることになつた時代で、様々な中世の学問的誤謬を次々と改めた時代であつた。そして、科学史の大家アレクサンドル・コイレは、中世末期から近世を経て近代に至る科学的世界観の変遷を辿つた自らの著作を『閉ぢられた世界から無限の宇宙へ』と題し、この時期の科学革命を最も端的に特徴づけるものとして、「コスモスの崩壊」と「空間の幾何学化」といふ二つの劇的変化を挙げてゐる。簡単に言へば、前者は、有限で秩序立つてゐるがゆゑに完全性を持つとされた宇宙（コスモス）が実はさうではなく、物理法則によつてのみ支配された無機的で無限の宇宙であると認識されるに至つたといふことであり、後者は、空間概念が、世界内の諸々の場所が言はば弁別的に示されたアリストテレス的なものから、デカルトを介して、無限で同質な「延長」を本質としたユークリッド幾何学のものへと移行したといふ意味である。

パスカルはかういふ時代に生き、まして当代切つての科学者、幾何学者の一人だつたのだから、「無限」の意味を理解出来なかつた人々——一般人はもとより科学者たちの中にも少なくなかつた——と異なり、目の前で起きてゐる事態をより一層鋭敏に理解してゐたものと思はれる。また、パスカルは科学上の問題については進歩主義を自称してもゐたのである。けれども、「この無限の空間の永遠の沈黙が私を戦《おのの》かせる」（ブランシュヴィック版断章二百六番）といふ有名な断章が『パンセ』にあることに我々は注意せねばならない。

パスカルの戦き

「無限の空間」とは言ふまでもなく、無限に広がるものと解されるやうになつた無機的、機械論的な宇宙（世界）のことであり、「永遠の沈黙」とはさういつた世界の静態的様相のことである。つまり、無限なる延長としての宇宙は無機的存在であり、人間との有機的な関係はない、といふことなのだ。しかし、彼はそのことが「私を戦かせる」と書いた。諸家の研究によれば、クザーヌスやブルーノからデカルト、ライプニッツ、ニュートンに至るまで、空間の無限性に恐怖を感じた者はゐない。だとすれば、この有名な断章は極めてパスカル的といふことになるが、実はこの断章、この中の「私」とは一体誰なのかといつた問題が長らく議論されて来た断章である。しかし、ここでは細かな議論に立ち入らずに結論だけを言へば、この「私」とはパスカル自身と解して問題ないと私は考へてゐる。

しかし、もしさうだとすれば、パスカルは一体何に戦いたのであらうか。古代のプトレマイオスの目録には星の数は一〇二二個と記されてゐたが、聖書には「天の星は数へられず」と書かれてゐるのだから（「創世記」「エレミヤ記」）、望遠鏡の発明など科学の進歩はむしろ聖書の正しさを証明した筈なのだが……。

パスカルが考へたことは、例へば、「我々は無限があることは知つてゐるが、それがどのやうな性質のものであるかは知らない」（同二百三十三番）が示すやうに、無限の存在までは概念的に把握出来ても、その無限が実際にどのやうなものであるかまでは認識することが出来ない理性の強靭と脆弱とを、逆説的ではあるが科学が証明してしまつたといふことではなかつただらうか。それゆゑ、『パンセ』一巻には、理性にのみ依存する思考法を窘める記述が多く見られるのである。「理性の最後の仕事は、理性を超える事物が無限にあるといふことを認めることである。それを認めることが出来ぬのなら、理性は弱いものでしかない」（同二百六十七番）のやうな。そして、機械論的世界観は神との有機的な関係を人間から奪つてしまつたと、少なくともパスカルは感じたのではないか。

「奇跡の一本松」があるではないか

ともあれ、そのやうな機械論的世界観の上に打ち立てられた物質文明によつて、我々もまた恩恵を受けてをり、ある意味では支配されてゐるのは紛れもない事実である。しかし、さうしたものとは別の世界観、即ち、世界には機械論的世界観だけでは把握出来ない別次元の何かが存在するし、人間はさういふ存在を必要としてゐると考へる思考様式が、我が国には大昔から現代に至るまで連綿と存在してゐることもまた紛れもない事実である。

無論、文明の利器のない時代に戻れる筈もない。けれども、文明をどこからどこまで享受するかを決める裁量は我々のものであるし、国柄に照らし合はせて、ここから先は不要であると拒否する知恵もこれからは一層必要であらう。

それにまた、西洋とは異なり、自然に敵対して征服することにではなく、自然と合一することに、山川草木の声なき声を聴くことに喜びを見出す感受性もまた豊かなのであるから、テレビなんぞは消して（文明の利器には必ずスイッチがある）、川面を飛び交ふ蛍に「無常」を感じたり、仲秋の名月を実際に眺めながら、虫の鳴き声に季節の変化を感じたりといふやうなことの中に、日本人がまつたうになるヒントがあるやうに私には思はれるのである。何だ、花鳥風月かと馬鹿にすること勿れ。陸前高田市の「奇跡の一本松」に、日本中が感動し、畏敬の念を抱いたではないか。我々の文化はさういふ文化なのである。〈了〉

我が国の真の危機

『時事評論石川』第六九四号（平成二十三年十二月二十日）に掲載。

索漠たる光景

私は二年ほど前の本紙第六六九号に「保守と教育」（本書二百七十一頁）と題する文章を寄せて、「ゆとり教育」による学生の学力低下と非常識の一端を示したが、この二年、その学力低下傾向と非常識の度合ひはさらに拍車がかかり、止まるところを知らないやうに見える。特に最近は、知識の欠如に加へて幼児化現象もまた目に付く。年齢が下がれば下がるほど、「ゆとり教育」の洗礼を低学年から受けてゐるわけで、そのあたりに原因がありさうである。

例へば、あまりの勉強不足を咎めると、涙ぐみながら「先生、ごめんなさい」などと小学生の如き口吻で謝る女子学生がゐる。授業中、廊下を大声で話しながら闊歩してゐるので、注意しようとドアを開けると、「キャー」とか何とか歓声を上げて走り去つてしまふ、これまた女子学生。尊敬する人物はと問ふと、悪びれることもなく「お父さんです」と答へる男子学生（「父」でさへない）。これだけでも驚愕に値すると思はれるが、さらに一層驚倒するべき事例も経験したことがある。昼休み前のフランス語の授業でのこと。少々不勉強が目立つ学生を六名呼び止め、「短文を三つ暗記せよ。出来た者から研究室に来るやうに」と命じたのである。複文ではあるが、いづれも単語数が十個前後の短文であり、三分もあれば終はる課題であつた。しかし、いくら待てども学生は来ない。何をしてゐるのかと訝りながら教室に戻ると、何と、六人とも弁当を食べながらのんびりと暗記してゐたのである。日本には絶対に外国人に見せてはならないものがあつて、その筆頭は大学教育だといふ話をどこかで読んだ記憶があるが、全くその通りであらうと思ふ。この時、私が学生たちを怒鳴らなかつたのは、既に免疫が出来てしまつてゐたといふことであらう。

知識がないから幼稚なのか、幼稚だから知識の獲得が不得手なのか——。おそらく両方なのだらうが、かうした背景には、「ゆとり教育」と少子化（競争によつて磨かれることが少ない）のほかに、やはり子どもたちへの携帯電話とゲームの普及があると私は観察してゐる。「社会脳」や「社会的理性」の欠如と携帯電話・ゲームとの因果関係を指摘する神経科学や脳科学の専門家もゐるが、このやうな教育問題は科学的証明が難しい。従つて、専門家同士の意見の一致を見ることも難しいのだが、私に言はせれば、この場合は科学的データに頼るまでもなく、経験的に十分想像がつくであらう。それは人生の意味や生き方を科学的に裏付ける必要なんぞないのと同様である。

例へば、席に座つた途端、持参のゲーム機を取り出して夢中になり、親とは全く話をしないといつた子どもをレストランなどで頻繁に見かけるし、スーパーなどで母と子が一緒に買ひ物をしてゐても、良く見ると、娘は携帯電話（今なら「スマホ」か）を開いて何やら夢中になつてゐて、なぜ一緒にそこにゐるのか分からないといふ光景も日常的に目にする。また、小学生たちが公園で草野球をやつてゐる時、その場に誰かがゲーム機を持ち込むと、間もなくその周りを皆が取り囲み始め、野球の方はいつの間にかゲームセットとなる……。

こんな生き方をして、頭の良い大人になるはずはないし、彼らに「コミュニケーション力」やら「社会的理性」やらが欠如してゐても、何の不思議もなからう。このやうな索漠たる光景にこそ、我が国の真の危機が潜んでゐるのではないかと私は常々思つてゐる。

なぜなのか

では、このやうなことが急速に現代日本を蝕むやうになつたのはなぜなのか。最近、「〈学力低下〉は日本人全員が同罪」(内田樹『街場の大学論』角川文庫)を読んだ。内田氏は言ふ、「学力低下の原因は日本人社会全体が、学力低下に無意識のうちに荷担しているという事実のうちにある」と。そして、なぜ荷担するのかについては、学力低下が「多くの日本人にさしたる不利益をもたらさないから」であるとし、「というより、〈学力が低下する〉ことからかなりの数の日本人が現に利益を得ているからである」と畳みかける。傾聴に値する卓見と私は思ふ。

氏が挙げてゐる例はたくさんあり、しかし必ずしも適確でない例もあるから、関心のある読者は自身で確かめられたい。私としては、受験シーズンに新しいゲーム機を売り出す会社への批判のほかには、「語彙」を「語い」と、「範疇」を「範ちゅう」と書き換へることによつて、子どもたちの学力の低下に一役買つてゐるのではないかといふメディア批判が最も正鵠を射てゐると思ふ。

そして、これは活字メディアだけでなく、テレビなどにはもつと当てはまるであらう。十数年前から始まつた画面下のテロップの挿入なんぞ、何のためか全く分からない。耳だけで理解出来るやうな簡単な話でもテロップを入れてゐる。あまつさへ、話し手がきちんとした敬語を使つてゐるのに、敬語を勝手に削除するに至つては、文化破壊の蛮行としか言ひやうがない。だが、かうして誰かがテロップ係の職（利益）を得るに至り、そのテロップ係は、話者が「一所懸命」と言つてゐるのに「一生懸命」とのテロップを流し、それを無知な学生が見て、さういふ言葉だと思ひ込む。まさに愚者の「拡大再生産」である。その結果、本来「一生」は誤用だと分かる人の数は益々減り、テロップ係は益々安泰となるといふ構造である。我々大学教員も、鋭い質問に教壇で立ち往生するといふ心配がない代はりに、理解可能なやさしい授業ばかりすることになり、教員・学生共に、日々、枕を高くして眠れるといふことになる。

もはや手遅れ

さういふ意味において、我々は若者の学力低下について「全員同罪」であり、もしも「根本的議論」をするなら、「まず自分自身がそれと知らずにどのように〈子どもたちの学力低下〉に荷担しているのか、その自己点検から始める他ないだろう」といふ内田氏の結論に私は賛成する。しかしながら、「市場もメディアも親たちもそして子どもたち自身も、日本人の学力が下がることから自分だけは利益をかすめ取ることが出来ると信じている」といふ部分は頂けない。この誇大なる「性悪説」は氏の特徴らしく、昨年度の「新書大賞」を受賞した『日本辺境論』（新潮新書）にも見受けられるし、この文章でも、受験生を持つ親はインフルエンザが流行すると、「自分の子ども以外の受験者全員がインフルエンザに罹患して高熱を発して試験会場にたどり着けないことを（無意識のうちに）祈願する」などと大袈裟に書くのと相通ずるものだ。さういふ不心得者もゐるに違ひないといふ話なら分かるのだが……。

ともあれ、ここで「この私は違ふ」などと力む必要はない。氏は、「別にそれが〈悪い〉と言っているのではない。人間は〈そういうものだ〉と申し上げているのである」と言つてゐるのだから。が、「悪い」と言ひ切れないところに、私は「憲法九条派」にありがちな人間観の甘さ、もしくは理想の欠如を見るやうな気がする（内田他著『9条はどうでしょう』毎日新聞社参照）。

我々は「自分だけは利益をかすめ取ることが出来ると信じている」といふ先の言葉を「悪い」と言ひ切らねばならないのだ。仮に「性悪説」を認めるにしても、内なる「理想」を失つてはならぬ。口幅つたいことを言ふやうだが、自分だけ良ければ良いといふのは、我欲といふ荒涼たる精神の砂漠にしか行き着かないのであつて、その種の誘惑との戦ひによつて、人は初めて人たることが出来るのではないのか。勿論、そんなことを一朝一夕に教育に反映させることは出来はしないし、そもそも教育に簡便な処方箋はないが、文明の利器には必ずスイッチがあることだし、子どもたちにゲームのスイッチを切らせるための知恵と方策が、今、我々に求められていることなのである。この点、小中高の教員の奮闘を期待したい。私なりに試行錯誤をしたが、大学生ではもはや手遅れなのだと思ふことがしばしばなのである。

従つて、右に見たやうな若者たちの十八歳までの生き方を変へさせることが出来ない限り、何党が政権与党とならうと、憲法や教育基本法を改正しようと、我が国に明るい未来はないことだけは確かであらう。〈了〉

非常識と非論理の言葉ども――尖閣、防衛白書、憲法

『時事評論石川』第七〇三号（平成二十四年十一月二十日）に掲載。

尖閣問題について何か書いてくれとのことであるが、私は政治や外交や軍事についてはずぶの素人であるから、ここでは関心の赴くまま、尖閣問題をめぐる「言葉」について論ずることで責めを塞ぎたい。

志と言葉なき政治家

私は、菅総理（当時）が、激昂した一人の被災者に謝罪した際の言葉、「反省させて下さい」だの、あるいは政界やジャーナリズムで一般的に使はれる「出馬」だの「政局になる」といつた言葉遣ひに違和感を覚え、それを本紙で指摘したことがある（本書二百八十一頁）。その時にも引用したが、「言葉は思想の娘ではない。母である」（カール・クラウス）といふアフォリズムに私は心底から同感するし、従つて、情けない言葉遣ひからは情けない思想しか出て来はしないと信ずる者である。鳩山元首相の如く、自分で何を言つてゐるのかも分からず、外国のメディアから loopy 呼ばはりされた宰相はさて措くとしても、我が国における政治をめぐる言説のあまりの非常識、非論理にはいつも驚いてゐる。

非常識、非論理の言葉と言へば、「平和を愛する諸国民の公正と信義に信頼して」といふ憲法の前文がすぐに思ひ浮かび、これこそ戦後我が同胞の多くが罹患した平和惚けの元凶であらうが、ここでは比較的最近の事例を論ふことにする。

尖閣諸島周辺で何かあると、決まつて政府は「東シナ海に領土問題（領有問題）は存在しない」との木で鼻を括つたやうな答弁を繰り返して来たのは周知のことである。真に不思議な物言ひと言はざるを得ない。「金持ち喧嘩せず」とでも言ひたいのであらうか。隣に住むヤクザがこちらの庭を侵食するやうになつた時、登記簿が手許にあるとて、「我が家に宅地問題は存在しない」などと暢気なことを誰が言ふであらうか。それに、右のやうな表現は政治的に何のメッセージにもならないばかりか、怒気の感じられぬ短い文言だけに、中国からは侮られるに決まつてゐるし、第三者には、焦点不明な言葉として受け取られるだけであらう。

この種のおよそ覇気のない言葉は結局何も動かすことがない。いつぞや、安倍政権下において、中国とガス田問題で揉めた時、外務省の役人が心配して「軍艦を出して来るかも知れません」と言ふと、安倍氏が「それならこちらも出せばいい」と言ひ返したところ、事態は急速に収束したと伝へられてゐる。政治家に最も必要なものが志と言葉であるといふ良い見本ではないか。尚、覇気といふ点で言ふと、テレビニュースに時々登場する中国の洪磊とか言ふ報道官の口吻と表情は気合ひが入つてをり、憎たらしいけれども、敵ながら天晴とも言へるであらう。それに引き替へ、我が国の歴代官房長官と来たら……。溜め息が出ようと言ふものである。

防衛省に必要な国語力

今年度の「防衛白書」を覗いてみると、「平成二十三年度以降に係わる防衛計画の大綱」資料十といふのがあり、そこには「防衛大臣談話」が載つてゐる。長い文章であり、一読、「談話」ではなく、官僚の書いた文章と知れるのだが、そのせいかどうか、大臣名が明記されてゐない。が、「平成二十二年十二月十七日」と日付だけはあるから、北澤俊美氏の談話といふことにならう。この御仁は羽田孜氏を「師」と仰ぎ、菅直人氏からは「私の家庭教師」と慕はれてゐるさうであるし、田母神俊雄氏に対して言論封殺を行つた人物であるから、既にお里は知れてゐると言へようが、ともあれ、そこには次のやうに書かれてゐる。

「我が国はこれまで、我が国に対する軍事的脅威に直接対抗するよりも、自らが力の空白となって我が国周辺地域の不安定要因とならないよう、独立国としての必要最小限の基盤的な防衛力を保有するという『基盤的防衛力構想』の有効な部分を継承することとした現『防衛大綱』に従って、防衛力を整備して来ました」と。つまり、端から「直接対抗」することは考へずに、最小限の防衛力を整備するといふことであるが、「直接対抗」せずに国防が行はれ得ると考へる根拠は一体何なのだらう。

この先の方には、一応は、今や東西冷戦時代とは異なり、諸状況が変化してゐるとし、そのために「新『防衛大綱』では、防衛力の『運用』に焦点を当てた『動的防衛力』を構築」云々とあるので、何か新しい防衛戦略が書かれてゐるのかと期待しながら読むと、最後には、「日本国憲法の下、従来からの防衛方針を堅持し、（中略）いわゆる脅威対抗のような考え方には立たず、我が国が置かれた安全保障環境において重視すべき事態への実効的な対応態勢を確保してまいります」となるのだから、「恐れ入谷の鬼子母神」ではないか。「従来からの防衛方針を堅持」するなら、「新『防衛大綱』」はどこが新しいのか。また、「脅威対抗」（これもよく分からぬ語であるが）と先の「直接対抗」とはどう違ふのか。さらにまた、防衛省は「シームレス（切れ目のない）」なる語がお気に入りらしく、これを白書の中で十五回も使つてゐるが、「シームレスな対応」と言はれて、誰がすぐに了解出来るのだらうか。「白書」は専門家だけが読むものではなからう。全体に防衛白書は悪文の見本市であつて、防衛省に今必要なのは、軍事力と共に国語力であらう。

それに何より、「重視すべき事態への実効的な対応態勢」の中に「脅威対抗」だの「直接対抗」だのは含まれないのか。たぶん、さうなのであらう。「日本国憲法の下」といふ条件が全文に及んでゐるのだから。憲法が「国の最高法規」である以上、そして、そこに第九条がある以上、我が国は手足を縛られてゐるのと同じであり、防衛白書の字句を毎年手直ししても所詮弥縫策にしかならない。かうして、我が国は自国を自力で守ることが出来ないといふこと、さらには「実効的な対応」といふ意味で先制攻撃が有効であると分かつてゐても、それが出来ないといふことを、私は改めて思ひ知るのである。

そして、かういふ背景の中にこそ、所謂「左翼的」な憲法学者や政治学者たちが、自信満々、平和主義的と言ふべきか消極退嬰的と言ふべきか、いづれにせよ愚かな自説を述べ、それらがメディアで厚遇され、益々蔓延る理由があるのではなからうか。要するに、「日本国憲法」といふ「最高法規」を受け入れさへすれば、そして就中第九条を受け入れさへすれば、そこからは「直接対抗」しないといふ選択肢しかあり得ず、その限りにおいて、平和主義は法理的には齟齬を来すことがないのである。

ノーベル賞候補でこの程度

そして、平和主義といふ何も生み出さない怠惰な思想は、怠惰なだけに感染力が強い。最近では、村上春樹氏が感染してゐることを私は知つた。氏が朝日新聞に寄稿した文章はひどいもので、要するに、尖閣諸島や竹島の問題で東アジア地域の文化交流が危殆に瀕してしまふと言ひたいらしいのだ。そんなことは、日本人作家の本を書店から引き揚げた中国に向かつて言ふべきことであるが、そもそも主権を放棄してまで何の文化交流か。それに、「今回の尖閣諸島問題においても、状況がこのような深刻な段階まで推し進められた要因は、両方の側で後日冷静に検証されなくてはならないだろう」とも書いてゐる。何が「検証されなくてはならないだろう」だ。本当に検証が必要と思ふなら自分でやつてみたらどうか。さうすれば、覇権国家中国の残虐非道や我が国が忍んで来た数々の理不尽をもう少し理解出来るであらう。それにしても、ノーベル文学賞候補と噂される作家がこの程度の認識とは……。再び、「恐れ入谷の鬼子母神」とでも言ふほかあるまい。

石原慎太郎氏が新党の結成へと動き出したし、安倍内閣の再登場も見えて来た。石原氏は作家でもあり、言葉の人であらうし、安倍氏の判断力と行動力も評価出来ると思ふ。二人には、志と言葉を大事にする政治を我が国に取り戻し、何よりも憲法改正、自主憲法制定といふ長年の夢を実現して欲しいと私は願はずにはゐられない。〈了〉

売国議員と教育改革と

『時事評論石川』第七〇九号（平成二十五年五月二十日）に掲載。この文章は、文中にある「MSN産経ニュース」を中澤編集長がファックスで送つて来られ、これについて書いてくれといふ注文によるものであつた。熊本県選出の野田毅議員には従来より嫌悪感を抱いてゐたので遠慮会釈なく書いた。

ネット配信の「MSN産経ニュース」（四月十五日付け）によれば、野田毅税調会長は安倍晋三首相が推進しようとしてゐる「価値観外交」を批判して、「中国から見れば『対中包囲網』だ。そういう言葉遣いはあまり利口ではない。言われた相手が反感や敵愾心を持つのは当たり前の反応だ。我が党内にもこぶしを振り上げて（価値観外交を）いう人がいるが、違うのではないか」と講演で話したらしい。これらの発言が本当なら、自民党を出たり入つたりのこの渡り鳥政治家に憤りを感ぜざるを得ない。

獅子身中の虫　野田毅税調会長

それにしても不可解な言ひ種ではないか。記事を信頼するならば、「そういう言葉遣い」の「言葉」とは「価値観外交」だらうが、穏当な言葉遣ひであつて、何か問題があらうとは思はれない。「自由や民主主義といった普遍的価値や戦略的利益を共有する国」(『ODA白書』)と優先的に付き合はうといふことに過ぎないのだから、あまりにも当たり前のことである(自由や民主主義が「普遍的価値」か否かは今は措く)。それをわざわざ「対中包囲網」などと直截な言ひ回しに替へて、その上で「利口ではない」と言ふのだから笑止である。これでは、『朝日新聞』あたりが得意芸とする「御注進」ではないか。

ともあれ、この期に及んでかういふことを宣ふ政治家が、十四回も当選してゐたり、未だに自民党に所属してゐたりするといふ事実ほど、私のやうな政治の素人にとつて不可思議なことはない。尤も、「違うのではないか」といふ表現はそもそも腰が引けてをり、十分な根拠を用意しての批判とは到底思へぬ。中国向けの「会釈」なのだらう。氏は平成十二年から日中協会会長だといふから、さもありなむである。が、それはそれで「売国奴」といふことにならう。

「族議員」といふ否定的に使はれることの多い呼称がある。だが、「農林族」であれ「郵政族」であれ、代議士が特定勢力の利益を代弁するのは、「代議制」ゆゑ自然のことだと私は思ふ。大事なのは程度問題、即ち、国益全体とのバランスの問題であらう。しかし、他の国の利益を代表するとなると、話は全く別次元のものとなり、そのやうな議員には早々に退場して貰ふに如くはない。思へば、自民党には何人も親中派がゐたし、今もゐる。安倍自民党が、そのやうな「獅子身中の虫」を一掃出来なければ、またぞろ、国民から愛想づかしをされるのではなからうか。が、安倍氏自身、「人事は情に流されないことが大事」と肝に銘じてゐるさうだから、自民党から売国政治家を放逐するやう期待したい。

ところで、前回の総選挙で野田民主党が大敗を喫し、自民党が政権を奪ひ返すことが出来た最大の理由は、現在人気を博してゐる「アベノミクス」ではなからう。民主党外交の相次ぐ失敗（もしくは無策）の然らしむるところであつた。特に、中国、韓国、ロシア、そして北朝鮮のやうに、意地汚く国益ばかりを考へる不義の国々によつて、我が国の「義」が目に見えるかたちで踏み躙られたことの悔しさと、このままでは大変なことになるといふ危機感から、多くの国民が民主党を見限つたのである。そのやうな意味で、戦後において今ほど、我が国が主権国家として目覚める可能性を手にしたことはなかつたのではあるまいか。「言論も政治も外圧によつて動く」（福田恆存）のが我々の宿痾であり、それは情けない所業ではあるが、これ以上情けない国とならぬためにも、今は国家として国益や義を毅然と主張するべき時であるに違ひない。

現場に浸潤する自虐的思考

主張と言へば、鈴木孝夫（慶應大学名誉教授）といふ著名な言語学者がゐる。氏は、超経済大国となつた日本は、かつてのやうに外国の文物を自己同化的に学ぶのではなく、こちらからの情報発信と相手の説得に重点を置かねばならない、その際、外国語を使ふのでは勝ち目がないから、日本語を世界に広めよう、せめて「世界の知的交流言語の一つ」とするべく努力しようといふ主張を長年続けて来てゐて、私はその所論に賛同するところが多い。だから、私は氏の文章を日本語教師養成の大学院で、中・韓からの留学生を含む院生に読ませることがある。先日も氏の講演集（『言葉のちから』文春文庫）を輪読してゐると、自己主張の重要性についてこのやうな文章があつた。「日本の未来は、自分を欧米の基準で、ヨーロッパ文明の目で見る癖がある以上は絶対に開けない。反対に、日本の基準で欧米を見る、日本の目で中国を見れば、何だお前たち手前勝手なことばかり言うなと対等にものが言えるのです」と。全くその通りである。

しかし、「対等にものを言える」ためには、それなりの技術と、その技術習得を可能にするための精神力や知識が必要であり、そしてそれらを保証するものこそ教育であることは間違ひなく、氏も同書で次のやうに言つてゐる。

「通信交通の飛躍的発達によって、日本を守る保護膜が無くなった現在、日本には一言われたら十言い返すというユーラシア型の言論が必要なのです。（略）そのためには日本人が自分の国に対して自信を持てるよう、教育を変えなくては駄目です。日本に対する愛情と信頼を取り戻さなくては、国際競争に勝つことなど、夢のまた夢です」と。これまた、その通りであらう。

だが、「教育を変える」といふことは、言ふまでもなく頗る付きの難事業である。「愛情と信頼」とは掛け離れた自虐的思考が如何に深く教育現場に浸潤してゐるかを経験すると、なほさらその思ひが強い。どういふことか。

一昨年だつたか、勤務先で「オムニバス講義」（同一テーマを複数の教員が講義する形式）を一コマ担当することになつた私は、何も知らぬ学生たちには意味もあらうと思ひ、「日本を〈発見〉したヨーロッパ人の言説に学ぶ」と題して講義をしたことがある（受講生は三年生で約百名）。講義と言つても、L・ハーン、A・アインシュタイン、B・タウト、C・レヴィ=ストロース、A・マルロー、O・ジェルマントマなどが日本文化・文明に寄せた高い評価を紹介して解説しただけであるが、授業後に簡単な感想文を提出させたところ、その内容には非常に驚かされた。「アインシュタイン以外は名を知らないが、良い人たちだと思った」とか「外国人が日本を褒めていてくれて嬉しかった」とかいふ単純幼稚なものも一部にあつたが、「日本を肯定的に話す先生を初めて見た」とか「子供の時から現在まで、先生方からは日本の悪口しか聞いたことがなく、非常に新鮮だった」とか、この類の意見が驚くべきことに大多数を占めたのである。「口を開けば日本の悪口だ」と社会科学系の担当教員の名を挙げて批判したものもあつた。

ある程度は予想してゐたものの、改めて、彼らの受けた（受けてゐる）教育の自虐偏向の程度に驚き、また、彼らの寂寥感の一端を肌で感じたものである。日頃、自分が学生たちにしてやれることは「無知の矯正」と「厳しい鍛錬」しかないと思ひ定めてゐる私でさへ、学生たちに惻隠の情を禁じ得なかつた。私自身はさまでの反日教育を受けずに済んだからである。

教育改革はまさに喫緊の課題である。教科書、教育行政などの改革も必要であるし、国民に広く流布してゐる歴史意識の改革も必要である。また、そのためにはあらゆる方面に蔓延る平和主義や自虐史観も打倒せねばならず、「近隣諸国条項」や「村山談話」も葬らねばならない。安倍自民党には、「日本人が自分の国に対して自信を持てるよう」先づは、領土問題や拉致問題と真剣に対峙して結果を出して貰ひたいし、「日本の基準で」憲法を改正し、「ゆとり教育」で惨憺たるものとなつた学童の学力を向上させて貰ひたいと思ふ。

教育改革は難事業であり、しかも、その効果はすぐには表れない。けれども、やらねばならない。我々も、出来るところから取り掛からうではないか。野田氏のやうな御仁も結局は戦後教育、自虐

史観の成れの果てだからである。〈了〉

第七部　『日本の息吹』他

昔人の心こそ中心

『日本の息吹』第八十二号（平成七年二月）に掲載。「終戦五十周年を考へる」といふ特集号で、長谷川三千子先生を始め、他に五名の方が執筆。『月曜評論』での拙稿を読んだ編集部の坂元義久氏（宮崎県出身）が注文を下さつた。若年の頃から私淑してゐた福田恆存が前年の十一月に鬼籍に入られたので、追悼するやうな気持ちで文章を綴つた。尚、拙文は三重県教育県民会議発行の『明日の日本』誌（平成七年四月号）にもそのまま転載された。

歴史とは何か。小学館の『国語大辞典』によれば、第一に、「人間社会の時間による変化のあと。また、その、ある観点から秩序づけられた記述」とある。然り、歴史とは「ある観点」から語つてのみ成立する言語世界であり、そもそも「ある観点」がなければ物事を「秩序づけ」ることができない。我々と無関係に「歴史」なるものが独立した実体として存在するわけではないのである。然るに、ここに一人の愚者がゐる。「朝日新聞」平成六年十二月七日付の「『戦後』がやっと始まった」と題された社説の筆者がそれであつて、歴史を客観的な実在の如く見做し、先の戦争について国民に反省と謝罪とを促す旨の唾棄すべき政治的文章を書いてゐる。

この社説には、「事実の検証に基づくものなら、歴史は大いに論議されるべきだ。しかし、戦争の相手にもそれぞれの歴史認識がある」といふ件がある。接続詞「しかし」の意味が不明だが、文脈から察するに、「事実の検証」や「論議」など端からする気はなく、「加害者」たる我々日本人は他国の言ひ分に耳を傾け、「世界に通用する歴史認識」とやらを確立しようといふことらしい。

ふざけるな、と言ひたい。「事実の検証」がきちんとなされてゐないからこそ問題なのである。それに、この筆者も言ふとほり、「相手にもそれぞれの歴史認識がある」のなら、こちらにはこちらの「歴史認識」があつて当然といふことになるではないか。歴史は複雑なものである。もしも対立するなら、どこまでも執拗に議論したら良いのだ。思考を停止して他国の歴史観に我々のそれを合はせねばならぬ理由は一体何なのか。東京裁判史観にどつぷりと浸かつて自分の頭で考へぬから、かういふ駄文が書けるのである。日本だけが間違つてゐると考へるのは、日本だけが正しいと考へる知的怠惰と選ぶところはない。

しかし、過去の歴史を客観的に検証しさへすれば真実が見えて来るといふ考へ方も、実は一個のイデオロギー、もしくは精々一つの学説に過ぎぬといふことにも注意をせねばならない。

歴史を考へる上で最も大事なことは、福田恆存が書いたやうに、「何が事實かといふことではなく、何を事實と見てゐたか、その昔の人の心に接すること」(「歴史教育について」)なのだ。これなくしては本来自国の歴史は語れぬ。歴史は断罪や糾弾の対象ではなく、現在生きてゐる我々の専有物でもないのだから、明日にも変はるかも知れぬ「政略」によつて歴史を裁く義務はもとより権利さへ我々にはないのである。

だから、「戦後五十年」を迎へて我々がするべきことがあるとすれば、それは昔人の「心」を忖度し、必要あらばそれを代弁することと、小林秀雄が戦後言つたやうな「歴史の必然性」の恐ろしさに静かに思ひを致すことなのである。それさへすれば、「謝罪」だとか「不戦」だとかいつた愚昧な結論だけは間違つても出て来る筈がないのである。〈了〉

一国民としての感懐

「天皇陛下御即位十年奉祝委員会」（会長、稲葉興作氏）からの求めに応じて書いた文章。『御即位十年をことほぎて　天皇陛下に捧げる各界奉祝の声』として平成十二年四月刊。各界より二百五十七名が寄稿し、二段組で三百四十八頁の大著となつた。

今上陛下が第百二十五代の天皇として御即位遊ばされて十年といふ佳節にあたり、衷心より奉祝申し上げつつ、一国民としての感懐を以下に少しく綴らせて戴きます。

周知の如く、国史学の泰斗、故坂本太郎博士は、我が国の歴史の特性を論じて、連綿性、躍進性、中和性の三つを挙げ、就中「皇統が変はらない」連綿性こそ「第一の国体」であると喝破されました。私はこの「連綿性」こそ、私どもの宝であると考へる者です。どうして皇統が連綿と続いて来たのかといふ議論はここでは措くとしまして、事実として続いて来たといふことの重みを、私どもは折に触れて噛みしめるべきではありますまいか。

思ひますに、これは正邪善悪の問題でもなければ、他国と比較して優劣を論ずる問題でもないのです。私どもの先祖が長い歴史の中で、常に皇室伝統を維持して来たこと、これは現代人の小賢しい解釈をすべて拒否するだけの力があると思はれます。

歴史が一民族、一国家の「生き方」の証、履歴書であるとするならば、文化はさういふ生き方の中で人々が何を「幸福」と感じて来たかについての証言なのです。実際、我が国、我が民族の来し方を、政治イデオロギーを排して素直に見詰めるなら、皇統の連綿性といふものが、如何に私ども日本人の幸福感と表裏一体であつたか、つまり、如何に掛け替えのない文化であつたか、誰の目にも明らかなのではないでせうか。

しかし、さういふ事を全く理解できない、と言ふより、理解しようとしない同胞が少なからず存在するのも残念ながら一方の事実であります。我々の文化とは相容れない外国の文化——大抵は弱肉強食を本質とする文化——に盲ひて、「天皇制」などと恰も交換可能なもの、打倒するべきものの如く言ひ募る手合ひもゐれば、皇室報道において敬語を省略したり、民草の命運を深く思ひ遣られた歴代天皇の御製すら教科書に載せまいとしたりする一群の勢力が現に存在するのであります。

しかし、さういふ人々も日本人である以上、陛下は、彼らの平和と繁栄をも祈念してをられるわけで、私などはそこに、凡人の容易に達し得ぬ大御心の深さを、そしてその孤独といつたものも併せて感ぜざるを得ないのであります。

このやうに考へますと、私ども所謂「保守派」は、我々の文化、歴史、皇室伝統を尊び、それらを次代に伝へなくてはならないのは当然として、その際、これまた我々の伝統的な美徳である礼節、信義などを保持しつつ反対勢力と戦はなくてはならないといふことになります。自ら足枷をはめることで、戦ひにおいては明らかに不利なのですが、さういふ仕方にこだはることは、陛下の大御心を体することに幾分かでも繋がるでせうし、そして、それは何より、我々を高めてくれるのではないかと思ふのであります。〈了〉

天孫降臨の地は有り難きかな

日本会議設立五周年記念誌『誇りある国づくりへ』（平成十四年十一月）に掲載。

私が宮崎大学に赴任してから十年あまり。幸ひにも、この未知の土地で数多の盟友たちと深い契りを結ぶことができました。

あれは平成六年のことでした。大江健三郎氏がノーベル賞を受賞したのを機に、大江氏に対してかねて持つてゐた批判を私が『月曜評論』に書いたところ、それを目敏く読まれ、戦後五十年謝罪決議反対論を『日本の息吹』に書いて欲しいと依頼状を下さつたのが、今は同誌の編集長、坂元義久氏でした。聞けば、氏は宮崎出身で、自分には仲間がゐるからと紹介して下さつたのが、永野雅康氏を代表とする「宮崎・祖国と青年の会」の面々だつたのです。すぐに意気投合したのは言ふまでもありません。月一度の勉強会を共催し、それは「竹の会」といふ名で今日まで続いてゐます。

私が「北朝鮮に拉致された日本人を救出する会」を組織し得たのも、学生たちを引率して新田原基地に何度か表敬訪問を行ひ得たのも、或いは、小柳陽太郎先生（平成二十七年十一月逝去）の講演会を竹の会六周年事業として成功裡に催行できたのも、すべてこれ、かういつた同志が傍らにゐてくれたお蔭なのです。

また、数年前からは、高橋辰治隊長（のち「日本会議鹿児島」事務局長）率ゐる西日本キャラバン隊を「日本会議宮崎」関係者と共にお迎へするのが、真夏の楽しみの一つとなつてゐます。

事程左様に、宮崎において私は数多の邂逅に恵まれたのであり、そのことを人生の幸運と呼ばずして、何と呼ぶのでせうか。

邂逅と言へば、坂元氏と我が師竹本忠雄先生を山上ホテルでお引き合はせをしたのは私でしたが、そもそも、宮崎大学への赴任を「天孫降臨の地ゆゑ、方角が良い」と勧めて下さつたのは竹本先生だつたのですから、考へてみれば、宮崎での豊穣なる生活は疾うに師によつて予言されてゐたのでありました。〈了〉

「追記」「竹の会」はその後、平成二十四年に解散した。その主な理由は、学生の参加が無くなつたことによる。さらにその理由については〈教育往復書簡〉一（本書三百三十七頁）を参照されたい。

「天下に五枚で書けないことはない」
――『日本の息吹』通巻二〇〇号に寄せて

『日本の息吹』第二〇〇号（平成十六年八月）に掲載。

今は亡き山本夏彦氏は「およそ天下に五枚で書けないことはない」としばしば言つてゐて、なかなかの名言であると私は思つてゐる。世に無内容を糊塗せむとした、或いは原稿料稼ぎを企んだ長い論文少なしとせず、その点、『日本の息吹』所収の論文は短いのは四百字二枚程度、長くても四頁で、しかもいづれも重要な事柄が明瞭に述べられてゐるので、とても有り難い（講演録などの場合には、それを纏めた編集者のお手柄もあるだらう）。勿論、論題にもよるが、一般的に言つて、本質的な問題を熟考し、それが過不足なく表現される時、その表現はおそらくそんなに長いものではないのではないか。

簡明で達意の表現を心掛けたパスカルはさる書簡において、手紙の文章が長くなつてしまつたことを相手に詫び、その理由を「時間がなかつた」ことに求めてゐるけれども、この逆説もまたなかなかに味はひ深いと言はざるを得ない。もう十年以上前のこと、コンピューターの世界で「簡明に表現する」という意味の「ブレーズする」という動詞が作られたが、ブレーズとはパスカルの名前であつた。簡明の美徳は古今、洋の東西を問はぬものらしい。

手間暇掛けたゆゑの簡明・簡便。これが『息吹』の存在価値の一つであるのは間違いないと思ふ。身は小さくとも「三寸の楔」といふことがある。さらなる発展を祈りたい。〈了〉

大器は「晩成」するか

『戦後史に刻む吾らが道統』(全九州学生ゼミナール四十周年記念実行委員会刊、平成二十年三月刊)に掲載。昭和四十四年、まだ長崎大学学生であつた、現・日本会議事務総長の椛島有三氏が第一回実行委員長となつて始められた「全九州学生ゼミナール」が四十回を数へ、それを記念する冊子に求められて書いたもの。私も平成十六年三月、福岡・八木山青年の家で行はれたこのゼミに出講して拉致問題について講演をしてゐる。

宮崎大学での私の教員生活も既に十七年目を迎へようとしてゐる。その間、ここ天孫降臨の地において「全九ゼミ」のOB諸氏と知遇を得、同憂の士であると納得、いつしかこのゼミを側面支援するやうになつた。そして、四年前には、招かれて拉致問題について講話をしたこともある。

「全九ゼミ」の意義は、偏に学生たち自身による企画・運営といふ点にあることは間違ひない。そして私は、若い学生諸君が一所懸命に歴史や文化伝統を勉強し、俗論に抗して公のために役立ちたいと願ふその「志」といふものを大変貴重なものと考へる。

言ふまでもなく、昨今の学生たちにさういふ志を見出すのは、まさに「水底に針を探す」の類だからである。と同時に、ゼミの諸君は祝福されるべきものとも考へる。パスカル的に言へば、何かを求めてゐるといふことは、実は既にその何かの一部を所有してゐる筈だからである。

人はとかく「大器晩成」といふやうなことを言ふ。確かに、それも一面の真理を表してゐるであらう。だが、『エセー』で有名な八宗兼学のモンテーニュ（一五三三―九二）は四百年以上も前にかう書いてゐる。

「私からすれば、我々の精神は二十歳で十分に成熟し、将来のすべての見込みを予告していると思う。その年齢になっても、能力の明かな保証を示さなかった精神が、のちになって証拠を見せた例は決してない。天賦の特質と徳性とは、その力と美しさをこの年齢に発揮しなければ、永久に発揮するときがない」（原二郎訳、岩波文庫）。

丁度二十歳でこれを読んだ私は、当時、自らを省みて眩暈を感じ、その後にやつて来た絶望感と長く戦はざるを得なくなつたものであるが、「全九ゼミ」に参加した（してゐる）諸君は堂々とこれを肯定すれば良い。老境と言ふには足りぬが天命を知る年齢を過ぎた私は、これまでの人間観察により、「大器晩成」よりもモンテーニュ先生の言ふことの方が真実に近いのではないかと思ふからである。〈了〉

宮崎口蹄疫問題の真実

『日本の息吹』第二七二号（平成二十二年七月）に掲載。歴史的惨禍となつた宮崎口蹄疫について何かレポートして欲しいとの坂元編集長による注文で書いたもの。

宮崎県での口蹄疫の初動防疫が遅れ、感染被害が空前絶後と言ひ得るほど拡大してしまつた理由は、各方面で指摘されてゐる通り、赤松農水相（肩書きは当時。以下同様）や鳩山総理の危機管理能力の欠如といふことに尽きる。国防のイロハも弁へぬ平和ボケの面々であれば、むしろこの惨状は当然の結果と言ふべきであらう。農水相外遊中にその代理となつたのが宮崎県出身の福島消費者担当相であつたことも、宮崎県民にとつては皮肉且つ不運であつた。「いのち」が大事などと能天気に口走る総理とその内閣が、未曾有の畜産業危機に直面して全く機能不全に陥る様を見て、民主党に幻想を抱いてゐた国民が大いに悟るところがあつたとすれば、「怪我の功名」と言ひ得るかも知れぬ。しかし、さう言つて喜ぶには犠牲があまりに大きいと言はざるを得ない。

ところで、一連の報道の中で最も私の関心を惹いたのは、共同通信が行つた川南町周辺農家アンケートの結果である（『宮崎日日新聞』五月二十八日付け）。「行政に求める支援内容」といふ問ひに対して、「生活支援」三十四％、「経営支援」二十八％、「畜産再開時の支援」二十五％と、専ら補償・支援関連が主で、複数回答制であるにも拘はらず、「感染原因の究明」が十三％に止まつたことである。勿論、殺処分と埋却に追はれ、経済不安と精神的苦痛の渦中にあつては、現在と今後のことだけしか考へられないといふ事情は理解できる。しかし、さういふ渦中にあつても感染原因はきちんと究明しておかねば、新たな惨禍を未然に防ぐといふことが不可能となるはずであるから、この十三%といふ数字に私は驚いたのである。真の原因にまで遡つて根本的考察や理論的整備を行ふのがややもすると不得手である我々日本人の性向のゆゑかと私は考へ始めてゐた。しかし、事はさう簡単ではなささうだと、今の私は思つてゐる。

実は宮崎のさるミニコミ新聞が五月十五日、以下の報道を行つてゐたのだ。食肉牛の委託オーナー制度で知られる栃木県の某食肉会社が、四月初め、自社牧場（川南町）で口蹄疫の疑いのある牛を発見したが県に報告せず、社内データを改竄したり、死亡した牛を別の自社牧場に移動させたりと、悪質な隠蔽工作をしてゐた、と。まさに「感染拡大の張本人」であると言ふのである。このことは関係者の間で既に公然の秘密となつてゐるやうだが、この種の報道が地元マスメディアによつてなされることはないし、六月七日に放送されたＮＨＫの「クローズアップ現代」でも全く触れられなかつた。事情通の知人によれば、その会社の誘致などに関連して、県や町、あるいは農業関連団体なども複雑な利害関係を持つてゐるらしい。民主党が敷いた報道管制もあり、真実が県民国民の許に届いてゐないのだ。いづれ当局の捜査により、様々な事が明るみに出るであらうが、報道の仕方も含めて今後の成り行きを私もしつかりと見守らうと思ふ。

被害農家の人たちは「政府には見捨てられたが、同胞は見捨てないでゐてくれた」と、全国から寄せられた多くの義捐金や激励の言葉に感激してゐるといふ。唯一の「救ひ」と言ふべきか。〈了〉

福田恆存生誕百年――『日本の息吹』通巻三〇〇号に寄せて

『日本の息吹』第三〇一号（平成二十四年十二月）に掲載。

私は、明らかに幼児化の度が増しつつある最近の学生たちを見るにつけ、何とかしなければと、時に柄にもなく、「人間教育」なんぞといふ言葉を口にしたくなる。が、そんな時、私の脳裏を決まつてよぎるのは、福田恆存の教育論における幾つかの言葉である。「教育において可能なのは、知識と技術の傳達あるのみ」（「教育・その本質」以下同様）と言ひ、「教育の力で社會や人間を變へうるなどといふ妄想はいだかぬがいい」とさへ福田は言ふのである。「知るに値することで、教へられることなどない」と言ひ切るオスカー・ワイルド（「芸術家としての批評家」）の言葉にも一脈通ずるペシミズムであるが、このペシミズムは「眞に教へるに値するものは知識ではなく『人間的なるなにものか』であるといふ理想主義的オプティミズムと充分に両立しうる」とも言ふのだ。単なる悲観論の吐露に終はらないところが福田である。

要するに、知育か徳育かといふ二者択一の問題ではなく、「教育においていつも變はらぬ原則は、自分が眞に所有してゐるものだけしか、與へられぬといふこと」を先づは自覚、もしくは覚悟した上で、「知識だけを教へる過程において、同時に、知識にたいする態度がおのづと生徒に傳る」といふ「教へる側の無意識のうちに授受される人間教育」を信ずることこそが大事だと言ふのである。

徹底したリアリズムと深遠な洞察力を私は感ずる。

事程左様に、福田恆存の言葉は鋭く深い。ここではたまたま教育論を紹介したが、国家、国防、文化、人生、文学、演劇、等々、対象が何であれ、繰り返し読まれるに値する超一流の言論だつたと思ふ。折しも、今年は生誕百年である。数々の催し物が行はれてゐるやうであり、同時に「評論集」「対談・座談集」「戯曲全集」などが新たに刊行中である。どれでも良い。若い人たちに是非読んで欲しいと思ふ。小林秀雄の文章に躓いた人も、福田恆存なら大丈夫ではなからうか。入門書としては、『日本への遺言——福田恆存語録』（文春文庫）を薦めたい。〈了〉

〔追記〕本年（平成二十八年）六月に『滅びゆく日本へ—福田恆存の言葉』（佐藤松男編、河出書房新社）が出版された。これも推薦したい。

最大の敵は「平和主義」である

『日本の息吹』第三三六号（平成二十七年十一月）に掲載。「憲法改正への提言」を求められて書いたもの。他に竹本忠雄先生を始め、十八名の貴顕の士が寄稿。私以外は著名な方ばかりであつた。

宮崎県は市町村議から県議・国会議員に至るまで、自民党系議員が多いのであるが、地元新聞のアンケート調査を読むと、皆が皆、憲法九条を改正したいとは思つてゐないやうである。中には、「安保法案」可決をめぐつて、「九条の理念を守り伝へてゆきたい」云々とまで発言する議員もゐて、私はそのあまりの不見識と太平楽に度肝を抜かれたが、同時に、この種の「平和主義」の我が同胞への浸透度といふものを改めて憂へずにはゐられなかつた。この浸透度合ひの深さは、改憲を訴へて街頭署名活動を行ふ度に痛感してゐることでもある。

我が国の抱へる各種の戦後的な問題、即ち、憲法を始め、米軍駐留基地、領土領海、拉致、教科書、戦後補償、靖國神社、歴史認識、等々の問題はすべて、我が国に瀰漫してゐる「戦争は絶対悪であり、平和は絶対善である」といふ誤れる観念が払拭されない限り、解決は遠いのではなからうか。そもそも「戦争がない状態」といふやうに消極的な定義しかできない「平和」といふ語に、積極的な意味を持つ「主義」といふ言葉を接続することは本来できない。しかし、国家の威信だの正義だのといつた複雑な問題に無関心な層には、「力無き正義は無力である」といふパスカルの至言は届かぬだらうし、それゆゑ、彼らにとつて「平和主義」や「戦争反対」は恰好のスローガンとなるであらう。

フランスはかつて平和主義のために大きな代償を支払ふ羽目になつたが、その反省であらうか、代表的辞書『プチ・ロベール』は、「平和主義」の項に、ただ一つの例文として、「平和主義は時に戦争を増やし、寛容は犯罪を増やす」といふプルーストの言葉を引いてゐる。チャーチルも同じことを言つてゐるのは周知の通りである。

戦争は人間が人間である限り無くならず、そして戦争は「絶対悪」ではないといふ道理を（勿論、「絶対善」でもないが）多くの国民に納得させせぬ限り、或いは、「平和主義」の数々の虚妄と陥穽に気付かせぬ限り、憲法九条の改正は難しいといふことを我々は肝に銘じるべきである。〈了〉

我が国は「正義」に無頓着な国であつて良いのか

『日本の息吹』第三三七号（平成二十七年十二月）に掲載。前号の提言よりもつと人間論的・哲学的議論を織り交ぜて欲しいといふ坂元編集長の希望を取り入れて書いたもの。

「一体どこの国が攻めて来るんですか」と討論番組で口走る能天気なジャーナリスト、国会前のデモ集会で「今日、初めて憲法の意味が分かりました」と若者に迎合する憲法学教授、「安倍首相個人の気持ちになぜ皆が従はなければならないのか」とテレビで愚問を発する学生活動家、安保法制可決を歯噛みしながら伝へるテレビキャスター、等々。何とも滑稽にして悲惨な光景であるが、さらに困つたことは、彼らに同調する、もしくは影響される同胞もまた極めて多いであらうといふことである。

かうしたことの、たぶん最も大きな原因は、戦後日本に瀰漫する「平和は善で戦争は悪である」といふ思潮であらう。教室で「戦争は悪か」といふ質問をすると、全員が手を挙げる。続けて、「では、悪人を殺すことも悪か」と訊くと、今度は考へ込むのが常である。が、右の太平楽な人々に比べれば、考へ込むだけ我が宮大生はマシかも知れぬ。何せ、右の思潮の中には非常に強い感染力を持つ病原菌が混入してをり、一旦これが脳内に入つてしまふと、現実が見えなくなり、思考停止に陥るといふ特徴を持つからだ。この菌はまた、体が自らの免疫力で健康状態に復しようとする時に限つて元気づくといふ極めて厄介なものである。

この病原菌を自らの免疫力で殺菌するのが難しいとなれば、外科的荒療治しかないのだが、かと言つて、仮想敵国の「外圧」を期待するのは本末転倒である。さて我々はどうしたら良いのか。やはり、倦まず弛まず、現憲法、特に第九条の矛盾や誤謬を説いてゆくしかないであらう。

九条信者は「戦後日本が平和だつたのは九条があつたから」としばしば言ふが、前提からして間違つてゐる。固有の領土である島嶼を占拠され、無辜の国民を多数拉致され、今なほ解決できないでゐる国を「平和」であると言へる道理はない。拉致被害者の御家族に向かつて、「日本は平和でいいですね」と言へるかどうか、考へてみれば良い。

私は宮崎で平成十年以来、「救ふ会宮崎」の会長として同志と共に活動してをり、事ある毎に、「力無き正義は無力であり、正義無き力は圧政である」といふパスカルの言葉（『パンセ』、以下同様）を思ひ出すが、最近では、我が国は「平和憲法」とやらの下、「力」は言ふに及ばず、「正義」をも喪失してしまつたのではないかと思ふことしばしばである。

ソルボンヌの元哲学教授アンドレ・コント＝スポンヴィルは、正義とは「唯一絶対的に善であるべきもの」と述べた上で、「思慮と節制と勇気などの美徳は、正義との関係においてのみ美徳となる」、なぜなら、「正義はそれらの美徳と同列にある一つの美徳ではなく、もろもろの美徳を共存させせる法」なのだと言ふ（『ささやかながら、徳について』中村昇他訳、紀伊國屋書店）。確かに、如何なる美徳も正義と無関係であるならば、それらは名目だけのものになつてしまふであらう。

しかし、このやうに言ふと必ず、「正義とは何か一義的には決められない」との疑義が出される。ある意味では尤もである。懐疑主義をモンテーニュに学んだパスカルは「正義は議論の対象となる」と書き、また、「一筋の河で境界線を引かれる正義とは何と滑稽なのか。ピレネー山脈のこちらでは真理であつても、あちら側では誤謬なのだから」と、正義の「相対性」を指摘した。けれども同時に、「国家の中に異邦人が侵入して掠奪するのを黙過し、平穏を乱すのを恐れて抵抗せずにゐるのなら、それは平和の目的に反する。（略）真理が行き渡つてゐる時に平和を掻き乱すことが犯罪であるやうに、敵が真理を破壊しようとしてゐる時に平和の内に留まらうとすることは、これもやはり犯罪ではなからうか」とも書いたのである。さすがは、時の政治権力と結託したイエズス会に対して痛烈な批判文書を草し、地下に潜りつつ命懸けで出版した男である。この点で、キリスト者パスカルは、「悪しき者に手向かふこと勿れ」と教へたイエスに従つてはゐないことになる。

イエスの「此岸（この世）での平和主義」は彼岸（あの世）をより重要視したからにほかならないのだが、我々は今、パスカル同様、現実の世界、即ち「此岸」での問題に直面してゐるのである。「仲良しクラブ」にあらざるこの「此岸」においては、正義の対立が、交渉などが無力となる極点にまで達すれば、最後には力勝負となり、それが国と国との対立ならば戦争へと突き進むことになる。それゆゑ、戦争は無くならず、まともな国は軍隊を保持しようとする。また、そもそも戦争を

「悪」とは考へないので、子供に「悪」と教へる国はない。

悪や不正を目の当たりにした時、どのやうな行動を取るかによつて、人間の場合も国家の場合もその品性や地金といつたものが露呈する。正義とは「不正の処罰」であるのは「西洋の法思想の伝統」（長谷川三千子『正義の喪失』）であるが、古今東西、そして未来永劫、それは変はらないであらう。そして、さうであれば、人間と同様、国家が悪や不正を「処罰」するのは当たり前のことであり、侵略されれば自衛のために渡り合ふのはあまりにも当然の権利といふことになる。これを否定するなら、国民全員黙つて殺されるか奴隷にでもなるしかあるまい。

国家も人間も、正義、威信、尊厳、名誉、矜持などといつた精神的な価値を獲得しようとか保持しようとか努力することによつて初めて自己のエゴイズムを抑制したり矯めたりする契機が生まれるのだが、九条信者たちはそのやうな価値を一顧だにせず、ただただ「平和であれば良い」と言つてゐるだけで、これは思想の名に値しない。コント＝スポンヴィルはかうも言つてゐる。「自分自身や人類の幸福のために正義を軽んずるなら、それは不正以外の何ものでもなく、その幸福は利己主義か安逸でしかない」と。誤れる戦争観と平和主義とは「正義」といふ美徳の欠如した恥づかしいものと知るべきである。〈了〉

第八部　『産経新聞』

〈教育往復書簡〉一

福岡在住で「寺子屋モデル」代表の山口秀範氏が『産経新聞』（九州版）で「教育往復書簡」といふ連載をされてゐた。氏が教育関係者に順次問ひかけ、それへの返信を以て「往復書簡」となる企画である。記事の見出しは「学生の恐るべき幼児化現象目の当たりにし未来案じる」となつてゐた。平成二十三年六月七日付に掲載。

拝復　山口先生、お便りありがたうございます。かうした機会に御指名を賜り、大変光栄に存じます。しかし、残念ながら、「大学の学風改革」といふやうな高尚な話は出来さうになく、あまり明るい話も出来さうにありません。予めお詫び申し上げます。

さて、「国民文化研究会」創立者の小田村寅二郎先生やお弟子さんの山口先生には及びもつきませんが、私もまた、平成七年より、当地の有志――国文研とも御縁浅からぬ方々――と語らひ、「竹の会」といふ名の小さな学習会を主宰して参りました。創立七周年記念の夕べには国文研副理事長の小柳陽太郎先生をお招きして御講演を頂いたこともありました。この会は私の専門との関係もあり、どちらかといふと外国の文学、哲学、あるいは国内の時事問題などについて、主に私がリードしながら自由に討議するといふ形式の学習会です。最初の十年近くは、誘つた学生が何人も出入りしてくれて活況を呈してゐましたが、ここ数年は学生の参加が減り続け、この三月に卒業した一人の学生を最後に、たうとう学生はゐなくなりました。

勿論、私の不徳の致すところではあるのですが、私自身、だんだん学生に声を掛けるのが億劫になつてしまつたといふことは正直に申し上げざるを得ません。一つには「ゆとり教育」といふ文科省の愚策により、学生たちの基礎学力が惨憺たるものとなり、それが全体的な学習意欲の減退に繋がつてしまつたこと、二つには、我が国の場合、ゲームや携帯電話の普及がその傾向に拍車をかけてしまつたことが理由として挙げられませう。そして以上のことの結果として、学生の恐るべき幼児化現象があります。

具体的な例を御紹介します。「克己心」が読めない、「（船の）マスト」を知らない、大統領と言へばオバマしか思ひ浮かばない。新渡戸稲造も内村鑑三も漢字で書けない。初対面で名前を尋ねれば、姓ではなく下の名を名乗り、勉強不足を咎めると、「先生、ごめんなさい」と小学生の如き口吻で謝る。授業中、廊下を大声で話しながら歩いてゐるので、注意しようとドアを開けると、「キャー」とか何とか歓声を挙げながら走り去つてしまふ、等々。

以上、十分喫驚するに足る事例ばかりと思ひますが、最後に、腰を抜かさんばかりの事例を一つ。昼休み前のフランス語の授業でのことです。少々不勉強が目立つ学生を数人呼び止め、「短文を三つ暗記して、出来た者から私の研究室に来るやうに」と命じました。三分もあれば終はるやうな課題です。しかし、待てど暮らせど学生が来ません。私も食事をせねばなりませんから、弱つたものだと教室に様子を見に行くと、何と、弁当を食べながらダラダラと暗記してゐたのです。私がその時怒鳴らなかつたのは、私の年齢もありませうが、既に免疫が出来てゐた証拠であらうと思ひます。

大学差、個人差はありませう。しかし、今やどの大学でも「大学入門セミナー」のやうなタイトルの授業があります。言語表現力養成を狙ひ、勉強の仕方から図書館の利用法、自己紹介の仕方からメールの書き方まで指導してゐるのです。私どもの世代には考へられないやうな大学のサービスですね。勿論、知らなければ教へてやる、といふのが教師の役目だと言へば、それはその通りなのですが、しかし、私は大学生ではもう遅い、十八歳までの若者の生き方を変へさせない限り、我が国に明るい未来はないとしみじみ思ふのです。山口先生の御意見をお聞かせ下されば幸甚です。

敬具

〈教育往復書簡〉二

『産経新聞』（九州版）平成二十三年七月一日付に掲載。記事の見出しは「親と子の接触量の少なさに我が国の危機が潜んでいる」となつてゐた。因みに、私の次は熊本県の勇志国際高等学校校長の野田将晴氏に引き継がれた。

前便で私は、読者諸賢に大学生の悲惨極まる現状を少しでも知つてもらひたいと思ひ、敢へて「曝露話」を書いたのでした。一般的に言つて、親が教育に興味を持つのは大学入学までであり、大学入学後は急速に興味を失ひ、世間も大学生や大学の教育内容については多くを問はないといふ傾向が昔からあるからです。

それにしても、現今の大学生の学力低下の原因は何なのでせう。原因は、子どもたちの学力低下から「利益」を得てゐる人間が我が国に相当数ゐることにある、その意味では「日本人全員が同罪」だとする説（内田樹『街場の大学論』角川文庫）に私は賛成する者です。私たち大人の責任は計り知れず、詳細は同書に譲りますが、私がここで指摘したいのは、学生たちと親との接触量の少なさ——親との会話や親と共に何かをして来たといふ経験が非常に少ない——といふことです。ニュースのネタになるやうな、目に見える「家庭崩壊」とは別形態の「家庭崩壊」が、平成日本で深く静かに進行しているやうな気がしてなりません。

雑談の折りに、比較的理解の容易な話題に触れつつ、彼らの親たちの生きた昭和の世相や文化などを論じようとする際、彼らの知識の欠如にはいつも驚かされます。親からの「耳学問」が決定的に欠けてゐると感ずるのはさういふ時です。三島由紀夫の割腹事件はもとより、三島の名さへ知らず（知つてゐても、作家であることを知らない）、「国鉄」も「ソ連」も「小野田少尉」も知りません。墓参りをしたことがないので、自家の宗派も知らず、「神父」と「牧師」の区別も知りません。ある同僚によれば、日米が戦争をしたことを知らない学生がゐて驚愕したさうですが、ここまで来れば、もはや「笑へない笑ひ話」と言ふほかはありません。

かうした背景には、ゆとり教育と少子化のほかに、やはり携帯電話とゲームの普及があると私は考へてゐます。席に座つた途端、子供たちが持参のゲームを始め、親とは全く話をしない、といつた光景をレストランなどで頻繁に見かけますが、この光景にこそ、我が国の危機が潜んでゐると私は思ひます。「親」の教育も必要なのだと痛烈に思はされるのはこのやうな時で、その意味で、山口先生の寺子屋事業や「親学推進協会」などの成果には期待してゐます。

さて、先生は、前便の最後に「若い人々に伝えたいのはどんな事でしょう」と私にお尋ねでした。この御質問に、以下、箇条書きにてお答へ致します。

一、歴史は静的な客体としてあるのではなく、見る者の視点の動きに連れて変化する生き物であり、歴史を学ぶとは「何が事実かといふことではなく、何を事実と見てゐたか、その昔の人の心に接すること」（福田恆存）であるといふ考え方。

二、健康とは「病気のない状態」のことであるが、健康それ自体は人生の目的にはなり得ない。同様に、平和は「戦争のない状態」といふ消極的概念でしかないので積極的価値を持たず、絶対善とはなり得ぬこと。

三、「国際人」や「個人」などといふ抽象的なものは存在しない。立派な日本人でありさへすれば国際的に通用する。また、純粋な個人は存在せず、誰もが他者との「関係性」を宿命的に持ち、そしてその「関係性」は一種の足枷でもあるが、同時に、それによつて我々は生かされてゐるのだといふ人間の二重性。

四、万能のやうに言はれる「愛」も、実は「差別」の別名かも知れないといふ人生の機微、等々です。勿論、「機微つて何」と訊かれることを承知の上でです（嗚呼！）。

末筆ながら、先生の益々の御活躍をお祈り致します。

敬具

第九部　訳書『日本待望論』をめぐって

『日本待望論』訳者あとがき

訳書『日本待望論——愛するゆえに憂えるフランス人からの手紙』は平成十年十一月三十日に、四六判上製の体裁で刊行された（発行は産経新聞社、発売は扶桑社）。竹本忠雄先生が盟友の著名作家で国営ラジオ文化放送プロデューサーでもあるオリヴィエ・ジェルマントマ氏に執筆を慫慂して世に出た日本論の名作である。娯楽物は別として、二千部売れれば大ヒットと言はれる翻訳書市場だが、最初五千部、二刷で確か二千部出たと思ふから、かなりのヒット作でもあつた。ヒットした理由としては、内容もさることながら、多くの識者が様々な場所で言及して下さつたことが大きかつた。小堀桂一郎明星大学教授と評論家井尻千男氏が『産経新聞』で、石井英夫氏が「産経抄」で、宮崎県神社庁参事の本部雅裕氏（現・鵜戸神宮宮司）が『國民新聞』でそれぞれ好意的な書評や紹介を書いて下さつた。それから、篠沢秀夫学習院大学教授に至つては、テレビや週刊誌の「読書案内」で、私の知る限り合計四回もこの書を推薦して下さり、御著書『フランス三昧』（平成十四年、中公新書）においても「優れた思想書」として紹介して下さつたことなどが大きかつたと思はれる。

さて、著者は刊行直前の平成十年十一月二十八日に東京国際フォーラムホールAで行はれた集ひ「御即位十年をことほぎて」（日本会議・日本会議国会議員懇談会主催）で記念講演「世界は日本の再興を待っている」を行つた（通訳は竹本忠雄先生）。私も宮崎から駆けつけたが、その来日の少し前、「訳者あとがき」に何と書いたか知りたいといふ旨のファックスを受け取つてゐた私は、その日、フランス語に訳した「訳者あとがき」を持参し楽屋でお見せした。すると氏は嬉しさうな表情を浮かべながら私の目の前ですぐに読み始めた。思ひ出深いのは、その「あとがき」に書いた私の年来の主張、即ち「文化は一民族、一国家の『生き方』の総体なのであるから……」といふ辺りを読みながら、私の方に視線を投げかけ、満足さうに「トレ・ビヤン！」と言つて下さつたことと、読み終へてから、「パスカルと比較してくれて光栄です」と言はれたことである。

氏はその後、平成十八年度（二〇〇六年度）、それまでの活動全体について「アカデミー・フランセーズ文学大賞」を受賞するといふ栄誉に輝いてゐる。いづれ、アカデミーの会員に叙せられる日も近いのではなからうか。

本書の著者オリヴィエ・ジェルマントマ氏に訳者が初めてお会ひしたのは、平成二年（一九九〇年）十月、パリのサントノレ街にある氏のアパルトマンだつた。本書の監修者竹本忠雄教授が、リスボンで開かれた「第二回ヨーロッパ＝世界会議」で基調講演されるのに同道し、そこからパリに立ち寄つた折りのことであつた。「タダオ・タケモト」一行の来仏といふことで、ジェルマントマ氏は私邸に、友人の作家、哲学者、映画監督、大学や美術館の研究者など十数人を呼び集め、歓迎の宴を開いてくれたのである。

この「サロン」の主、ジェルマントマ氏の気品に満ちた身のこなしは、多士済々のメンバーの中にあつても水際立つてゐたし、さらに、氏の長身痩軀、彫りの深い顔立ち、物静かで深みのある語り口などが私に強い印象を残した。その後も、日本とパリで何度かお会ひする機会があり、その度に氏の博覧強記と飽くなき知的好奇心に私は圧倒された。ある時、氏は私に「フランスには、ある種の人物が国や民族の精髄を体現するといふ考へ方がある」と教へて下さつた。それは「タダオ・タケモト」と日本のことを話していた時のことであつたが、自己のルーツに忠実でありながら、同時に、他の文化にも深い理解を示す氏にも全く同様のことが言へるのではないかと、私はいつしか思ふやうになつた。

本書は日仏の二人の文学者の間に形成された類稀なる友情《アミティエ》の証である。かうした書物を翻訳させて頂くことにならうとは、八年前には想像だにしなかつた。しかも、本書を以て氏は日本でのデビューを飾るのである。我が国の文化に寄せる氏の深い愛情を思ふ時、訳者としての栄誉と責任とが重く伸し掛かるのを私は感じてゐる。

戦後だけに限つても、外国人による日本論、日本人論はかなりの数に上る。ただし、「外国人」といつても、もはや古典となつた感のあるルース・ベネディクトから、今日の「日本見直し論者」(リヴィジョニスト)たちまで、その多くはアメリカを中心としたアングロサクソン系の著者たちであり、彼らの場合、現実の利害関係なども手伝つて、政治・経済などの「システム」を論ずることが多いのを特徴とする。一方、「フランス人もの」とでも言ふべき一群の日本論があり、こちらは、現実の背後にある、より高次の「文化」に着目してゐるのを特徴としてゐる。「国家と国民と文化は、フランス人の意識においては分離されずに一体のものとなつてゐる」とのドイツの碩学エルンスト・

R・クルツィウスの指摘もあるやうに、一般に、フランス人は政治的な概念と文化的な概念とを分けて考へることをしないからであらう。彼らにとつて、政治は文化であり、文化は政治なのである。さういう思想こそが、「文化大国フランス」といふ世界的に認知されてゐるイメージを内側から支へてゐるのではなからうか。

これに対して、我が日本国はどうか。文化の中に政治を持ち込まないといふ美辞麗句が掲げられてゐる一方で、ある種の政治的イデオロギーによつて我が国固有の文化が侵食され、翻弄されてゐるといふ現実がある。そして、前者の立場は後者の事態に対して全く無力である。しかし、文化を一つの自己完結的な実体として、我々の生活から独立したものと見るのは間違ひであるし、文化は一民族、一国家の「生き方」の総体であるから、政治との接触を恐れる必要はどこにもなく、まして、固有の文化の顕現を恐れる必要など微塵もないのである。

そのやうな点において我々を深い内省へと促してくれる優れた日本論が、フランス人著者たちによつてこれまでも書かれて来た。例へば、本書にもしばしば登場するアンドレ・マルローが『反回想録』他で論じた一連の美術・文学論。或いは、レジスタンスの闘士で、今は亡きアルフレッド・スムラー氏の『ニッポンは誤解されている』、『アウシュヴィッツ186416号日本に死す』などがその代表的なものであらう。これに、やはり今は亡きモーリス・パンゲ氏の『自死の日本史』を付け加えることも出来よう。これらの深い日本文化理解と愛情に基づいた分析や提言は、いづれも、我々にとつて頗る貴重な財産となつてゐる。

そしてここに、ジェルマントマ氏による書き下ろしが加はつた。しかも、ただ単に加はつたのではない。本書は「神道」を「天才的直観」であるとする比類なき洞察力と、我々に向かつて直に語りかける「書簡形式」とによつて、フランス人による日本論としても、まさに画期的な作品と評し得るのではないだらうか。

「日本文化の根幹は神道である」と最初に喝破した外国人はラフカディオ・ハーン（小泉八雲）であるが、ハーンもジェルマントマ氏も、そしてマルローもさうであつたやうに、伊勢神宮や出雲大社などの神社に実際に詣でることによつて、ある種の啓示を受けてゐるといふことでは共通してゐる。そのこと自体極めて重要であり考察に値するが、本書の著者の場合、マルローと同様、建築物としての神社のみならず、その聖域の「自然」からも強烈な印象を感受してゐることは、さらに一層重要である。著者は玉置山神社に向かふ参道の「樹齢三千年の木々がいまなお生きつづけ、杉の巨木からしたたり落ちる水滴の音さえ聞きとれる」場所に立つて、「自己拡大」を遂げる。何と鋭敏にして深遠な感受性と直観であらうか。この種の体験を、「聖地」巡礼の折々に幾つも積み重ねることによつて、神道と自然の両者が日本の神聖・霊性の中枢にあり、そして、その神聖・霊性が「普遍性」を持つてゐるのだと、著者は確信を深めて行く。この巡礼は、一フランス人作家の日本発見の足跡と言ふに留まらず、これを読む我々日本人にとつても自己発見の旅となるのではあるまいか。

本書に見られる現今の日本人への批判、叱声は明快であり、ここでそれらについて喋々することは控へるが、今一つ贅言を弄するのをお許し頂きたい。それは、著者が「座右の二冊」のうち一冊として挙げてゐる『パンセ』と著者の思想の共通点のことである。

両者に共通するのは、デカルト流の機械論的自然観・世界観だけでは把握出来ない、別次元の何かが存在するといふ思想である。そして、それは勢ひ、神（神々）や霊性、或いはシンクロニシティ現象など、言はば神秘的、超越的なものを志向するから、ミスティックな思想、或いは霊的《スピリチュエル》＝精神的な思想と呼ばれることになるが、これをパスカルやジェルマントマ氏は自らの哲学・人間論の中心に置いてゐて、本書においても、それは通奏低音の如く、静かに、しかしはつきりと鳴り響いてゐる。

思ふに、この種の思想は、太古から現代に至るまで、民族によつて異なつた形を取りながらも、連綿と続いて来たことは紛れもない事実である。といふことは、それは、人間の内奥にある原初的、根源的なものに発する何かにほかならないであらう。戦後、とりわけ我々日本人は、さういふ「万古不易」のものを——ある種のイデオロギーのもと——「物語」であるとか「非科学的」であるとか言ひつつ軽視し、葬り去らうとして来たのだが、それと引き替へに得たものは何であつたのか。生命力や繁殖力を失つた茫漠たる砂漠のやうなものでしかなかつたのではなからうか。そして、稀代の旅行家でもある著者によれば、それは世界的規模で起こつてゐるのである。

さういつた世界の「砂漠化」（著者の言葉では「空洞化」）を食ひ止めるに足る力を日本文化は持つてゐるにも拘はらず、どうして砂漠化、空洞化そのもののやうな歩み方をするのか、といふのが、著者の問題提起の核心である。日本文化を褒められたとて、溜飲を下げるだけに終はつてはなるまい。著者の提言や批判を「干天の慈雨」となし得るか否かは、一にかかつて我々の決意と努力なのである。

本書が出版される今年平成十年は、折しも「日本におけるフランス年」に当たつてゐて、ジェルマントマ氏は、そのプレイヴェントとして一月末に開催された講演会やシンポジウムに「フランス人気作家十人衆」の一人として来日された。この「フランス年」に本書が出版される運びとなつたことは、訳者としてこの上ない喜びである。

尚、著者との協議により、章題の幾つかを改め、監修者と訳者で適宜小見出しを付したことをお断りしておきたい。

本書監修者の竹本教授は、原文の持つ詩的な抽象性に手子摺つた訳者に多大な御教示をお与へ下さつた。この場を籍りて、お礼を申し上げたい。

また、本書出版について深い御理解を賜つた産経新聞社の正論調査室室長兼論説委員の宗近良一氏にも心からのお礼を申し上げる。

平成十年十月十五日

『日本待望論』を翻訳して考へさせられたことども

『月刊日本』（K＆Kプレス刊）平成十一年二月号に掲載。南丘喜八郎編集長がいち早く本書を読まれ、訳者として何か書いて欲しいといふ注文であつた。南丘氏とは「憂國忌」のパーティで面識があつたのである。出来上がつた雑誌を見ると、拙論の前に、『日本待望論』の内容紹介を四頁も掲載するといふ熱の入れやうだつた。

未来展望の出来ない敗戦国民の心の痛手

昨年十一月三十日、オリヴィエ・ジェルマントマ著『日本待望論――愛するゆえに憂えるフランス人からの手紙』（監修・竹本忠雄筑波大学名誉教授、産経新聞社発行・扶桑社発売）が上梓された。痛烈と言へばこの上なく痛烈な現代日本批判の書であると同時に、叱咤激励の「友情の手紙」とも言へる本書を訳しながら、私は一人の日本人として様々な事を考へさせられた。以下、著者の主要な論点を紹介しつつ、訳者としての感懐を綴つてみたい。

昨年五月に公開されて話題を呼んだ日本映画『プライド』の中に、私には忘れられない場面があつた。それは、極東国際軍事裁判、所謂「東京裁判」の判決が下つた昭和二十三年十一月十二日の夕刻、ホテルの女給が物憂げに窓を開けると、隣のダンス・ホールでは「民主主義」の時代の到来を謳歌する如く、多くの日本人男女がジャズに合はせて楽しげに踊つてゐる――さういふ光景である。この時、既に「終戦」から三年あまり、昭和二十一年四月二十九日に行はれた国際検察団による軍事裁判所への起訴状提出から数へても二年半の歳月が流れてゐて、一般民衆にとつては戦争が過去のものになつてしまつたといふ雰囲気を描いた場面であつた。この「雰囲気」が当時の「史実」を如何ほど忠実に反映してゐるか、私は具に検証する術を持たないが、しかし、今日の我が国の精神状況を見る時、当たらずとも遠からずであつたらうと想像せざるを得ない。

そして、現下の頽廃ぶりをその淵源にまで遡れば、この種の「健忘症」といふものに行き着くやうに思はれるのである。この半世紀の間にいよいよ国民的宿痾となつてしまつたこの「健忘症」によつて、我々は民族の誇りを忘れ、固有の文化も伝統も忘れ、神話も忘れ、歴史は民族の「物語」であることも忘れ、他国の悪意も忘れ、序でに国防の大事も忘れ、大義に殉じた戦死者を鄭重に弔ふことも忘れ、そして遂には、人間は何のために生きるかを問ふことまでも忘れてしまつたのではなからうか。

しかしながら、実を言へば、右のやうな一般民衆の戦争からの解放感を、「もはや戦後ではない」と言はれた昭和三十年代初めに生を受けた私は、さう強く難ずる気になれないのも事実なのである。ある者は身寄りを失つて天涯孤独となり、ある者は財産を失つて茫然自失、何より十分な食糧もなかつたのだし、あの時点で未来の展望など拓ける筈もなかつたであらうから。それに、「一般民衆」にあらざる佐伯彰一氏のやうな人でさへ次のやうに述懐してゐるのを読むと、敗戦国民の心の痛手といふものはかういふものだつたのだらうと、私はただただ忖度するのみである。佐伯氏は東京裁判についてかう書いてゐる。

「日本敗戦の年に、すでに二十三歳、丸二年の軍隊経験もあった人間として振り返ってみると、フシギなほど淡々しい印象しか残っていない。敗戦後の激動の中で、わが身一つ何とか生きしのぎ、前途の目安をつけることに精一杯だったせいともいえようし、それに何よりも、あまりに身近すぎる、まだはっきりと過去ともいいかねるものと、まともに向き合う気になれなかったために違いない。自分自身まぎれもなく巻き込まれていた戦争を、その原因と経過にさか上って、なぞり直すことは、敗戦直後のぼくらには、何としても荷が勝ちすぎ、耐えがたい作業であった、と認めざるを得ないのだ」（児島襄『東京裁判』中公文庫、昭和五十七年、「解説」）。

何故、魂なきスタイルの凡庸を好んだか

この述懐は、当時の大方の日本人の心境をよく代弁してゐるやうに思はれる。私もまた、父母の世代から同じやうなことを聞かされて来たものだ。けれども、果たしてそれで良かつたのか、といふ問ひをジェルマントマ氏は我々に突き付ける。ここで、我々はさらに一層深い自己省察を迫られることになる。「伝統遺産」を如何に守るかといふ文脈のところで、都市計画などについて「何故、魂なきスタイルの凡庸の方を好んだのでしょうか」と我々に問ひかけた後、氏はかう畳みかける。「なにしろ、戦後何年間も急いできたのでねと、皆さんおっしゃいます。同じ戦争による恐ろしい破壊のあと、私どもも急いだことには変わりありません。ナチスによるワルシャワ破壊は、まさに狂乱のかぎりでした。廃墟にされ、虐殺され、それでもポーランド人は、彼らの首都を破壊前と変わらぬ姿に再建したのです。（中略）何百年もかけて営々と築きあげてきた都市文化を、あたら見捨て

ることで得た成功であるなら、それは何のためにあると言えるのでしょうか」（八十―八十二頁）と。

勿論、曲折を経たものの最後には勝利国側の一員となつたフランスと、徹頭徹尾、敗戦の悲哀を味はされた我が国を同列に論ずることは出来ないが、それでもやはり、かくまで堕落した真因は、我が国の「批評精神」の未熟（八十二頁）や「歴史の呼吸を感ずる能力」の不足（八十三頁）にこそ求められねばなるまい。私にしてみれば、父母の世代の犯した「過誤」は、半ば自分の犯した過誤のやうな気がするから、それを咎めるよりも、アメリカの洗脳政策や所謂「東京裁判史観」のせいにしたくなるのであるが、先づ必要なことは、このやうな「健忘症」に対する我々自身による自己批判といふことになるのではなからうか。

我が国の経済的成功は何の為なのか

これと関連して、次に自己省察を迫られるのは、経済力の使ひ道についてである。右の引用における「成功」とは、無論、経済的成功の謂であり、「日本の経済的成功は何の為なのか」といふこの問ひは、本書を貫いてゐるテーマの一つなのである。著者が何度も繰り返すやうに、我が国は経済大国である。失業率万年二桁のフランスなんぞ及びもつかぬ程の経済大国である。しかし、我が国の経済には定見なき発展があるのみで、およそ国家意志といふものが不明である。そのことを氏はよく知つてゐるからこそ、「経済力だの技術革新だのは、もしそれが転じて政治活動とならないならば、一個の甘餌にすぎません」（五十頁）と、注意を喚起するのである。

この指摘は頗る正しいと思ふ。なるほど、負け戦だつたのだから、日本の戦中・戦後は苦しかつたであらう。数多の不条理にも耐へなければならなかつたであらう。しかし、現在では世界に冠たる経済大国となり、「バブル経済」崩壊後の不況下にあつても、飢ゑ死にした者は一人もゐない。誤解を恐れずに言へば、もう良いではないか、と私は思ふ。長年、経済優先の政策を採つて来たわけだが、諸外国からむしり取られるだけで敬意は表されず、といふよりむしろ軽蔑され、少なからぬ同胞が拝金主義に盲ひる一方で、大手の証券会社や銀行が潰れ、いつの間にか我が国は借金だらけとなつた。我々はボタンを掛け違へたのである。戦後のドサクサの中で掛け違へたボタンを掛け直すことが何より必要なのだ。今なら、経済力を「政治活動」へと転ずることが出来るのではなからうか。

無論、私は楽観してゐない。楽観出来る筈がない。けれども、「武士は喰はねど高楊枝」を地で行くやうなヨーロッパ諸国、とりわけ「文化大国フランス」の努力を多少なりとも知つてゐる人間としては、やつて出来ないことはない筈だと思ふのである。

そして、その時、第一になすべきことは、大東亜戦争の歴史的再検討と「東京裁判史観」からの脱却——これは一つ事の両面である——を措いてほかにはあるまい。この点においても、著者の指摘は正鵠を射てゐる。

「貴国としては、いかなる外国勢力によるものであろうと、自国の指導者たちの言い分に逆らった判決を受け入れる義務はありません。完全独立の民族ならば、どうするでしょうか。そのような民族なら、自分たち自身が下した判決しか受け容れないでありましょう。いつの日か、戦後の激昂も遠のき、事実関係の正確な把握も行われるようになって、純粋に日本人のみによる裁判が、サムライ精神に完全に反するやうな対民間人非道行為をやった人間と、それ以外の軍人としての本分を尽くした人々との間に一線を画したならば、そのときこそ、あなたがたは、不健康なる罪悪感を離れて、心ゆくまで英霊を弔うことが出来るであります。この罪悪感のために、いつまでたっても皆さんは自分自身を取り戻せないでいるわけでありますから」(百二十九―百三十一頁)。

これが、ヨーロッパのみならず、おそらく「世界の常識」である。我が国ほど、敗戦といふ悲劇から自縄自縛に陥つた国は他にはあるまい。

武士道国の美徳「根性」を取り戻すとき

「歴史は不当です。『敗者に災いあれ!』と人々は呪うのが常でした。干戈ひとたび収まれば、善悪の決着は勝者がつけました」(百二十五頁)。だからこそ、我が国は一千名を超える人命を差し出さざるを得なかつたのだし、昭和二十六年のサンフランシスコ講和条約に基づき、総額一兆円以上に上る賠償、無償供与、借款などを支払はされたのではなかつたか。「償ひは済んでゐる」(上坂冬子氏)と考へるのがまつたうな考へ方といふものである。しかし、東京裁判なる報復裁判の判決を易々と受け入れ、あまつさへ後生大事にといつた風情で今なほそれを押し戴いてゐる迂闊は「お人好し」などと言つてはゐられぬ、我々の知的・道徳的怠惰の結果であらう。即ち、「健忘症」と並んでここで問題となるのは、我々の自我の脆弱、下世話な言葉を使へば「根性」の欠如といふことではあるまいか。

読まれた方は既にお分かりであらうが、帝国日本が「ヒットラー・ドイツとの協定」、つまり日独同盟を結んだことへの批判を著者は一再ならず記してゐる。氏の所説に対し、本書監修者の竹本忠雄先生は詳しい時代背景や日本の苦衷を説明されたことがある。しかしやはり、著者は滞日中から原稿完成まで、この点だけは頑として聞き入れなかつた。そのあたりの様子を、竹本先生が本書に序文として寄せられた「騎士オリヴィエ・ジェルマントマと日本」に書いてをられる。「しかし、こうした〈日本への畏敬に満ちた〉態度は、戦前戦中の日本の、そのままの肯定を意味するものではないことは言うまでもない。たとえば、ヒットラー全盛時の日独同盟については、これだけは絶対に許せないと著者は頑固に言いつづけている。『我は連合国側、諸君は枢軸国側』という問合いを、来日中も、終始変えることはなかった。本書においてこうした批判は随所に散見する。そのため、靖國神社、興亜観音参詣の場面などでは、筆は、ぐっと抑えられている。実際、これらの英霊奉祀の場に彼が佇んだとき、戦死者への深い畏敬は持しつつも、一歩引き下がって、瞑目せずに、豁然と目を見開いたままという姿勢が印象的であった」（十六―十七頁）と。

事の正否は今は問はない。けれども、右顧左眄せず、読者を初め盟友の竹本先生にさへ阿ることのないこの信念の一徹こそ、我々になく、彼らにある最たるものなのではなからうか。勿論、「平和にあらず、却つて剣を投ぜんが為に来たれり」と明言する「救世主」を戴く民族と、否定性や攻撃性を本質的なものとしては有しない宗教を奉ずる民族の違ひであると言つてしまへばそれまでだが、何、我々とて武士道の文化があるのだし、大義を信じて戦場に散つた二百三十万の英霊がをられるではないか。かつての日本にあり、今なほフランス人作家が持つてゐるこの種の「根性」こそ、我々が見習ふべき、否、取り戻すべき人間としての美徳なのである。このことが出来なければ、「東京裁判史観からの脱却」も単なるスローガンに終はつてしまふであらう。

人間を差別する宗教とは異なる神道

ところで、著者の真骨頂は文学者或いは美学者としての審美眼であり、右のやうな著者の主張も、政治的な観点からのみなされてゐるのではないといふことに留意されたい。本書のもう一つの特質は、一見「政治的な」主張が、著者の日本文化に対する深い洞察と崇敬の念に裏打ちされてゐることなのである。

実は、氏は日本語をほとんど理解しない。けれども、高度の日本語力を持つてゐた明治の日本研究家バジル・H・チェンバレンなどが、遂に神道を理解出来なかつたのとは対照的なことに、氏はアンドレ・マルローと同様、直接、神社仏閣を訪ね歩き、そこで数々の天啓を受けてゐる。マルローもさうであつたやうに、氏が「四十カ国近い国々をめぐってきた」（四十七頁）大旅行家であることと関係があるやうに思はれるが、いづれにせよ、西洋中心主義を離れて神道を見ることが出来たからであるのは間違ひなからう。

氏は出雲大社に詣でた際に得た直観をかう披露してゐる。「神社によって、あなたがたは、錬金術師の坩堝を手にしているのです。風や空や光や雨などの自然の諸力を受け容れて、ついでにそれらを変容せしめる能力を。誰もがそのような森羅万象を手なづけ、それによって自らを豊かならしめるために」（四十二頁）。これほど、神道と自然の関係について真実を穿つた観察がかつて外国人によつて呈されたことがあつたであらうか。そして、「すべての宗教は、（中略）信仰告白やら教義への帰依を要求し、結局は人間を差別するといふ点で、似たり寄ったり」なのだが、神道は違ふと言ふのである。

「出雲で私が喫した強烈な変化は、しかし、一切が、即時、我が手の届くところにあるという事実に由来するものでした。泉に手をひたす、あの清明さだったのです」（四十二頁）。

自然を畏敬・崇敬し、合一を念願した日本人

ジェルマントマ氏も言ふやうに、キリスト教は原則として人間と自然を分離した。キリスト教の神は伝統的に「隠れたる神」（Deus absconditus）ゆゑ、目に見える自然の中に神が顕現するといふことになれば、創造主たる神と被創造物たる世界との区別が曖昧になつてしまふといふことであらう。所謂「汎神論」が忌避されて来た所以である。しかし、我々日本人は「汎神論」だとか「アニミズム」だとか、西洋で後世に唱へられた人類学的・哲学的・神学的思弁とは無縁のところで、古くから自然を畏敬し、崇敬し、自然との合一を念願して来たのである。著者は何よりも、そのことに驚き、驚く感受性があるから、「聖域」を旅してその地霊といふものに感応する。氏は、例へば、玉置山神社に至る参道でそれを体験する。山中の参道を歩いて行くと、「小径の下方に鎮まった社」が突然目に入る。「一見の値打ちなしと、無造作な旅行者なら考えた」のであらうが、氏は違つた。「この不在の中にこそ、何かしら本質的なものが在るぞと、我が内心の声はささやいたのです。しかも、それは、自分の表層の知性などより、ずっとはっきりとしたものであったのです」（四十四頁）。

「樹齢三千年の木々が今なお生きつづけ、杉の巨木からしたたり落ちる水滴の音さえ聞き取れる

この場所で、私たちは、もはや孤絶した個人ではなくなってしまっていたのです。のっぺらぼうに、ただ伸び拡がる時間の虜囚であることから、解き放たれて。（中略）このような見透しのおかげで、人間は自己拡大を遂げ、生者や死者、樹木、石、水滴とも通じ合うことが出来るのです。人間が常々、神々に願ってきたのは、そして、流血のこの世紀において、傲慢にも放擲しようとしたのも、まさにこのことだったのではなかったでしょうか」（四十四―四十五頁）。

我々の先人はこのことを深く理解してゐたに違ひない。が、異邦人である氏にもかやうな啓示が訪れるといふ事実を、我々は今一度深く考へてみる必要がある。即ち、そこには「普遍的な」(百六十九頁）ものがあるといふことなのだ。氏が「神道とは、普遍的世界の広がりの浄化を求めての、ドグマなき『信』」（六十八頁）であると称揚するのもさういふ確信があればこそであつて、随所で、西洋文化の拙劣な模倣を止めよ、自らのルーツ（文化的根）に忠実であれと、我々に向かつて主張するのも同じ理由である。

ここにド・ゴール主義者の一側面である「文化伝統主義者」の面目躍如を見る思ひがする。著者は日本の神話を「日本人最大の書物です」（九十三頁）と断言して憚らない。また、「効率」をモットーとするアメリカニズムによつて息の根を止められさうな小さな事物をそこかしこで哀惜する。しかし、これは懐古趣味でもなければ退嬰でもない。「過去が未来の豊かさにほかならぬ」（八十頁）といふことを知悉してゐるからである。文化とは、畢竟、生き方のことであり、生き方の流儀は常に歴史や伝統や習慣の中にしかない。さういう見定めの出来る強い知性だけが、新たな未来の問題を切り開く叡智の源泉となり得るのだ。従つて、生き方の流儀だけは死守せねばならない。

命を賭した先人たちに捧げる「弔ひ合戦」

フランス人はそのことをよく知つてゐるし、この世には「生命以上の価値」（三島由紀夫）があることもよく知つてゐる。だから、日本の歴史において、日本のルーツのために命を賭した際立つた例として、著者が特攻隊に「賛嘆と畏怖の念」（百二十八頁）を覚えて、数頁を割くことになつたのもゆゑなしとしない。氏は書いてゐる。

「あの神風の若者たちの、鬼神の行為に先んじて、天使の視線を宿した平静さは、どうでしょうか。あの視線を忘れますまい。『平和日本』を口にするのであれば、何よりもあの視線を記憶に留め、己のルーツに誇りを持つことで、戦死者に対する国民の誠の表れとすべきであります」（四十九—五十頁）。

全くその通りであると私は思ふ。ただし、我々同胞としては、むしろ小林秀雄流に、「記憶するだけではいけないのだらう。思ひ出さなくてはいけないのだらう」と言ふべきところかも知れぬが……。いづれにせよ、知覧の特攻隊記念館を訪ねて書かれた二百二十四頁以下の記述に感動する読者は多いと思ふ。訳しながら、私もまた感動してゐた。しかし私の場合、その感動は、特攻隊員の過酷な運命への氏の哀惜の情と詩的な表現によつて喚起されたものだけではない。次のやうな文言によつても私は感動させられたのである。

「ともあれ、確かなことは、千古脈々と日本文化を築きあげてきた民族の本願に衝き動かされて、彼らは決然と飛翔したということです。サムライの、あるいは、ひとひらの落ち葉の妙を歌つた詩人たちの思いに動かされて」（二百二十八頁）。

サムライとかブシドーとかまでなら、半可通の外国人であつても書けるかも知れぬ。けれども、「ひとひらの落ち葉の妙を歌つた詩人たちの思いに動かされて」といふ一節が書き入れられたことで、「文化に殉じる文化」とも言ふべき日本文化の特質が見事に捉へられてゐると、私は感じたのであつた。「訳者あとがき」にも書いたやうに、フランス人は、一般的に、政治的概念と文化的概念とを分けて考へない。彼らにとつて、政治は文化であり、文化は政治なのである。文化なき政治は単なる権力の追求に過ぎず、政治なき文化は悪貨に駆逐されるといふことを知つてゐるからであらう。だから、文化を守るのは優れて政治的行為であり、その政治もまた文化に裏付けられてゐなければならないと彼らは考へるし、無論、著者もその一人である。我々の「文化に殉じる文化」を正確に捉へることが出来た一つの理由であらう。著者は最終章で、特攻隊の散華を劇的に描いた後、我々に向かつて最後の問ひを発する。

「これでも、親愛なる皆さん、皆さんは、今日、『日本』というこの言葉が空に砕け散るのを傍観しようとお望みなのでしょうか」（二百二十九頁）と。

我々はこの問ひに、勿論「ノン！」と答へねばならぬ。しかし、断固さう答へる為には、さう答へて恥ぢずにゐる為には、我々は何をしなければならないのか。それは、日本を、日本文化を守らうと命を賭した先人たちに捧げる「弔ひ合戦」であるほかはないやうに私には思はれる。

果たして、読者はどのやうにお考へだらうか。ともあれ、訳者としては、洞察と叡智に富んだ本書の御愛読を願つておく。〈了〉

真の「国際化」に必要なこと

『國民新聞』の主幹の山田恵久氏が発行する月刊誌『動向』（動向社刊）平成十一年一・二月合併号に掲載。山田氏については本書二百三十二頁を参照されたい。

昨年十一月末に刊行されたオリヴィエ・ジェルマントマ著『日本待望論』（産経新聞社刊）は大方の好評を博してゐるやうだ。私は既に『月刊日本』二月号に訳者としての感想を纏めて書いたのだが、紙幅の都合でそこには書けなかつたことがあつた。今回、それを書き記しておきたい。

それは、我が国で、特に教育の場において喧伝されてゐる「国際化」だとか「国際人」だとかいふ言葉をめぐつてである。この言葉の出自の胡散臭さには目を瞑るとしても、この種のスローガンがこれほど声高に叫ばれながら、効果はさつぱりといふ現況は、それはそれで「日本人論」の一大主題となり得よう。けれども、効果の上がらぬ基本的理由は頗る単純であつて、国を挙げて自国の文化や歴史の勉強（教育）を蔑ろにして来たからにほかならない。そもそも、自国の文化や歴史を疎ましく思ふやうな輩が、異文化理解といふ一層困難な道を歩まうとしないのは、或いは、歩まうとして行き詰まるのは、当然の成り行きと言ふべきかも知れぬ。

そのやうな意味で、日本文化への深い洞察と敬意に基づいて、我々に「誇りと自信を回復せよ」と説くジェルマントマ氏が、自国の文化や歴史に確たる自信と尊重の念を持つゴーリスト（ド・ゴール主義者）であることは、勿論偶然ではない。自文化の深さを知る者だけが異文化の深さを知るといふ単純にして普遍的な真理がそこにはあるのだ。

確かに、世界は今後益々「国際化」が進むであらう。しかし、それは世界各国の文化や歴史の単純な融合といふやうなものには必ずしも向かひはしないだらうし、また、向かつてはならない。むしろ、「国際化が進めば進むほど（中略）己自身のルーツを再活性化することは必須のことわり」であり、もしそれが出来なければ、「国際社会は、船体をも舵をも失った、漂流船にすぎなくなる」（本書四十七頁）であらう。さうなのだ。その時、真に必要となるのは、このルーツ（文化的な根）なのである。無論、ルーツに拘泥し、過剰に囚はれれば、それは軋轢の種となるであらう。しかし、ルーツがなければ「対話」さへ成り立たぬこともこれまた必定なのである。

その点、本書の監修者、竹本忠雄筑波大学名誉教授の学問と行動は、「アリアドネの糸」さながらに我々を導いてくれるであらう。教授はアンドレ・マルローの研究家として夙に著名である。マルロー最後の来日に際して、伊勢、熊野への全旅程に通訳として同伴し、マルローの数々の証言を後世へと伝へるのに甚大な功績を果したことは特に知られてゐる。そして、それは日本においてだけではない。

フランス政府からも若くして勲章（文芸騎士勲章）を授与され、先年は、フランスの最高学府コレージュ・ド・フランスでマルローについての連続講義を行ひ、その講義録はフランスで出版され、絶賛された。フランスから与へられた栄誉にしても、マルローの篤い信頼を勝ち得たことにしても、さらに、ジェルマントマ氏と結び得た友情にしても、教授の卓越したフランス語力を別にすれば、多くの外国文学者とは異なり、教授が西洋研究の傍ら確固たる日本人たらむとし、常に自国の文化について研鑽を怠らなかつたからにほかなるまい。つまり、彼らフランスの知性にとつて、竹本教授が、日本を知る上での貴重なレファレンス（情報源）たり得たといふ事実こそが重要なのであつて、このことは、「国際人」といふことの意味を改めて我々に教へてくれるのではなからうか。

ジェルマントマ氏は書いてゐる。「彼なしでも日本を発見できたでしょうけれども、しかしそれは、彼の深い視線のおかげで知った日本とは絶対に別物となっていたことでしょう」と（百五十頁）。思へば、ジェルマントマ氏のみならず、我々もまた幸運であつた。ジェルマントマ氏が、「西洋人を前にして、自分はこんなにも西洋的なんだと見せたがっている」（百六十五頁）連中の知己となつてゐたなら、日本及び日本人が氏の関心を惹くことなく、その結果、本書が書かれるといふこともなかつたであらうから。

いづれにせよ、例へば、私が最もヨーロッパ的な思想家の一人であるパスカルに惹かれるとすれば、それはパスカルの持つ普遍性と同時に異質性にも惹かれるからであり、その時、その異質性を異質であると私に意識させるものは、間違ひなく私の属する文化なのだ。言ひ換へれば、自国の文化に対する意識の深浅に応じて、異文化はその相貌を顕はにするといふことである。竹本教授は本書に寄せた序文に、「深い己の発見と結びつかない異文化の発見があろうか」と記してゐる。蓋し名言であらう。

昨年の九月、皇后陛下がＩＢＢＹに向けて真に畏敬に値する御講演をされた時、その中で、将来を担ふ子供たちが「しっかりとした根を持つ」ことの大事を説かれた。奇しくもと言ふべきか、当然と言ふべきか、本書の随所で展開されてゐる主張と全く同じ御趣旨である。「国際化」を言ふのならば、かうした東西の選り選りの叡智の「収斂」にこそ、我々は深く思ひを致すべきなのではなからうか。〈了〉

あるフランス人の見た鎮守の森——或いは唯物論との闘ひ

この文章もまた、訳書『日本待望論』について何か書けと言はれて書いたエッセイの一つ。平成十二年五月二十日発行の『季刊悠久』第八十一号（鶴岡八幡宮刊）に掲載された。細かな経緯は忘れたが、久能山東照宮宮司の落合偉洲氏が当時『悠久』編集部にをられ、注文して下さつたのだと思ふ。落合宮司とは、その少し前、何かのパーティで名刺交換してゐたのである。

平成十年十一月、フランス人作家オリヴィエ・ジェルマントマの書き下ろし『日本待望論——愛するゆえに憂えるフランス人からの手紙』（産経新聞社発行・扶桑社発売）が上梓された。大方の御好評を得た結果、私は既に『月刊日本』平成十一年二月号と『動向』同年一・二月合併号に訳者としての感懐を記したことがある。そして今回、新たに『悠久』編集部から標題（前半）のやうなテーマで執筆依頼があつた。この『日本待望論』を読んで、現代日本のあまりに不甲斐ない政治的脆弱さを痛感せざるを得ないのは当然だとしても、「鎮守の森」或いは「自然」といふ論点にも注目して戴けたことを、訳者として非常に嬉しく思つてゐる。実は、その論点あるがゆゑに、本書は際物的な日本論と一線を画し得てゐるからである。

例へば、著者ジェルマントマ氏は、熊野玉置山神社に至る幽玄な参道を歩いてかう語る。「驚くなかれ、樹齢三千年の木々が今なお生きつづけ、杉の巨木から滴り落ちる水滴の音さえ聞き取れるこの場所で、私たちは、もはや孤絶した個人ではなくなってしまっていたのです。のっぺらぼうに、ただ伸び広がる時間の虜囚であることから、解き放たれて。と、不意に、何かある『見透し』が目の前に開けて……。（中略）このような見透しのお蔭で人間は自己拡大を遂げ、生者や死者、樹木、石、水滴とも通じ合うことができるのです。人間が常々、神々に願ってきたのは、そして、流血のこの世紀において、傲慢にも放擲しようとしたのも、まさにこのことだったのではないでしょうか」（本書四十四―四十五頁）。

私は著者のこの深い感受性に一驚を禁じ得なかつた。神社への参道を歩いて、この種のことを感受する同胞が現今どれだけゐるであらうか。大方の同胞は、「愚かしい目つきで打ち眺め、やたらカメラを振り回して、かちゃかちゃと耐えがたいシャッター音を響かせては、せっかくの神秘も何もあったものではありません」（二百十四頁）と言ふ著者の批判対象となつてゐるのではあるまいか。勿論、この種の感受性は、子供時代、「気易い友と言えば、木と石と水の流れだけでした。見かけの世界のうしろには何かが息づいている、この見えない存在と通じることはできると感じていました」（百四十頁）と語る著者ならではのものなのであらう。が、いづれにせよ、霊性或いは神聖というものを様々な聖域で感得する著者の鋭敏な感受性と直観が本書の全編を貫いてゐて、その意味で、本書は文学作品なのである。

さういふ本書であればこその手柄の一つは、我が国の恰も植民地であるかのやうな政治主権の脆弱さ、弥縫策に終始する叩頭外交、愛国心や独立心或いは誇りの喪失などといつた、言はば政治的な諸問題について、その淵源へと遡れば、実は、神聖・霊性に対する我々の感受性の鈍磨といふべきものに帰着するといふ点を指摘したことではなからうか。「霊性革新なくして政治革新はありえない」と氏は喝破してゐる（五十頁）。しかも、本来日本は西洋とは全く異なる世界観の元で、自然との霊的・精神的合一を長らく念じて来た国柄である。とりわけ戦後、自称「科学的」イデオロギーが猛威を振るつたことによつて大きな打撃を受けたものの、まだまだ列島のあちこちに伝統信仰や文化が根深く広く残つてゐる。さういふ我が国が、「猿真似」とも言ふべき西洋の拙劣な模倣を繰り返してゐることに、その結果、文化的アイデンティティを喪失或いは忘却しつつあることに、世界四十カ国近い国々を旅した著者は苛立つ。「皆さんは、自分がいかなる秘宝の上に座しているか、本当に自覚しておられるのでしょうか」（四十七頁）と問ふ所以である。

しかし、日本のみならず世界もまた同様なのだと著者は言ふ。「いかに、今、人間が霊性の世界を必要としているか、そのことは、これを忘却したがゆえに窒息状態にある我々西洋人が誰よりも知っている」と（四十六頁）。それゆゑ、著者の日本への期待は弥が上にも高まるのだ。

では、どうして「日本」なのか。それは、日本人が「有史以来連綿として、（中略）数多の領域において、自然から霊的鉱脈を引き出すことに成功して」来たからにほかならない。「世界中、日本以外のどこにも、一節の竹、一個の巌塊、小石の一重ね、波形の一つに、かくばかりの燦爛たる輝きを見出した国はありません」(六十頁)。この讃辞を、外国人好事家による世辞と見做すやうなシニシズムだけには陥らないやうにしたいものだ。

確かに、あらゆる民族にとつて、あまりに身近な物は見えにくいといふ原理はあるだらう。しかし、事態を冷静に見詰めるならば、自然に対する態度一つを取つても、我々の二千年に及ぶ民族宗教と文化は、西洋のそれとは明らかに異なつた類のものであつて——さらに言へば、禿げ山だらけの中国や朝鮮半島とも異なる——、しかも、それが今日まで営々と受け継がれてゐるといふ点において、日本が世界でも極めて稀な国であることは疑ひを容れない。そして、さういふ日本的な文化や伝統が、西洋文化・文明の基礎となつてゐるキリスト教と近代科学への——勿論、意図したものではないにせよ——アンチテーゼとなつてゐるとジェルマントマ氏は考へたからこそ、本書を執筆したのである。

キリスト教について言へば、著者の言ふ通り、「自然は神の創造物である以上、神たるの性質の一徴候とされた」から、それを尊ぶ例外もありはしたが、キリスト教の中心的ドグマはむしろ「人間と自然、肉体と魂の分離のほうを言い立ててきた」のである(五十八頁)。旧約聖書以来、神は「隠れたる神」Deus absconditus なのであつて、可視的自然の中に神が顕現するといふことになれば、創造主である神と被造物である世界との境界が曖昧になつてしまふ。所謂「汎神論」や「精霊崇拝《アニミズム》」が排斥されて来た所以である。

また、さういふ思想が背景としてあつたからであらう、ヨーロッパは、とりわけ十二世紀以降、開墾によつて森を切り拓き、結果として森林を大規模に失つてゆく。一説には、十七世紀までに、七割から九割に至る森林が失はれたと言ふ。森には人間の生活の糧が埋もれてをり、しかもそれを切り拓くと、穀物耕作に適した畑となつたのであれば、彼らにとつて言はば「死活問題」であつて、これを今更批判しても仕方がない。

だが、我らが祖先はそれとは違つた思想を生きたことは間違ひなく、優劣を論ふのは馬鹿げてゐるけれども、近代以降のヨーロッパにおける如何にも人工的な、つまり、人間の管理下に置かれた自然を――少なくとも、我々が――有難がることはないのである。ケルトでもギリシャでも、我々と同様の自然崇拝はあり、大雑把に言へば、それを否定したのはキリスト教だつたのであるが、幸ひにも我が国にキリスト教は根付かなかつたから、「自然をもつて教典とする」神道は滅びず、杉の巨木や一条の滝に神々の顕現や生命の象徴を見るといふ考へ方も消滅することはなかつたのである。「幸ひ」と言ふのに、遠慮は無用であらう。

次に、近代科学はと言へば、キリスト教とは比較にならない程、我々の生活に入り込んでゐる。しかも、科学によつて生み出された文明の利器が経済活動と深く連動することによつて、我が国では唯物主義が今や猖獗を極めてゐるやうに思はれる。「私は、ビルマの村々にテレビの受像機が入つて来るのを目にしたことがあります。映像の圧力で、羨望と不満が広がり始めました。その結果、彼らは神々のための踊りを止めてしまつたのです」(百七十―百七十一頁)。著者のこの観察を他国の話として聞き流せることの出来る人がゐたら、その人は真に幸せである。

ヨーロッパの十六・十七世紀は、科学的思惟の基本的パラダイムが成立した時代であり、それゆゑ、科学史上、「科学革命の時代」と特筆されるが、その時代から三百年以上経つて、デカルト流の機械論的自然観の行き詰まり或いは弊害は、誰の目にも明白となつた。勿論、科学文明もまた、ない時代には戻れぬ。しかし、戻れぬからと言つて、拱手傍観すべしといふことにもならない。本来、文明とは文化に奉仕するべきものではなかつたか。大事なのは、文明の所産の生かし方、生かし方の哲学なのである。

著者の言葉によれば、日本人は「皆、一斉に同じ方向に進んで行きます。なぜ、そっちに行くかは不問のまま。ともかく、行け」(百五十九頁)といふメンタリティを持つてゐる。残念ながら、事実であらう。それだけに、我々は、自らの意志で「なぜ」を問ひ、自らの決断において道を選択する術を学ばねばならないのではないか、「物狂いの日本人」(四十六頁)であることを止めるために。そして、その時、指針となるものは、我々のかつての生き方の流儀、即ち、連綿と続いた「文化」しかあるまい。道に迷ひさうになつたら、最初の地点に引き返せといふのが、登山家の教へる鉄則である。

著者は言外に、唯物論との闘ひを我々に慫慂してゐるのである。その点、神道もしくは神道的精神世界に最も期待してゐるやうに思はれる。さういふ言葉を最後に引用しよう。この言葉を重荷に思ふか、我が意を得たりと思ふかは、勿論、読者の自由である——。

「何事も無償ではあり得ません。奈良、那智、伊勢、富士山、鎌倉、出雲といった日本の聖地が、敢えて何かを賭すればこそ光輝を発するか、無毒無害の観光地と化するかは、一に懸かって、皆さんの思い入れの深さ如何なのだと思います。(中略)日本の再生、我が心から願うこの再生は、この国の聖地への生ける信仰に基づかない限り、あり得ますまい」(六十四頁)。〈了〉

参考文献

『神棲む森の思想』後藤俊彦、展転社、平成五年。

『森のこころと文明』安田喜憲、NHKライブラリー、平成八年。

『深い泉の国「日本」』トマス・インモース／加藤恭子、中公文庫、平成十一年。

「西洋農民の心」木村尚三郎、『西洋精神の探求』堀米庸三編、日本放送出版協会、昭和五十一年、所収。

『日本待望論』について（講演）

（社）国民文化研究会「第五十一回全国青年合宿教室」に招かれて行つた講演。演題は「日本待望論」で、平成十八年八月二十五日に「霧島みやまコンセール」で行つた。合宿行事の中で、この講演とそれに続いたバリトン歌手山本健二氏の「唱歌のこころ」といふミニコンサートだけは一般にも公開された。以下は、平成十九年二月二十八日に刊行の『日本への回帰　第42集』（平成十八年霧島合宿レポート）に収められてゐるものの再録である。

一、演題について

御紹介戴きました吉田でございます。

国民文化研究会主催によります、この全国青年合宿教室も今回で五十一回を数へるとのことで、関係各位には大変おめでたうございます。人の一生で言へば、まさに「天命を知る」といふ年齢に当たるでわけでございます。

国文研が呱々の声を上げたのが昭和三十一年一月と聞いてをりますが、私がこの世に生を享けたのもやはり昭和三十一年（三月）のことですので、私の人生と国文研の歴史とはほぼ重なり合つてゐると言ふことが出来ます。おそらくそんな御縁から、この歴史と伝統のある合宿教室で話をさせて戴くといふ名誉に与つたのではないかと思つてをります。馬齢だけは加へたものの、一向に天命を知ることのない未熟者ですが、しばらくの間、お付き合ひを戴きたく存じます。

さて、本日の演題「日本待望論」についてですが、これは先ほど司会の小柳左門先生からも御紹介戴きました、フランスの作家オリヴィエ・ジェルマントマ氏の著書『日本待望論』(竹本忠雄監修、吉田好克訳、産経新聞社、平成十年刊)に因んで与へられたものでございます。既に版元絶版となつてしまつた本書の訳者として、この本から何を学び得るのか、若い人たちに改めて話して欲しい、といふ要請であると私は理解した次第であります。

この本はフランスの著名な作家にして国営文化放送プロデューサーでもある著者(一九四三年生まれ)の書いた、書簡形式の日本人論あるいは日本文化論といふ性格の本で、副題は「愛するゆえに憂えるフランス人からの手紙」となつてをります。序でに申しますと、ジェルマントマ氏は今年度のアカデミー・フランセーズ文学大賞を受賞されました。これまでの文学・文化活動全体に対して与へられたといふことでありますから、フランス本国でも極めて高い評価を得てをられるわけで、日本でのデビュー作の翻訳をさせて戴いた者として、私もまた大変嬉しくも思ひ、また光栄にも思つてをります。

さて、その『日本待望論』ですが、全体的には我が国の歴史や文化に対する共感と敬愛の念に溢れた――またそれゆゑに、部分的には現代日本人に対する叱正、激励、提言などを含む――日本文化論なのであります。

因みに言ひますと、著者は日本語をほとんど理解しないのですが、著者本来の鋭敏な観察力と洞察力に加へて、おそらく日本への「愛」や「共感」によつて、非常に正確な理解に達してゐるといふ点は、およそ「異文化理解」といふものには何が必要かといふことを問はず語りに語つてゐるやうに思はれます。

二、「日本論」の好きな日本人

外国人による日本論あるいは日本人論（以下、「日本論」とだけ言ひます）は実に汗牛充棟と申して宜しい状況かと思ひます。滞在記、日記、書簡、レポート、論文など、幕末以降に限つても、詳細に調べたわけではありませんが、千を超える単位で書誌が作られるでありませう。さらにこれに、今は亡き山本七平さんなど、日本人自らが書いた日本論を加へるとなると、それはもう厖大な数字に達することになりませう。

このやうに、日本論が多く書かれ、また一定の読者が存在するといふ事実の理由を考へてみますと、意地悪く言へば、島嶼性とでも言ひますか、我々の所謂「島国根性」の表れとも、あるいは、他人の評価が気になつて仕方のない小心翼々たる性格の表れとも見ることが出来るでせうし、良く言へば、我が同胞の謙虚さの表れ、あるいは万事において研究熱心な性格の表れとも考へられるのではないでせうか。

そこへゆくと、善し悪しは別にして、フランス人に尋ねれば、フランス語は世界一の言語であり、ワインはフランスのものが最高であり、フランス料理は世界一の料理であると、答へるでせう。いつだつたか、フランス人の七割ぐらゐが、他国の料理法を参考にする必要はないとアンケートで答へてゐるのを知りました。たいした自信と形容するほかありませんが、悪口を言へば、進取の精神の欠如、柔軟性の欠如、と言つて言へないことはないかも知れません——事実、そのやうな同胞批判を私はフランス人の口から何度か聞いたことがあります。

しかし、そのことから一足飛びに、日本人は謙虚で、フランス人は傲岸不遜だと結論するのは性急過ぎるのでして、それぞれ立ち所に幾つも反証を挙げることが出来るでせう。ですから、一概には言へないといふことを承知の上で申せば、私はやはり、我が同胞の万事における研究熱心に、日本論隆盛の根本的理由を見ても良いと思ふのですが、如何でせうか。事実、我々日本人は、遠い昔から、他者を鑑として学び、自己の能力を磨いて来たのですから。

しかし、そもそも、文化を論ずることは、例へば宗教を論ずる難しさと同種の難しさがあると言へます。つまり、特定の文化や宗教の内部にゐて、それを生きてゐる限り、客観的になるのは難しいし、外側に立てば、客観視は可能となるでせうが、その文化や宗教の「命」には触れ得ないかも知れないといふジレンマです。

さういふジレンマを認めつつ、しかし、名著『逝きし世の面影』(平凡社ライブラリー)に渡辺京二氏が書いてゐるやうに、文化や文明についての異邦人の観察といふものには、やはり聴くべきものがあると言ひ得るのではないでせうか。「滅んだ古い日本文明の在りし日の姿を偲ぶには、私たちの祖先があまりにも当然のこととして記述しなかったこと、いや記述以前に自覚すらしなかった自国の文明の特質が、文化人類学の定石通り、異邦人によって記録されているからである。文化人類学はある文化に特有なコードは、その文化に属する人間によっては意識されにくく、従って記録されにくいことを教えている」(同書十八—十九頁)。

ここで言ふ「滅んだ古い日本文明」とは江戸文明のことですが、「滅んだ文明」に限りません。今、目の前にある――可視、不可視のいづれを問はず――文化といふものも、「その文化に属する人間」の注意を引くこと少なく、従つて、意識もされなければ記録もされないといふことがあると思ひます。

いづれにしましても、賛美であれ批判であれ、異文化に属する人々による日本論を無下に否定する必要はありません。要は、異邦人の筆になる日本論を、私たちが自らの篩にかけて、受容するべきものは受容し、必要とあらば、それに学べば良いのだし、内容が不当であるならば、反論するか無視すれば良いのであつて、およそまつたうな人間ならさうして来たし、今後もさうするでありませう。

三、排外的にして拝外的な一部知識人

しかし、一部の知識人たちに見られるやうに、外国人による賛辞をそのまま受け取らず、所詮は一時滞在者による気ままな思ひ込み、表面的な理解、さらには誤解として端から拒否する人たちがゐます。先ほどの渡辺氏によれば、既に明治初期にはさういふ傾向があり、その結果、今日では、「日本の知識人には、この種の欧米人の見聞記を美化された幻影として斥けたいという、強い衝動に動かされて来た歴史」（二十頁、傍点は吉田）までが形成されるに至つてゐるのです。

外国人が指摘する日本民族の良さなどを喜ぶのは、知識人の沽券に拘はると思ふのか、民族主義的な発想を持つてゐると思はれるのが嫌なのか、私には分かりませんが、をかしな人たちであると

思つてゐます。それでゐて、例へば、日本には天皇制があるから真の自由はないとか、封建制の名残があるから真の平等はないとか、その種の批判の前には率先して拝跪するやうなところがあり、そのやうなダブル・スタンダードは本当に愚かなものであると思ひます。

そして、さういふ知識人には、東大系社会科学者たちとは別に、フランス語・フランス文学系の人たちが多いといふ指摘がしばしばあり、私個人にとつては極めて居心地の悪い指摘でありますが、残念ながら本当のことであると思つてをります。例へば、西尾幹二氏は「フランス研究系の日本知識人の底抜けの卑屈ぶりと日本文化への無知には目を見張らせるばかばかしさがある」と書いてをられますし（『国民の歴史』扶桑社、六百七十六頁）、平川祐弘氏も「戦後日本の論壇を支配してきたフランス文学出身者が、観念先行でもって日本の前近代性を全否定した」時代の趨勢を批判していらつしやいます（『逝きし世の面影』「解説」、同書五百九十三―四頁）。

今、会場にをられる若い方々はピンと来ないかも知れませんが、ここで批判されてゐるのは、例へば、かの支離滅裂な悪文で有名なノーベル賞作家であつたり、桑原武夫であつたり、以下、森有正、樋口陽一、加藤周一、等々の面々であらうと思ひます（ただし、樋口氏はフランス系ですが法学。また、加藤氏はフランス系とは言へないかも知れませんが）。

もつと若い人たちで言へば、立花隆、浅田彰、高橋哲哉、加藤典洋、西谷修などの人たち、といふことになります。私自身、十年ほど前ですが、この最後の三人については「文章の拙劣と思考の杜撰」といふ観点から批判したことがあります（『月曜評論』第一二六八・六九合併号、平成八年一月五日、本書八十三頁参照）。なぜ、選りに選つてフランスに学んだ人たちが群をなして反日思想の頭目となるのか、これは一大テーマであらうと思ひます。

四、『日本待望論』主張の骨子

ここで本題に戻り、ジェルマントマ氏が『日本待望論』の中でどんな主張をしてゐるのかをお話しませう。日本文化の根幹にあるのは神道であると、外国人で最初に喝破したのはおそらくラフカディオ・ハーン（小泉八雲）ですが、ジェルマントマ氏は一歩進めてかう言ふのです。その神道の根幹にあるのが自然崇拝であり、そこから日本の神聖や霊性といふ概念が生じてゐて、それらは独自であると同時に、普遍性、世界性を有してゐる。そして、さういふ財宝のやうな歴史伝統を所有してゐるのにも拘はらず、戦後の日本人はアメリカ流の物質主義に盲ひて、あたら伝統的財宝を打ち捨てたまま省みず、世界の空洞化の流れに棹差すばかりであり、それは世界的損失なのだ、と。

少し引用します。「日本民族の勇気、万民安寧の礎たらんする熱誠、自然や神々との緊密な結び付き、歴史の連続性、文化の奥深い独創性などからして、日本こそ明日の文明の座標軸の一つとなってしかるべきではないでしょうか」（三十七頁）。

如何でせうか。氏が如何に我が国の奮起を「待望」してゐるかが分からうと言ふものです。

話は少し逸れますが、今（そして、毎年夏になると恒例のやうに）話題になつてゐる靖國神社の問題は、所謂「東京裁判史観」の問題に行き着くのですが、その裁判について氏が何と言つてゐるかも御紹介しておきませう。「貴国としては如何なる外国勢力によるものであろうと、自国の指導者たちの言い分に逆らった判決を受け容れる義務はありません。完全独立の民族ならばどうするでしょうか。そのような民族なら、自分たち自身が下した判決しか受け容れないでありましょう」と氏は書いてゐます（百二十九―百三十一頁）。

真に正論であると思ひますが、しかし、氏がこのやうに言ふのは、特別に炯眼であるからでも、日本を擁護しようとしてゐるからでもありません。おそらく、氏はヨーロッパのみならず世界の「常識」を語つてゐるだけなのだらうと私は思ひます。日本人ほど敗戦といふ悲劇から自縄自縛に陥り、戦争に対して「不健康なる罪悪感」（百三十一頁）を抱いてしまつた民族は他にないでありませう。戦争を道徳的に反省した国はありませんし、反省するべきではありません。政治と道徳とは峻別されるべきものだからであります。

五、文化の対話

さて、読むに値する箇所は他にもたくさんあるのですが、御紹介はこれくらゐにして、ここからは、若い皆さんに改めて考へて戴きたいことをお話したいと思ひます。それは即ち、オリヂナルな文化は掛け替へのないものであるといふことであります。

『日本待望論』においても、文化論から政治論に至る多くの論点を基底から支へてゐる思想は、オリヂナルな文化の擁護、もしくはオリヂナルな文化を担つた人間の擁護、といふ思想ではないかと私は思ふのです。

そして考へてみれば、文化といふものは気候、風土、言語、等々、いづれもローカルなものに根ざしつつ徐々に時を経て醸成されて来たものである以上、中には比較的短時間で普遍性を獲得出来るものもあり得るでせうが、やはり深いオリヂナリティを持つてゐればゐるほど、異文化に属する者によつてさう簡単には理解されない事柄もあれば、異民族同士、軋轢の種となるものもあり得るのであります。世界は仲良しクラブではありません。

さうであればこそ、大事なのは、異文化同士の対話といふことになるのですが、それが成立するには、当事者同士がそれぞれの文化を深く持してゐることが前提となるでありませう。己の文化の深さを知る者だけが異文化の深さを知り得るといふ単純にして普遍的な真理がそこにはあるのです。

確かに、世界は今後益々「国際化」「グローバル化」が進むでせう。しかし、それは世界各国の文化や歴史の単純な融合といふやうなものには必ずしも向かふことはないでせうし、また、向かつてはならないのです。むしろ、「国際化が進めば進むほど（略）己自身のルーツを再活性化することは必須のことわり」であり、もしそれが出来なければ、「国際社会は、船体をも舵をも失った漂流船に過ぎなくなる」（四十七頁）であらうと、ジェルマントマ氏は言ふのです。そしてその時、真に必要となるのは、この「己自身の文化的ルーツ」なのです。かう言ひますとすぐに、あまりルーツに囚はれると、それは軋轢の種となると言ふ人が出て来さうですが、しかし、ルーツがなければそもそも対話さへ成り立たず、成り立つても大した対話とはなりやうがない、といふのも一方の真理ではありませんか。

六、真の国際人となるために

かういふ風に考へてみますと、我が国では声高に「国際化」が叫ばれてゐながら、その効果はさつぱりといふ現況は、ある何物かの欠落を証してゐます。効果の上がらぬ理由は偏に、国を挙げて、自国の文化や歴史の勉強（教育）を蔑ろにして来たからにほかならないのです。そもそも、自国の文化や歴史を疎ましく思ふやうな輩が、異文化理解といふ一層困難な道を歩まうとしないのは、或いは、歩まうとして行き詰まるのは、当然の成り行きでありませう。

その点、本書著者ジェルマントマ氏のみならず、監修者である竹本忠雄先生（筑波大学名誉教授、コレージュ・ド・フランス客員教授）の学問と行動もまた多くのことを教へてくれるのであります。先生はこの五月に皇后陛下美智子様の御歌集『瀬音』を仏訳してフランスで上梓され、大変な評判となりましたし、ここ数年はパリにお住まひになり、フランスでの反日報道を是正するべく、孤軍奮闘、お一人で戦つていらつしやるのを御存じの方も多いでせう。元々、先生は二十世紀を代表する大作家アンドレ・マルローの研究者として著名な方であり、マルロー最後の来日に際して伊勢、熊野への全旅程に通訳として同伴、マルローの数々の証言を後世へと伝へるのに甚大な功績を果たされたことは特に知られてゐます。

それは日本だけではありません。フランス政府からも若くして勲章を授与され、昭和六十三年にはフランスの最高学府コレージュ・ド・フランスでマルローについて連続講義を行ひ、その講義録は翌年フランスで本になつて絶賛されました（原題は『アンドレ・マルローと那智の滝——宇宙よりのコンフィデンス』)。

フランスから与へられた栄誉にしても、マルローの厚い信頼を勝ち得たことにしても、さらに、ジェルマントマ氏との友情にしても、先生の卓越したフランス語力を別にすれば、多くの外国文学者とは異なり、先生が西洋研究の傍ら、確固たる日本人であらうとされ、常に自国の文化や歴史について——愛と矜持に裏打ちされた——研鑽を絶えず積んで来られたからにほかならない、といふ事実に注目して欲しいと思ふのです。

換言すれば、彼らフランスの知性にとつて、日本を知る上で先生が貴重なレファレンス(情報源)となり得たといふ事実こそが重要なのであつて、このことは、「国際人」といふ言葉の真の意味を改めて我々に教へてくれるのではないでせうか。

ジェルマントマ氏も書いてゐます、「彼なしでも日本を発見出来たでしょうけれども、しかしそれは、彼の深い視線のお陰で知った日本とは絶対に別物となってゐたことでしょう」と(百五十頁)。

思へば、ジェルマントマ氏のみならず、我々もまた幸運であつたと言へませう。氏が竹本先生ではなく、「西洋人を前にして、自分はこんなにも西洋的なんだと見せたがっている」(百六十五頁)連中の知己となつてゐたならば、日本及び日本人が氏の興味を惹くことはなく、従つて本書が書かれることもなかつたであらうからです。

いづれにしましても、例へば私が最もヨーロッパ的な思想家の一人であるパスカルに惹かれるとすれば、それはパスカルの思想の普遍性と同時に異質性にも惹かれるからでありますが、その時、その異質性を異質であると私をして感じせしめるものは、私個人の思想や嗜好といふものだけではなく、むしろより本質的には、私の属する文化なのであります。別言しますと、自国の文化に対する意識の深浅に応じて、異文化はその相貌を顕はにするといふことであります。竹本先生も本書に寄せた序文に「深い己の発見と結びつかない異文化の発見があろうか」（十九頁）といふ名言を記してをられます。

最後に、もう一度、『日本待望論』から引用致します。「異文化に心を開こうとすると、どうも日本人は否応なく自国の一部を敢えて否認する挙に出たがるもののようです。しかし、一体、なぜなんです。文化と文化は、並び立たずというものではありません。相補って互いに豊かになるべきものです」（百三十三頁）。その通り、だと思ひませんか。

本日お集まりの前途有望な若い皆さんに申し上げたい。特に文学、哲学、歴史などの文科系学問を学んでをられる諸君に言ひたいと思ひます。

外国語を勉強した結果、その外国にかぶれて内なる日本を喪失しては何もなりません。日本人としての発想に自信を持ち、日本人であることへの誇りがなければ、そもそも相手にされないでせう。また、日本の歴史や文化を勉強したならば、その成果を（出来るなら外国語で）外国人に披露出来た方が良いに決まつてゐます。この二つはそのうち一つでも困難な道ですが、どうぞ、その両方に挑んで下さい。

私自身は浅学菲才の身、かうした趣旨の話をする資格を欠いてをり、今この瞬間にも顔が赤くなるのを感じますが、教師は自分のことは棚に上げて喋る商売ですのでお赦し戴き、若い皆さんへのエールと御理解戴きたく存じます。
御静聴ありがとうございました。〈了〉

第十部　その他（投書、解説など）

投書

『月刊正論』平成八年十一月号

『月刊正論』の巻末に「編集者へ・編集者から」といふ欄がある。読者からの投書とそれへの編集者からの返事を載せる欄である。私のこの投書は平成八年にこの欄で起きた歴史的仮名遣ひ（旧かな）論争に参戦した文章である。十一月号に載つたこの文章はかなりの反響を呼び、歴史的仮名遣ひを尊重しようといふ方々からは翌月以降、ずいぶんと御賛同やお褒めの言葉を頂いた。中でも、翌十二月号には「岩手県軽米町・自営業、四十六歳」一条善人氏といふ方の次のやうな投書が載つた。「十一月号の吉田好克氏（助教授・四十歳）とは一体何者。日本にもまだまだすばらしい人がゐる。いやあ驚嘆しました。感銘しました。全く同感です。是非とも『正論』に御登場願ひたい。さう思つた人は結構ゐると思ふ。（以下略）」。感謝を込めて、ここに転載しておきたい。

それにしても、「正論」編集部の対応は極めて不誠実であつた。従つて、『月刊正論』相手の抗議はこれで最後とならず、次の段階を迎へたが、それについては、「『月刊正論』大島編集長への手紙」（本書九十頁）を御参照頂きたい。

尚、原稿や掲載紙も散佚してしまつた拙稿をここに再掲できるのは、佐藤雅喜氏のお蔭である。氏は手書きの書簡でも歴史的仮名遣ひは勿論、正漢字を用ゐてをられるほどの徹底的な伝統派である。それだけに、この論争に大きな関心を寄せられ、『月刊正論』誌上で行はれた一連の論争をすべて御自分でワープロ入力し、解説を付した上で冊子（B五判上下二段組、全九十三頁）にまとめ、『正論誌読者欄に於る國語國字論爭の記録』（平成十二年五月十四日刊）として公表されたのである。「國語國字」について研究してゐる「荒魂之會」の名前で出されたけれども、言はば私家版のやうなものであり、その限定二十五部のうち一部を私に御恵投下さつたのだつた。それゆゑ、ここに再掲できるのである。論争から二十年経ち、ここに改めて佐藤氏に深く御礼を申し上げたい。

貴誌九月号の「編集者から」に、「編集者としては二十代の方々の旧かなにはほんと、悩んでしまうのです」と書かれてゐて、『正論』の編集者にしては随分と不見識なことを軽い調子で書くなあと驚いてゐたところ、十月号に歴史的仮名遣ひを実践する二人の読者の反論が紹介されました。しかし、その後ろにある「編集者から」の回答は再び、「一部の方々からのお叱りは承知の上で、これからも書き直す場合があります。あしからず」といふ全くにべもない結語が書かれてゐました。この議論はこれで打ち切り、とでも言ひたいやうな文言なので、今さら何を言つても無駄なのかも知れませんが、拙稿が掲載されるか否かはともかく、少なくともお読み頂けるものと思ひ、以下、右についての批判を書きます。

先づ唖然としたのは、「本誌で『旧かな』を容認しているのは、こちらから依頼した執筆者の考え方を重視しているからです」といふ件です。「容認」とは、本来ならば咎めるべきところを何らかの理由によつて許すことでせう。私などは、「旧かな」による論考をそのまま載せるのは貴誌の積極的意図であり、(他の大雑誌にはない)高度な見識と見做してゐたので非常にがつかりしました。本当は常連執筆者の小堀桂一郎、中村粲両教授にも「新かな」で書いてもらひたいと思つてをられるのでせうか。だとすれば、「旧かな」使用の容認を「投稿者まで広げるには抵抗があります」としてゐるのは、一読した時に感じたやうな「差別」ですらなく、「新かな」で紙面を統一したいといふ密かな願ひの吐露なのだらうと理解しました。しかし、それならそれで「書き直す場合がある」なんぞといふ遁辞を弄するのはやめて、「現代社会に適応した標準的な日本語を伝える」必要上、投稿者の「旧かな」は認めないと、はつきり明記したら如何でせうか。

しかし、議論には終はり方といふものがあると思ひます。五月号で「文化というものについて多少は分かってきたのです」とお書きになり、「皆さんのご意見はいかがでしょう」と仮名遣ひの議論を喚起しておきながら、最終的に「多数の読者にとって、なじみのうすい表記」だとの理由で右のやうな木で鼻を括つたやうな結語を記すのは、読者或いは投稿者を馬鹿にした話だと思ひましたし、百歩譲つても、「それはないよ」と私は思ひます。「なじみがうすい」などといふことは誰でも承知してゐることですし、これ以上「なじみ」が薄くならないやうにと賢明に努力してゐる側にとつては、肩すかし以外の何ものでもありません。

私も含めて戦後世代による「旧かな」の使用は、ほとんどの場合、十月号「読者の指定席」に山本直人氏が書いてゐるやうに「単なる懐古趣味や復古主義ではない」のですし、教育も受けず誰にも強制されてゐないだけに、自ら選択した思想信条の積極的表明なのです。それを勝手に書き直すといふのは誤字や言葉の誤用ならばいざ知らず、投稿者に対する冒瀆ではありませんか。それにまた、何が書かれてゐるか（＝内容）が分かれば良いとして、どのやうに書かれてゐるか（＝文体や表記方法）を無視するなら、言葉は単に記号となつてしまひます。事は深く「文化」に係はるのです。勿論、貴誌は文化教養雑誌ではありません。しかし、文化や伝統を蔑ろにして、政治や国防や精神を論じて何になるのでせうか。

十月号に投稿されたお二人も、福田恆存の『私の國語教室』に言及なさつてをられるやうに、これは文化論なのです。おそらくこれをお読みになつてをられないから、右のやうなことを平気で書かれるのだと推察致します。御一読されれば、「旧かな」使用が世代とは何の関係もないこと、また、尊敬すべき右の両教授がどうして今なほ「旧かな」を実践されるのか、理解を深められることと思ひます。

御自分も「旧かな」に変へたらなどと申し上げる気はありません。しかし、「文化」といふ言葉を筆にされるのでしたら、「旧かな」の「書き直し」だけは再考して頂きたいとお願ひ申し上げます。

〈了〉

跋文
竹本忠雄著『いま、日本の使命を問う――創成神話の地、宮崎より世界へ』

本書は竹本忠雄先生の宮崎での講演を録音テープから起こし、先生に加筆訂正して頂いた講演録。平成十一年二月十一日、発行元は「日本会議宮崎」。

平成十年八月三十日、有志の間で待望久しかつた「日本会議宮崎」の設立大会が、宮崎市は神宮会館を会場に盛大に挙行されました。この時、私どもの旗揚げのために来宮され、式典に大輪の花を添へて下さつたのが、本書の著者、竹本忠雄先生です。

竹本先生については、改めて御紹介するまでもありません。既に、二十世紀を代表するフランスの作家アンドレ・マルローの研究家、或いは文芸・美術評論家としての御活躍は広く知られてゐますし、近年はまた、日本会議代表委員として、全国各地の講演会に精力的に赴いてをられますので、先生の謦咳に接し、感銘を受けられた方もさぞや多いことだらうと思ひます。

本書に収められた御講演は、当日お聴きになつた方、或いは今回これをお読みになつた方はお分かりの通り、平易な言葉でありながら、深い含蓄と叡智に満ち、しかも、先生の瑞々しく且つ毅然とした精神が横溢した名講演となつてゐます。

先生の学識と経験に裏打ちされた幅広い論題と、それらを分析・綜合される際の切れ味の良さは既に定評のあるところですが、澱みのない滔々たる大河のやうなお話ぶりも、聴く者を魅了して已みません。勿論、御文章も同様ですが、私はそこに、言葉の最良の意味において「詩人」であられる——作家オリヴィエ・ジェルマントマ氏もさう呼んでゐます——先生の御自負と御研鑽とをいつも感じさせられてをります。

先生は、「文化は論ずるよりも、それを生きることのほうが大事である」としばしば仰います。「何を言ふか」だけでなく、「どのやうに言ふか」といふ「美感」に係はるものも備へて、初めてそのディスクール（言説）が名実共に文化を生きてゐるといふことになるのだらうと思ひます。そのやうな点においても、読者がこの御講演録を味読して頂ければ、私どもとしてこれに勝る悦びはありません。

先生には、ここ宮崎（日向）の歴史と文化と霊性とに繰り返し触れて頂き、私どもはどんなに意を強くしたでせうか。折しも、「二〇〇〇年サミット」開催地決定の時が近づいてゐます。逸早く名乗りを上げた我が宮崎県の誘致決意表明書にも、「古事記や日本書紀にも〈日本発祥の地〉として描かれた悠久の歴史が息づき」云々と書かれてゐます。開催地選考の帰趨はともかくとしても、我々に与へられたこのやうな無二の「至宝」に思ひを致し、そこに由来する精神文化を私どもは断固として保持して行かねばならないと、改めて思ふ次第であります。守るべきは「生命と財産」だけではないのですから。

ご多忙の中、ご講演録を作りたいと言ふ我々の勝手な申し出をご快諾せられた先生に、「日本会議宮崎」の関係者一同、心より御礼申し上げたいと思ひます。

尚、本書作製に当たり、「宮崎・祖国と青年の会」の北林幹雄氏、黒木雅裕氏、及び宮崎大学学生の中村幸一君が、日々の仕事や学業で多忙な中、献身的な努力を傾けてくれましたし、「日本会議宮崎」会長（当時）の佐伯澄義先生、事務局長（当時）の本部雅裕氏にはいつもながらのご高誼を得ました。本書の完成を共に喜び、この書が広く江湖に読まれることを期待したいと思ひます。

平成十一年二月十一日

〔追記〕文中に「二〇〇〇年サミット」云々とあるが、その後の決定で、宮崎は外相会議の会場となつた。

解説
源實朝の歌

桶谷秀昭監修、文字文化協會刊『今昔秀歌百撰』（平成二十四年一月二十日刊）に寄せた文章。文藝評論家の前田嘉則氏から依頼があつた。百人の選者が後世に残したい名歌を百首、鑑賞・批評、あるいは解説するといふ趣向であつた。出来上がつて見れば、旧知の国立都城病院院長（当時）小柳左門先生、讀賣新聞記者大石健一氏も寄稿されてゐた。尚、この書籍は全篇、歴史的仮名遣ひと正漢字によつて印刷されてゐる。また、小学生にも読めるやうにルビも振られてゐるが、ここでは省略した。

神といひ佛といふも世の中の人のこゝろのほかのものかは

源實朝（金槐和歌集）

「心のこころを詠める」と詞書にある歌で、作者は鎌倉幕府初代将軍頼朝と北条政子との間に生まれた後の三代将軍實朝（一一九二（建久三）―一二一九（承久元））です。

文藝批評家小林秀雄は、昭和十八年に発表した文章「實朝」でこの歌を取り上げて、「彼の内省は無技巧で、率直で、低徊するところがない」と評してゐます。「低徊」とは、あれこれと考へすぎて、行動に移れずにゐる状態を指します。要するに、心の中で考へたことを技巧などを弄せずに率直に歌にしてゐると小林は言ひたかつたのでせう。

それにしても、信仰といふものについて、色々と考へさせてくれる歌ではないでせうか。神様や佛様といふものは、この世に生きる人々の心以外のものであらうか、いや、そんなことはない、と言ふのですから。つまり、心そのもの、あるいは心の反映だと言つてゐるのです。

九世紀初頭、最澄と空海によつて唐から天台、眞言の両宗が傳へられ、密教が貴族や皇室にも大きな影響を與へてゐた時代から、そろそろ鎌倉時代の佛教思想の新たな展開がもたらされようとする當時の宗教的雰囲氣を想像して、その中にこの歌を置いてみますと、確かに「率直」な歌と言へるのですが、しかし、作者には神や佛を貶めるつもりなど毛頭なかつたと思はれます。さうではなく、ただ単に、神や佛といふ尊い存在も人間の心のありやうに全ては掛かつてゐると言ひたかつたのでせう。

我が国で「神」とは、一般に、人智を超えた霊的存在であり、その異常な力で以て人に畏敬の念を抱かしめる何者かであり、神道では神霊や祖霊（御先祖の霊）を指すこともあります。「佛」とは佛教においては佛陀、釈迦、菩薩一般を指す一方で、より一般的には祖霊を指すことが多く見られます。我が國特有の、所謂「神佛習合」や「本地垂迹説」などは、そのやうな宗教観の結果であり、神と佛とをあまり峻別せずに捉へる習慣は——善し悪しは別にして——現在まで続いてゐると言つて良いのではないでせうか。今でも多くの家庭で、神棚と佛檀の双方をお祀りするといふことが行はれてゐます。ただし、神や佛それ自体は目には見えない霊的な存在で、それゆゑ、その存在を科学的に証明することはできません。事は宗教であり、そこで問題となるのは信心ですから、最後には「心」の問題となるのです。

西洋では、神や佛や「祖霊」を峻別しないなどといふことは無論ありません。また自然界の「山川草木」に「霊性」や「佛性」を見るといふこともありません。一神教ですから全知全能の「神」だけが重要であり、その神は創造者であり、従つてあらゆるものの存在の根源であるといふ考へ方が支配的です。しかし、面白いもので、西洋でも大昔から現代に至るまで、「(理性ではなく)心に感じられる神」といふ言ひ方が繰り返しなされてゐますし、「人は自分に合はせて神を創りたがる」といふことを諫めた聖句もあるのです。さういふ意味では、實朝のこの歌は、洋の東西を問はず、宗教をめぐる人間の「普遍性」に触れてゐるのかも知れません。

序文
本部雅裕著『鵜戸山』

旧知の本部雅裕鵜戸神宮宮司が、それまで書かれた文章を一本に纏めて出版される際に、序文を書いて欲しいといふお申し出を頂き、御指名を有り難くお受けして書いた文章である。『鵜戸山』は鉱脈社（宮崎市）より平成二十四年三月三十一日に刊行された。

私は山梨県は富士吉田市で生まれ、青年期から壮年初期まで東京を始め関東一円で過ごし、平成四年、三十六歳の時、宮崎大学に赴任したのでした。宮崎への赴任について、今も私が師と仰ぐ竹本忠雄先生に相談した時、先生は言下に「天孫降臨の地ゆゑ、方角が良い」と勧めて下さいましたが、まもなくその言葉の意味を納得・理解することができました。

と言ひますのも、神慮か天佑か、それまでは学界や大学に限られてゐた私の人間関係が、赴任後しばらくするうちに、神社界を中心に大きく広がつて行つたのです。そして、その中心にをられたのが、本書の著者、鵜戸神宮の本部雅裕宮司その人でした。

私が本部さんに初めてお会ひしたのは、確か平成七年の建国記念の日でした。私の如き凡庸なフランス哲学研究者のどこを気に入つて下さつたのか、それからといふもの、本部さんの御紹介や采配などによつて、小は地域の氏子総代会から、大は「九州各県神社庁連合会神職総会」などに至るまで、これまで大小合はせて二十を超える講演をさせて頂きました——さらには「権正階検定講習会」の講師までも——。講演・講義のためには勉強も必要ですから、「もつと日本文化も勉強せよ」といふ叱咤激励の意味もあつたのかも知れません。

ともあれ、本部さんのお蔭で、私は当地において——お名前を挙げるのは控へますが——錚々たる神道人の方々の知遇を得られたのです。さうした中で、やはり日本を代表する聖地の神職の方々はレベルが違ふと何度も驚嘆し、そして、「地霊」といふものは確かにあると、私は確信したのです。これは大変幸福なことでした。

それだけではありません。私が仲間と共に、平成十年、「北朝鮮に拉致された日本人を救出する宮崎の会」を結成した時も、集会所の手配から事務局の設置まで、本部さんは献身的な御協力を惜しまれなかつたのです。

余所者である私が「天孫降臨の地」の有り難さを感じたとしても、何の不思議もありますまい。本部さんは、しかし、単に「人のいい神主さん」ではありません。第一に、記憶力が抜群で、非常に頭の良い方です。第二に、柔らかな物腰の裏に、毅然とした批判精神と学究的精神が息づいてゐる方です。また、憂国の士でもあります。そのあたりは、「文は人なり」であつて、本書に収められた諸篇をお読みになれば明白なことでせうから、これ以上ここで喋々することは致しません。

「日本文化の根幹は神道である」と喝破したのはラフカディオ・ハーン（小泉八雲）で、今日なほ修正は不要でせう。然り、我が国は先づもつて、神々の国、神道の国なのです。世界に冠絶したこのやうな文化伝統があればこそ、日本に魅せられる外国の具眼の士が跡を絶たないのです。アインシュタインもP・クローデルもA・マルローもさうでした。そして、フランスの生んだ偉大な文化人類学者クロード・レヴィ＝ストロースもその一人であり、江藤淳とパリで行つた対談では、鵜戸神宮を懐かしみ、「実に印象深く、また美しかつたものですから、神話で語られてゐる出来事は本当にあつたことだと、私自身思つてしまつたのです。その通りだ《イッツ・ゼアー》、と」と語つてゐます。のみならず、他の講演でも、宮崎での体験を畏敬の念を込めて振り返つてゐます、「イスラエルやパレスチナの聖地よりも感動した」と。なぜなら、「伝説（神話）の時代と現代の感受性との間に生きた連続性が保たれてゐる」からだと言ふのです――。

「天孫降臨の地」は素晴らしき哉、です。そのやうな土地の「仲取り持ち」としての自負と自覚が本部さんの御人格の半分を形作り、同時に「仲取り持ち」ゆゑの謙虚さがもう半分を形成してゐると言へるのではないかと、生意気ながら私は感じて来ました。文化を伝へるのはやはり「人」でせう。本書の刊行を喜び、本部さんの益々の御活躍を祈念する所以です。

校訂者解説
竹本忠雄著『われ、日本をかく語れり――ヨーロッパ講演・対話集』

我が師、竹本忠雄先生の御著書に校訂者として参画させて頂き、巻末に書いた解説。（社）倫理研究所の「倫理文化研究叢書五」として、平成二十四年十一月二十五日に刊行された。

大学院を修了し、筑波大学外国語センターに助手として赴任してまもなく、私は筑波大学現代語・現代文化学系教授、竹本忠雄先生と初めてお会ひすることができました。そしてすぐに、三日に上げずお会ひするやうな親しい関係を結ばせて頂き、仕事上だけでなく個人的にも様々に薫陶を受けるやうになりました。私が博士課程に在籍してゐた頃、勿論先生は筑波大学で教鞭を取つてをられたのですが、専攻課程の所属の関係で先生の授業を受けることができませんでしたから、私は先生の所謂「教へ子」ではありません。爾来、「押しかけ女房」ならぬ「押しかけ弟子」を任じてゐる所以です。

さて、面識を得てまだ間もない頃です。ある時、キャンパスを歩きながら、「吉田君、僕は講演家なんだよ」と、話の前後は忘れてしまひましたが、先生が私に仰いました。この「講演家」といふ言葉を先生は本書の「緒言」でもお使ひですが、当時の私にはあまり馴染みがありませんでした、第一、フランスの哲学・思想を専攻する私にとつて、先生は先づ以て『アンドレ・マルロー日本への証言』を上梓されたマルローの研究家にして、マルローの大著『反回想録』上下二巻の翻訳者、そして極めてユニークな視点から美を論じた『反世界への超降――聖なるものと無――』の著者でいらしたので、少々驚き、また、その真意を量りかねたのを覚えてゐます。

しかし、その頃から今日まで、私は聴衆の一人として客席で、或いは関係者の一人として舞台の袖で、先生の御講演を何度も聴く機会を――日本でも海外でも――得て来ました。その結果、先生が「講演家」といふ言葉に籠められた、ある種の自負や矜恃といつたものを心底から理解するやうになりました。

先生の御講演は、その謦咳に接した方はお分かりの通り、平易な言葉でありながら、深い含蓄と叡智に満ち、しかも先生の瑞々しく且つ毅然とした精神が横溢した素晴らしいものです。竹本先生の学識と経験に裏打ちされた実に幅広い論題と、それらを分析・綜合される際の切れ味の良さはもとより、澱みのない滔々たる大河のやうなお話ぶりも、聴く者を魅了して止みません。そして、それはフランス語による講演でも、全く同様なのです。

本書、講演篇(一)に収められてゐる「文化の対話――ヨーロッパと世界」は平成二年(一九九〇年)、リスボンにあるグルベンキアン財団本部を会場として開催された「第二回ヨーロッパ＝世界会議」の基調講演です。私はこの御講演を直に聴いた数少ない日本人の一人でした。当時、筑波大学現代語・現代文化学系長の要職に就いてをられた先生の、言はば助手として私もこの会議に参加してゐたのです。

ポルトガル大統領やユネスコ事務総長も臨席した会議初日の基調講演では、先づ、元パリ政治学院教授で、ジスカール・デスタン大統領によつて「フランス最高のエコノミスト」として首相（経済・財政大臣兼務）に任命されたレイモン・バール氏（一九二四―二〇〇七）が「世界政府」について、次に、ワシントン国会図書館名誉館長で、著書の邦訳も数多く出版されてゐるアメリカの歴史学者ダニエル・J・ブアスティン氏（一九一四―二〇〇四）が「発見の精神」について、それぞれ講演をした後、掉尾を飾り、竹本先生が「文化の対話」といふこの会議の中心テーマについて、約三十分間、重厚なフランス語で話されました。因みに、この会議の公用語はフランス語と英語とポルトガル語でしたが、基調講演の時には、フロアー後方の通訳のブースで、さらにドイツ語やスペイン語などにも訳されてゐたやうに記憶してゐます。

この御講演で、先生は、本来、比較を絶する東西の文化が、神秘的・霊的思想において「収斂」してゆく意義と必然性を、形而上学、宗教学、さらには現代物理学からも引証して論じてをられます。その該博な知識と、それを表現する光彩陸離たる文彩は、まさに先生の独擅場《どくせんじょう》と言へますが、読者にはお分かりの通り、ここで展開されている思想の理解は、その深さゆゑに、それほど容易なことではありません。耳だけで聴いてゐる聴衆にとつてはなほさらのことだつたのではないでせうか。私とて、現地に向かふ飛行機の中で予め草稿を読ませてゐただいてゐたから良かつたものの、さうでなければほとんど理解できなかつたと思ひます。しかし、さすがにヨーロッパを中心に三十数カ国から集まつた二百名近い各界代表は、その本質を理解したやうでした。先生の御講演後の拍手は、三人の講演者のうちで最も大きく、しかも、なかなか鳴り止まなかつたのです。先生が音楽家でしたら、アンコール演奏をしなくてはならなかつたことでせう。

その後のコーヒーブレイクの時間も、先生に握手を求め話しかけようとする人々が引きも切らず、先生はコーヒーを手になさる暇もなかつたやうな次第でした。御講演に対する聴衆の評価がどのやうなものであつたか、十分に御想像いただけるものと思ひます。

また、この会議に出席してゐたもう一人の日本人、NHK時代の磯村尚徳氏も、興奮冷めやらぬといつた面持ちで、「いやあ、感激しました。フランス語であれだけの内容をあれだけ見事に講演できる方はめつたにゐるものではありません!」と私に話かけて来られました。さらには、チェコスロバキア(当時)の若き文化大臣に至つては、その日の夜、フランス語通訳の女性を伴ひ、ホテルにまで先生を追ひかけて来て、ロング・インタビューをするといふ一幕もありました。

我々は前日の夕刻、ロンドンのヒースロー空港に到着したものの、リスボン行きの飛行機の出発が四時間ほど遅れ、リスボンのホテルに着いたのは午前二時過ぎでした。そして早速翌日が会議初日の基調講演といふ強行スケジュールでしたので、その夜、先生はたいへんお疲れでいらつしやいました。にも拘はらず、夜遅くまでインタビューに答へてをられるお姿を側で見てゐた私は、先生の誠実さに感激するとともに、何よりもその「知的体力」に圧倒されるばかりでした……。

「知的体力」と言へば、そもそもあのアンドレ・マルローと何度も重要な対話を交はされ、やがて「腹心の友」となつて旅程や御進講にも通訳として随行。しかも、フランク教授の言葉を藉りれば、「マルローに問い、挑発し、誘導し」たといふのですから、並の「知的体力」ではあり得ません。私も、マルローと先生の対話を録音したカセットテープを聴かせて頂いたことがありますが、老境に差しかかつたマルローの声は、老人特有の嗄声《させい》であり、これもまた年齢のせいでせう、声の張りも乏しく聞こえました。決して聴き取りが容易な声ではないのです。そのやうな声で話す大作家と対談が可能であつたといふことほど、先生の「知的体力」とフランス語力を証拠立てるものはないかも知れません。

＊　＊　＊

次に、本書中、最長でもあり、内容的にもやはり白眉と言ふべき「アンドレ・マルローと那智の滝――宇宙よりのコンフィデンス」に関して、ここではその舞台となつた「コレージュ・ド・フランス」について触れておきたいと思ひます。コレージュ・ド・フランスはパリ第五区カルチェラタンのマルスラン＝ベルトロ広場にあり、フランス最高の研究・教育機関と言ふにふさはしい権威と威厳とを兼ね備へてゐます。

少しく歴史的な経緯を辿りますと、一五三〇年、フランソワ一世（フランス・ルネサンスに寄与した開明的名君）が、側近のギヨーム・ビュデ（古典語学者として著名）の進言を容れて創設した「王立教授団」Lecteurs royaux がその前身です。この組織は中世神学の牙城であつたパリ大学神学部（ソルボンヌ）の権勢の及ばない国王直属の組織であり、当初こそヘブライ、ギリシャ、ラテンの各古典語を中心に教授してゐましたが、やがてこれに、法律、数学、医学なども加はり、「あらゆることを教える」(Docet omnia) がそのモットーとされるやうになりました。一八五二年に文部省の所轄となり、現在では講座は五十を超え、宇宙物理学から哲学、文学、歴史学、美学、考古学、芸術学、工学など、あらゆる学問分野を網羅してゐます。

ここで教鞭を取る教授はフランス学士院（アカデミー・フランセーズを含む五つのアカデミーの総称）

とコレージュ教授団の推薦により、国家元首が任命することになつてゐます。コレージュ・ド・フランスは、試験もなければ修了証の発行もなく、純粋に知を愛する人間の殿堂と言へるでせう。その意味では、一種の市民講座のやうにも見えるのですが、やはり通常の市民講座と同日に論ずることはできません。それは、その歴代教授たちの名前を見れば、深く納得されるところではないでせうか。

私などが興味を持つ文学、哲学、歴史などの文化系に限つても、ジュール・ミシュレ、エルネスト・ルナン、ポール・ヴァレリー、アンリ・ベルクソン、エチエンヌ・ジルソン、クロード・レヴィ＝ストロース、モーリス・メルロ＝ポンティ、レイモン・アロン、ミシェル・フーコー、ロラン・バルト、エミール・バンヴェニスト、マルク・フュマロリ、ピエール・ブルデュー、フェルナン・ブローデル、ジャック・ブーブレス……と、その教授陣の豪華絢爛たる顔ぶれには改めて驚かざるを得ないのです。

このやうな場所で、竹本先生はアンドレ・マルローについての講義をされたのです。先生と同様に、日本人で講義を担当した学者、評論家は何人かをられます。私の留学中にも、さる有名な老作家が来仏し、コレージュで講演を行ひ、私も聴きに行きました。しかし、それは日本文学に関する日本語による講演で、聴衆は当然、日本語・日本文学を専攻するフランス人学生やフランス在住の日本人でありました。勿論、それはそれで大いに意義のあることです。しかし、先生のやうに、フランスの作家をテーマとして、コレージュで行つた連続講義が後に講義録としてフランスで出版され、しかも極めて高い評価を得るといつた話は、私は寡聞にして知りません。

「本場」で通用するとかしないとかいふ表現がありますが、まさに先生のマルロー研究こそは本場で通用する研究、否、むしろ本場でこそ通用する研究だつたのではないでせうか。日本の学界では、マルロー最後の来日の意味は必ずしも重要視されてゐないのが一般的なのです。しかし、とりわけ那智の滝と伊勢でのマルローの啓示体験が晩年の思想的到達点への大きな道標となつた次第の闡明《せんめい》に至つては、先生の筆致が非常にスリリングであると同時に、そこにはマルローと竹本先生の精神の「共振」があたかも通奏低音の如く、低く、けれどもしつかりと響いてゐて、稀に見る思想的ドラマとなつてゐるやうに思はれます。講演を聴いたジュリアール社の女性社長が、すぐさま出版の意向を表明したのも、むべなるかな、と言へませう。

ここで私が思ひ出すのは、世界的に著名な社会学者で、自身、コレージュの教授を務めたピエール・ブルデュー（一九三〇―二〇〇二）がコレージュ・ド・フランスを「異端者を神聖化する場」と形容してゐたことです。竹本先生が「異端者」であるなどと申すつもりはありませんが、例へば、ノーベル賞を受賞した哲学者ベルクソンもソルボンヌに迎へ入れられることはありませんでしたが、コレージュの教授には就任したのです。ブルデューの言葉をそのやうな文脈において考へれば、「異端者」に籠められた意味が分からうといふものです。

＊　＊　＊

右に見て来たやうな竹本先生の学問は、我々後進が良き範例として仰ぐべきものであることは言ふまでもないのですが、一方、先生の「日の丸を背負つて立つ」行動力もまた多くのことを我々に教へてくれるのではないでせうか。

最初のフランス滞在で、先生がどのやうなことを語られたのかは、本書所収の各講演、対話をお読みいただくとして、先生の仰る「第二のパリ生活（二〇〇二―二〇〇七）」についてひと言しておきたいと思ひます。

この時期、先生はフランスでの歪んだ反日報道を是正させるべく、テレビ、ラジオ、雑誌などのメディアで孤軍奮闘されたのです。特に、「フランスを代表する」と紹介されることの多い「ル・モンド」紙の偏向した日本バッシングに対しては、会長のジャン＝マリー・コロンバニ氏に公開状を以て抗議し、黙殺されると見るや、理解を示した辣腕キャスター、ジャン＝ジル・マリアラキス氏のラジオ番組に生出演、一時間半にわたり「日本文化防衛」の防人として論陣を張られたことは、是非紹介しておきたいと思ひます。

さらには、「歴史的真実追求の権利」を高らかに謳つた『日本の文化人宣言』を起草、多数の日本人文化人の同意署名を集めた上で、ＡＦＰ傘下の全仏メディア二千社に送りつけて一大センセーションを巻き起こし、その一方で、日本文化の精髄とも言ふべき皇后陛下美智子様の御歌集『瀬音』を典雅流麗なフランス語に訳して出版され、これも彼の地で大成功を収めたのです。何と多彩な御活躍でありませうか。そして、これらのお仕事が御年七十歳を越えてからであると知つて、驚かない読者はをられますまい。

ここで、我々日本人にとつて重要なことを指摘したいと思ひます。若くしてフランスから与へられた栄誉（昭和五十五年、文芸騎士勲章受賞）にしても、アンドレ・マルローの篤い信頼を勝ち得たことにしても、アカデミー・フランセーズ文学大賞受賞作家オリヴィエ・ジェルマントマ氏との強い絆にしても、先生の卓越したフランス語力を別にすれば、多くのフランス文学者とは異なり、先生が西洋文学や芸術の研究の傍ら、確固たる日本人であらうとされ、自国の文化や歴史について——愛と矜恃に裏打ちされた——研鑽を絶えず積んで来られたから可能であつたといふことです。

今、「多くのフランス文学者とは異なり」と書きましたが、事情に明るくない読者のために付言すれば、戦後の我が国で猖獗を極めた「戦後民主主義」や「進歩史観」といつた左翼的な言説を最も多く発したのは、なぜかフランス文学系の知識人たちだつたのです。「戦後日本の論壇を支配してきたフランス文学出身者が、観念先行でもって日本の前近代性を全否定した」（平川祐弘氏）といふ言ひ方がなされたり、「フランス研究系の日本知識人の底抜けの卑屈ぶりと日本文化への無知には目を見張らせるばかばかさしさがある」（西尾幹二氏）といふ批判が書かれるのには、それ相応の理由があるのです。ともあれ、「フランス文学系の知識人」でありながら、竹本先生はさういつた人々とは全く逆の方向へと歩んで来られたわけなのです。

要するに、マルロー他、本書に登場する彼らフランスを代表する知性にとつて、日本を知る上で先生が貴重な情報源たり得たといふ事実こそが重要なのであり、そのことは、「国際人」といふ言葉の真の意味を改めて我々に教へてくれるのではないでせうか。

ジェルマントマ氏もその著書『日本待望論』において、竹本先生について次のやうに書いてゐます。「彼なしでも日本を発見できたでしょうが、しかしそれは、彼の深い視線のお蔭で知った日本とは絶対に別物となっていたでしょう」と。さらにまた、「日本で芸術家や、知識人、作家たちにインタビューしましたが、彼らは西洋人を前にして、自分はこんなにも西洋的なんだと見せたがっているように思われました」とも書いてゐます。「拝外主義」、下世話に言へば「西洋かぶれ」に陥る文化人、知識人は今なほ我が国に多く存在するのです。

それに対して、我が竹本先生は、フランスの知識人たちとの、一方通行ではない、真に相互的な関係を常に構築されようとして来られたのです。そして、それは先生の師とも言うべきマルローが提唱し続けた「ルーツ対ルーツの対話」の実践でもあつたに相違ありません。

ルーツを大切に、などと言ひますと、日本ではすぐに、あまりルーツに囚はれると軋轢の種になる、などと言ふ人が出て来ますが、しかし、ルーツがなければ対話さへ成り立たず、成り立つたとしても、意義ある対話にはなりやうがない、といふのも一方の真理ではないでせうか。

＊　＊　＊

「緒言」の最後に先生は書き留めてをられます。「もっと外向けに声を挙げて欲しい」「文化の防人として、もっと外へ出て行ってほしい」と。これは、若者に向けた叱咤激励であると同時に、長い間自ら実践して来られた思想的対決の「後に続くを信ず」といつた竹本先生の「祈り」とも言ふべきものではないでせうか。

浅学菲才の私にはどこまでできるか自信はありませんが、微力を尽くすつもりですし、この拙い「解説」が先生のこれまでの苦闘の「証言」となり、本書を読む若者に先生の「祈り」を受け止める一助となれば、それは私にとつて望外の幸せであります。

平成二十四年十月二十日

後書き

あちらこちらに書いた文章を一冊に纏めたいと思ひ、かういふ書物を編んでみた。

これまでも、そのやうに勧めて下さつた方がをられたのであるが、生来の怠け者ゆゑ、なかなかさういふ気にならずにゐた。また、最初に書いた文章から最近書いたものまで、二十年以上も閲してゐるといふこともあるし、有名作家ならいざ知らず、無名の人間が雑多なテーマの下に書いた評論・エッセイ集を誰が読んでくれるだらうか、といふ思ひもあつた。

しかし、齢六十を数へたからだらうか、考へが変はつた。と言ふのも、これまで発表した専門論文や翻訳などの幾つかは書籍になつてゐるからこそ、読みたいと思ふ読者はその気になれば入手可能であるが、新聞や雑誌に書いた文章はほとんど不可能である。私が死ねば、家族さへ文章の発表場所は疎か原稿の所在すらはつきりしないといふことになるかも知れぬ。そんなことを漠然と考へてゐた折り、新井白石の『折りたく柴の記〔序〕』を読んでゐると、かういふ箇所にぶつかつた。

自分の父親は無口で何も書き残さなかつたから、父親や祖父のことが分からなくて悔しい。このままでは自分の子どもたちも同じ悔しさを味はふことになる。だが、「今はいとまある身となりぬ。心に思ひ出るをりをり、過ぎにし事共、そこはかとなく、しるしおきぬ」（『古典文學体系95』岩波書店）。

説明のためとはいへ、ここで白石を引き合ひに出すのは気恥づかしいし、私は必ずしも無口でもなければ、定年退職もまだ先の話であり、何より、「過ぎにし事共」を記録するわけでもない。つまり、状況は全く異なるのだが、要は、私の文章に御関心をお寄せ下さる方々のためにも、手に取りやすいやうな形にしておきたいと願つたのである。

最後に、本書を「推薦」して下さつた筑波大学名誉教授竹本忠雄先生、埼玉大学名誉教授長谷川三千子先生、評論家宮崎正弘先生に衷心より御礼を申し上げる。特に竹本先生には三十年を超えて薫陶を賜つたが、一向に師恩に報ひ得ずにゐることをただただ恥づかしく思つてゐる。

編集に関しては高木書房の斎藤信二氏に一方ならぬお力添へを賜つた。感謝を申し上げる。

平成二十八年十一月二十日　福田恆存忌

吉田好克

（著者略歴）

吉田好克　（よしだ・よしかつ）

昭和31年山梨県富士吉田市生まれ。早稲田大学、埼玉大学大学院修士課程、筑波大学大学院博士課程を経てパリ第４大学（ソルボンヌ）大学院高等専門課程修了。専門はパスカル、デカルトなどのフランス17世紀の思想・哲学。筑波大学助手を経て、平成４年、宮崎大学教育学部人文社会課程助教授。その後、教育文化学部を経て、現在、地域資源創成学部准教授。「北朝鮮に拉致された日本人を救出する宮崎の会」会長。

主な共著訳書に、『フランス文化のこころ』（駿河台出版社）、G・ジュネット『ミモロジック』（書肆風の薔薇）、『メナール版パスカル全集』（白水社）、A・スムラー著『アウシュヴィッツ１８６４１６号日本に死す』（産経新聞社）、オリヴィエ・ジェルマントマ著『日本待望論』（産経新聞社）、『今昔秀歌百撰』（文字文化協会）などがあり、論文の翻訳に、G・ジュネット「日記、反日記」（『現代詩手帖』思潮社）、P・グリロ「ソ連に抑留されたヨーロッパ人たち」（『海外事情』拓殖大学海外事情研究所）、アンドレ・ヴォシェ「聖者から聖域へ――西方キリスト教世界の空間と〈サクレ〉」（竹本忠雄監修『霊性と東西文明』勉誠出版）などがある。他に、講演録として『文化と愛国心――フランスに学ぶ』（宮崎県神社庁刊）、『文化は輸入できるか』（全国八幡宮連合総本部刊）などがある。

言問《ことと》ふ葦　私はなぜ反「左翼」なのか

平成28（2016）年12月8日　第1刷発行

著　者　　吉田 好克
発行者　　斎藤 信二
発行所　　株式会社 高木書房
〒114－0012
東京都北区田端新町1－21－1－402
電　話　　03－5855－1280
FAX　　03－5855－1281
メール　　syoboutakagi@dolphin.ocn.ne.jp
装　丁　　株式会社インタープレイ
印刷・製本　株式会社ワコープラネット

乱丁・落丁は、送料小社負担にてお取替えいたします。定価はカバーに表示してあります。

 ISBN978-4-88471-448-2　C0031